불교와 양자역학

불교와 양자역학

양자역학 지식은 어떻게 지혜로 완성되는가
Tibetan Buddhism & Modern Physics

불광출판사

달라이 라마 성하의 서문

저는 현대 과학과 인간 내면세계인 마음에 관한 연구의 밀접한 관계에 깊은 관심을 가지고 있습니다. 그 까닭은 우리가 물리적 세계 속에서 살고 있기 때문입니다. 우리는 물리적인 신체와 마음을 가지고 있는데, 그 둘은 밀접하게 서로 연결되어 있습니다. 실제로 우리를 지각 있는 존재로 만드는 것은 이러한 사실의 결과인 신체적 감각과 정서적인 반응에서 비롯된 우리의 경험입니다. 만일 삶에 미치는 신체적인 영향력과 정신적인 영향력을 비교해 본다면, 분명히 신체적 고통은 마음의 힘으로 완화될 수 있습니다. 그러므로 우리에게는 정신적 행복과 만족이 신체적 불편과 불행보다 궁극적으로 더 중요합니다. 이것이 영성(靈性) 즉, 우리의 내면을 주목해야 하는 중요한 이유들 가운데 하나입니다. 반면에 정신적으로 불행하다면, 몸이 안락하다고 해도 정신적 고뇌를 완화시키지 못할 것입니다.

저는 행복하고 성공적인 삶을 영위하는 것이 모든 생명, 특히 인간의 기본권이라고 믿고 있습니다. 이런 맥락에서 과학과 기술은 우리에게 커다란 혜택을 가져다주었습니다. 과학과 기술의 진보로 몇몇 근본적인 인류의 문제들이 해결되었으며, 질병과 기아를 포함하는 기본적인 인간의 고통도 해결되어 가고 있습니다. 저는 과학과 기술이 우리 모두의 행복을 위해 공헌할 수 있으며, 과학이 방대하고 훌륭한 지식의 원천이라는 것을 의심하지 않습니다.

그렇지만, 많은 분야에서의 성취에도 불구하고 우리는 아직 많은 사람들을 괴롭히는 걱정과 불행을 없애는 데 과학과 기술을 사용하는 길을 발견하지 못하고 있습니다. 사실, 저는 정신적인 문제에 대한 근본적인 처방은 본질상 마음 그 자체에 있으며, 마음의 문제를 실질적으로 해결할 가능성은 오직 정신적 차원에만 존재한다고 생각합니다. 따라서 우리는 분명히 과학과 기술을 필요로 하지만, 동시에 우리의 기본적인 행복을 떠받치는 따뜻한 마음가짐과 자비(慈悲)를 계발하는 방법을 내포하고 있는 영성의 감각도 필요합니다.

과학과 영성이라는 이 두 영역은 최근까지 서로 멀리 떨어져 있었습니다. 그러나 저는 이것이 변하고 있다고 확신합니다. 예를 들면, 저는 불교도입니다만, 만약 제가 불교 교리에만 집착하여 현대 과학의 발견들이 입증한 것을 부정한다면, 이 세계는 평평하고, 우주의 중심에 있으며, 해와 달이 그 주위를 돌고 있다고 믿고 있을 것입니다.

만약 제가 극단적인 입장을 취한다면, 그래서 경전이 이야기하는 것만을 고려하여 과학과 거리를 둔다면, 분명히 저 자신이 지식의 결여로 말미암아 적지 않게 괴로울 것입니다.

불교 전통, 특히 우리가 티베트에서 전승하고 있는 인도 나란다(Nalanda)대학 1,000년 전통은 과소평가와 과대평가라는 함정을 피하고, 조사를 통해 진실과 다양한 차원의 지식을 알기 위해 노력을 기울입니다. 현대 과학도 역시 이론뿐만이 아니라 실제로도 반복 가능한 실험을 수행하여 진실을 발견하는 데 관심을 기울입니다. 우리가 진실에 과학을 통해 접근하든 영적인 방법을 통해 접근하든, 우리는 그것을 있는 그대로 받아들이지 않을 수 없습니다.

제가 여러 해 동안 알고 지낸 빅 맨스필드(Vic. Mansfield) 교수님은 그의 전문인 과학과 연관된 문제를 영성, 그리고 특히 티베트불교에 대한 깊은 관심과 조화시켜 온 분입니다. 그는 과학과 영성에 대하여 폭넓게 가르치고 글을 썼습니다. 이 책에서 그는 현대 세계에서 종교와 영성이 어떻게 삶과 양립할 수 있는지를 보여 주기 위해 명쾌하게 설명하고 있습니다. 저는 타인들과 나누어야 할 지식을 가진 사람들을 향한 저의 호소에 응답해 준 그에게 감사드립니다.

오늘날의 세계에서는 더 이상 우리의 것과 다른 견해를 배척하도록 하는 방식의 고립 속에서는 살아갈 수 없습니다. 그렇게 하는 것은 단지 갈등의 원천이 될 수밖에 없기 때문입니다. 증가하고 있는 상호 의존은 우리가 다른 관점을 이해하고 인정하기 위해 노력할 것을 요청하고 있습니다. 독자 여러분은 불교와 현대물리학의, 부합하지만 전혀 다른, 진실에 대한 접근법을 이 책을 통해 분명히 보게 될 것입니다.

2007년 11월 23일
달라이 라마

감사의 말

30년 넘게 학생들을 가르치면서, 교사는 학생들과 가르치는 과목에 대한 사랑으로 동기를 부여받을 때 가장 효과적인 교육이 이루어진다는 것을 배웠습니다. 이 두 가지 사랑이 상호 보완할 때, 교육은 진정으로 마음을 울리고, 삶에서 어둠을 몰아냅니다. 저는 운이 좋아서 많은 영감을 주는 교육을 받았습니다. 그래서 저를 사랑으로 가르쳐 주신 많은 스승님들께 감사의 말씀을 드립니다. 모두 살아계시지는 않지만, 그분들의 자애로운 감화력은 여전히 제 안에 살아 있습니다.

저에게 처음으로 내적 세계를 열어주고, 종교적인 열망을 표출하도록 도움을 준 '자비의 수녀단(Sisters of Mercy)'과 '그리스도의 신부단(Brides of Christ)'에 감사를 드립니다. 코네티컷의 노워크(Norwalk)로 이주하여, 공립학교에 다니면서 9학년 때에 큰 깨달음을 얻었습니다. 그곳에서 저의 담임이셨던 피츠제럴드(Mrs. Fitzgerald) 선생님께서 저를 눈에 띄게 긍정해 주시는 것을 느꼈습니다. 목마른 식물에 생명수를 주신 선생님께 깊이 감사드립니다. 셰익스피어의 경이로운 아름다움과 깊이를 알게 해 준 도노반(Mrs. Donovan) 선생님에게 각별한 감사를 드립니다. 저에게 수학의 즐거움과 수학이 주는 사고의 엄밀함을 보여 준 길모어(Gilmore) 선생님에게 감사드립니다. 목공소 교사이신 마루카(Maruca) 선생님에게도 특별한 감사를 드립니다. 그는 행동으로 친절을 가르쳐 주었습니다.

또한 고등학교에서 화학을 가르쳐 주신 길모어 선생님의 가르침에도 감사를 드립니다. 저의 두 번째 저서인 『머리와 마음: 과학과 신성(神聖)에 대한 개인적인 탐구(*Head and Heart: A Personal Exploration of Science and the Sacred*)』에서 밝혔듯이, 길모어 선생님의 사랑과 격려가 없었다면 저는 결코 과학자가 되지 못했을 것입니다. 독자들에게 직접 선생님에 대하여 이런 이야기를 하는 영광을 가진 것을 감사하게 생각합니다. 고등대수학(高等代數學)과 해석기하학(解析幾何學)을 가르쳐 주신 클락(Clark) 선생님에게 감사드립니다. 그분의 강의는 친절과 수학적 엄격함 사이에서 행하는 명인의 춤이었습니다. 저는 우리의 문화가 그러한 분들을 얼마나 홀대하는지 그때는 알지 못했습니다. 하지만 이제는 학생들에 대한 사랑과 가르치는 과목에 대한 사랑이 그분들의 헌신을 지탱하고, 저를 키워 준 것임을 보다 확실하게 알게 되었습니다.

다트머스대학에서 저의 시야는 매우 넓어졌는데, 그곳에서 다양한 방면의 뛰어난 선생님들이 과학과 교양과목에 대한 저의 열정에 불을 붙여 주었습니다. 물리학을 통해 자연 세계를 탐구하는 즐거움을 일깨워 주신 시어스(Sears) 교수님께 감사드립니다. 맥스웰 전자기 방정식의 놀라운 아름다움을 저에게 보여 준 도일(Doyle) 교수님께 특별한 감사를 드립니다. 그분의 감동적인 가르침이 없었다면, 저는 결코 물리학도가 되지 못했을 겁니다. 저를 양자역학의 아름다움과 신비에 빠져들게 해 주신 크리스티(Christy) 교수님께도 각별한 감사를 드립니다. 그 과목은 40년 동안이나 저를 매료시켰습니다. 훌륭한 가르침과 아낌없는 지원으로 저의 석사논문을 지도해 주신 라스페레(Laspere) 교수님께도 감사를 드립니다. 비록 40년 이상 지난 지금 그분들의 이름을 다 기억할 수는 없지만, 다트머스대학 철학과 교수 여러분들에게 진심 어린 감사를 드립니다. 그분들은 팀티칭으로 서양 철학 개론을 가르쳤는데, 저로 하여금 철학적 사고의 놀라움, 엄밀함 그리고 기쁨에 눈뜨게 해 주었습니다.

코넬대학에서는 멀민(Mermin) 교수님에게 특별한 감사를 드립니다. 그분은 물리학 교육을 높은 예술의 경지로 끌어 올리셨고, 양자역학에 대한 저의 이해를 깊게 해 주셨습니다. 특히 테르지안(Terzian) 교수님에게 감사를 드립니다. 그분의 신념은 여전히 저에게 남아 있으며, 과학에 대한 그분의 끝없는 열정은 심각한 회의에 빠졌던 시기에 저를 지탱해 주었습니다. 어떻게 하면 대학원 수학을 공부하는 데 온화함과 지적 엄격함이 하나가 되어 활기 있는 한 해가 될 수 있는지를 가르쳐 주신 스피처(Spitzer) 교수님에게도 각별한 감사를 드립니다. 고트프리트(Gottfrid) 교수님에게도 감사를 드립니다. 교수님의 강의는 심오한 양자의 세계를 꿰뚫어 보는 빛을 던져 주었습니다. 살피터(Salpeter) 교수님에게도 깊은 감사를 표합니다. 그분은 정말 친절하고 과학적 재능이 뛰어난 분으로, 제 연구의 멘토로서 최선의 결과를 끌어내 주었습니다.

스탠퍼드대학의 페트로션(Petrosian) 교수님에게 감사드립니다. 저의 영적인 여정이 저를 캘리포니아로 인도하여 어두운 정신의 깊이를 더욱 탐구하게 했을 때, 그분은 물리학에 대한 저의 관심을 잃지 않게 해 주셨습니다. 그분만이 지닌 관대함과 과학적 탁월함의 조화가 저로 하여금 코넬대학으로 돌아와 박사학위를 마치도록 해 주었다는 것은 의심의 여지가 없습니다.

콜게이트대학에 특별한 감사를 드림으로써 학계에 대한 경의를 표하고 마치고자 합니다. 이 대학은 지난 30년간 머문 제 터전이었습니다. 저는 늘 교수라는 직업이 얼마나 큰 특혜인지 놀라움을 금할 수 없었습니다. 특히 일반교육 프로그램에서 가르칠 기회를 가진 점에 감사하게 생각합니다. 다행스럽게도 그 프로그램에 제 티베트 과정이 터를 잡았습니다. 또한 천체물리학과의 구성원들에게 감사를 드립니다. 그분들은 저의 관습에서 벗어난 관심사를 지원해 주셨습니다. 제 학과의 동료들은 한 분 한 분이 여러 면에서 저의 스승이었습니다만, 특히 자연계의 다양한 경이로움을 알게 해 준 갈베즈(Galvez) 교수님과 말린(Malin) 교수님께 감사드립니다. 마지막으로 비범한 연구 사서(司書) 피터(Perter) 씨에게 감사드립니다. 그는 늘 고된 일을 무릅쓰고 마술 같은 능력으로 거대한 풀숲에서 작은 바늘을 찾아내듯이 자료를 찾아 주었습니다.

학문적인 영역 밖에서도 많은 친구들이 저에게 수십 년 동안 많은 사랑을 쏟아부어 주었습니다. 특히 위즈덤스 골든로드 철학연구센터(Wisdom's Goldenrod Center for Philosophic Studies)의 많은 형제자매들에게 감사드립니다. 그들은 거의 40여 년간 저와 함께 영적, 철학적, 종교적 연구에 관심을 가지고 명상 수행을 했습니다. 너무 많아서 그들의 이름을 모두 언급할 수는 없지만, 그중에 특히 에이버리 솔로몬(Avery Solomon), 리처드 골드먼(Richard Goldman), 로렌 코트렐(Lauren Cottrell) 그리고 앤드류 홈스(Andrew Holmes)에게 감사드립니다. 나의 좋은 벗이자 편집장인 폴 캐시(Paul Cash)에게 깊은 감사를 보냅니다. 그는 이 책의 개선을 위해 도움이 되는 많은 제안을 해줌으로써 전적으로 그의 애정을 보여 주었습니다.

골든로드 이외에 티베트불교의 미묘한 부분에 대한 많은 지식을 공유하고, 인내와 너그러움을 보여 준 크레이그 프레스턴(Craig Preston)과 라람파 게쉐 툽뗀 꾼켄(Lharampa Geshe Thupten Kunkhen)에게 감사를 표하고 싶습니다. 이 책 초고에 광범위하고 유용한 조언을 해 주신 앨런 윌리스(Alan Wallace) 박사님과 조르디 피겜(Jordi Pigem) 박사님에게 진심 어린 감사를 드립니다.

이 책과 저를 위해 아낌없이 배려해 준 템플톤 파운데이션 출판사(Templeton Foundation Press)에 진심으로 감사드립니다. 좋은 책을 만들려는 그들의 이상과 헌신은 실로 고무적이었습니다. 특히 출판을 위한 모든 과정에서 헌신과 솜씨를 보여 준 편집국장인 로라 배럿

(Laura Barrett)과 담당 편집자 매리 로 베르투치(Mary Lou Bertucci)에게 감사드립니다.

영적인 스승들이 저에게 쏟아 준 무한한 사랑에 경의를 표하며 감사의 말을 맺고자 합니다. 언설로는 제 마음의 짐을 다 표현할 수 없음을 통감하면서 그들에게 더할 수 없이 깊은 감사를 드립니다. 먼저 제 아내이자 가장 친한 친구 일레인(Elaine)에게 고마운 마음을 전합니다. 아내는 거의 40년간 헤아릴 수 없이 많은 지적, 감성적 덤불들을 헤쳐 나가는 동안 저를 도와 왔습니다. 무엇보다도 저에게 깊고도 숭고한 사랑의 아름다움을 알게 해 준 점에 늘 고마움을 느낍니다. 저의 근원적인 스승 앤서니 대미어니(Anthony Damiani)에게도 깊은 감사를 드립니다. 비록 그분은 약 25년 전에 돌아가셨지만 제 마음속에 생생하게 살아 있으며, 동서양의 위대한 종교적 전통에 대한 열정적이고 통찰력 있는 분석을 함께해 주신 점에 대해 매일 마음속으로 감사하고 있습니다. 그분은 저에게 명상하는 방법과 이런 고귀한 전통에 녹아 있는 위대한 진리를 본인이 직접 깨달으려고 시도하는 것이 무엇보다도 중요하다는 것을 가르쳐 주셨습니다. 해박한 저술과 본인이 직접 히말라야의 영적 대가와 같은 본보기가 되어주신 고(故)

폴 브런튼(Paul Brunton) 씨에게 감사드립니다. 특히 저로 하여금 과학과 영성에 관한 글을 쓸 수 있도록 용기를 주신 점에 감사드립니다. 힌두교의 왕관과도 같은 아드바이타 베단타(Advaita Vedanta)학파의 창시자이자 위대한 철학자 아디 샹카라(Adi Shankara)의 68번째 후계자인 인도 콘치푸람(Konchipuram)의 고(故) 슈리 샹카라(Shri Shankara) 씨에게 특별한 감사를 드립니다. 비록 우리는 대화를 거의 나누지 못했지만, 위대한 침묵의 샘에서 눈부신 사랑 과 지혜를 발산하여 주신 점에 대해 진심으로 감사드립니다. 천주교 교리 속에 녹아 있는 진정한 보편성을 보여 준 라이몬 파니카(Raimon Panikkar) 신부님의 지식과 사랑에 감사드립니다. 특별히 그분에게 감사하는 것은 과학과 영성에 관해서 글을 쓸 수 있도록 제게 용기를 주었기 때문입니다. 마지막으로, 저는 지혜와 자비의 살아 있는 표상인 달라이 라마(Dalai Lama) 성하께 깊은 감사를 드립니다. 무엇보다도 그분은 저에게 불교를 가르쳐 주셨고, 과학과 영성의 관계를 이해하려는 지칠 줄 모르는 그분의 노력은 저에게 끊임없는 자극이 되었습니다. 그분은 저에게 과학과 영성 간의 협력이 인류의 고통을 줄여 주는 훌륭한 수단이 될 수 있다는 것을 가르쳐 주셨습니다.

역자의 말

이 책은 역자가 전남대학교에 재직 중이던 2014년에 전남대학교출판부에서 발행했던 것을 불광출판사에서 다시 간행한 것이다. 역자가 기존에 출판했던 책들을 불광출판사에서 모아서 출판하기로 했기 때문에, 전남대학교출판부와의 계약이 완료됨에 따라 불광출판사에서 다시 내게 되었다. 재출간하는 책이기 때문에 역자 서문을 새로 쓰지 않고, 이 책을 간행하게 된 사연만 간단하게 덧붙이겠다.

저자 빅 맨스필드는 미국 콜게이트대학의 천체물리학 교수다. 역자가 2007년에 연구년으로 1년간 미국에 갔을 때, 미국에서 활동하시는 범휴 스님의 소개로 맨스필드 교수를 알게 되었다. 그 당시 범휴 스님은 맨스필드 교수와 그의 동료들에게 정기적으로 참선 지도를 하고 있었다. 1년간의 미국 생활을 마치고 귀국 준비를 하던 2008년 1월에 범휴 스님이 나에게 이 책의 원고를 보여 주었다. 스님에게 우리말로 번역하여 소개하면 좋겠다고 했더니, 스님이 맨스필드 교수에게 나를 소개하여 메일을 주고받게 되었다. 맨스필드 교수는 책이 출간되면 나에게 보내 주기로 했고, 2008년 2월에 책을 받게 되었다.

귀국 일정 때문에 맨스필드 교수를 직접 만나보지 못하고 책만 받아들고 2008년 2월 말에 귀국하였는데, 그해 6월에 그가 세상을 떠났다는 소식을 들었다. 맨스필드 교수는 그동안 림프샘 암으로 3년 동안 투병 생활을 했다고 한다. 이 책은 67세로 세상을 떠난 그의 마지막 저술이다.

　　그는 물리학도였지만 과학적 지식이 어떻게 인간의 윤리적 실천과 연결될 수 있는지에 대하여 깊은 관심을 가진 사람이었다. 그는 뉴턴 물리학에서는 가능성을 보지 못했지만, 현대의 양자역학에서 그 가능성을 발견하고 이 부분에 천착하였다. 그는 현대물리학의 양자역학이 철학적으로 불교철학과 동일한 패러다임이라는 사실에 주목하고, 불교에서 지혜가 자비로 완성되듯이, 물리학적 지식이 인간 상호 간의 사랑으로 완성되어야 한다고 생각했다. 이러한 신념은 달라이 라마와의 만남을 통해 더욱 확고해졌고, 불교 수행을 통해 체화되었다. 그리하여 그는 『머리와 마음: 과학과 신성(神聖)에 대한 개인적인 탐구』(Chicago: Quest Books, 2002)와 같은 책을 비롯하여, "Madhyamika Buddhism and Quantum Mechanics: Beginning a

Dialogue", *International Philosophical Quarterly* 29, no. 4 (1989): 371; "Relativity in Madhyamika Buddhism and Modern Physics", *Philosophy East and West* 40, no. 1 (1990): 59; "Possible Worlds, Quantum Mechanics, and Middle Way Buddhism," *Symposium on the Foundations of Modern Physics 1990* (Singapore: World Scientific Publishing, 1990) 같은 불교와 과학을 주제로 하는 많은 글을 남겼다.

이 책은 이러한 맨스필드 교수의 지식과 신념과 실천의 결정이다. 과학이 인류를 지배하고 있는 오늘날, 과학 속에서 인류의 바른 길을 찾아야만 인류가 행복할 수 있다고 믿고, 과학과 동일한 철학을 가진 불교에서 그 길을 발견한 물리학자의 간절한 열망이 이 책 속에 깃들어 있다. 이 책의 원제는 *Tibetan Buddhism and Modern Physics* 이다. 따라서 '티베트불교와 현대물리학'이라고 번역하는 것이 옳지만, 이 책에서 이야기하는 불교는 티베트불교에 한정된 교리가 아니라 불교의 보편적 교리이며, 그가 이야기하는 현대물리학은 양자역학이기 때문에 '불교와 양자역학'이라고 번역했다.

고인인 맨스필드 교수의 소망대로 독자분들은 이 책을 통해 사

랑과 지식, 자비와 지혜가 융화하고 화합하는 길을 찾는 시간이 되길
간절히 바란다.

2021년 1월
장주선실(壯宙禪室)에서
이중표 합장

목차

1

불교와 과학은
무엇인가

왜 대화가 필요한가

들어가기

1979년 가을, 내 인생에서 교육적으로 가장 커다란 사건이 시작되었다. 달라이 라마 성하께서 뉴욕의 이타카(Ithaca) 공항에 도착하여 경비행기에서 내려오고 계셨다. 우리 위즈덤스 골든로드 철학연구센터(Wisdom's Goldenrod Center for Philosophic Studies) 구성원들은 그분의 도착을 기다리면서 그분께서 첫 북아메리카 여행 중에 우리를 방문하시는 것을 마음 깊이 영광스럽게 생각하고 있었다. 그분에 관한 지식은 일천했지만, 나는 정신적으로 큰 기대를 하고 있었다. 그런 내가 놀란 것은 그분께서 경비행기에서 내려오면서 맨 처음 하신 행동이다. 그분께서는 보조익(비행기 날개 모서리에 붙어 있는 상하로 꺾이는 날개판으로 이착륙을 조종하는 데 사용됨)을 두 손으로 잡고 위아래로 흔들어 보았다. 나는 물리학자이기에 그분께서 비행 역학을 시험해 보는 것을 보니 기뻤다.

사진 1.1. 달라이 라마 성하와 앤서니 대미어니

그 후 며칠이 지나, 나는 달라이 라마의 날카로운 지혜와 깊은 영성, 그리고 인격의 힘에 경외심을 갖게 되었다.

여기 사진 1.1은 그때 그분께서 골든로드의 설립자이며 나의 스승인 앤서니 대미어니(Anthony Damiani)와 함께 있는 모습이다. 달라이 라마와 앤서니는 1979년 처음 만난 이후로 깊은 우정을 나누었다. 우리 그룹은 달라이 라마와 기꺼이 특별한 관계를 맺게 되었으며, 몇 해 동안 그분과 여러 차례 만났다.

나는 보조익과 비행 역학에 대한 달라이 라마의 관심이 과학과 사물의 구조, 물리학과 생명 과학, 시계 수리에 이르기까지 평생에 걸친 그분의 관심을 나타낸 것임을 이내 알게 되었다. 정식으로 과학 교육을 받지는 못했지만 달라이 라마께서는 명민한 과학적 재능이 있다. 국제적으로 명망 있는 오스트리아의 물리학자 안톤 차일링거

(Anton Zeilinger)는 여러 날을 그분과 양자물리학에 대해 토론하면서 보냈었다. 인도에서도 그랬고, 오스트리아에서도 그랬다. 몇 해 전에 안톤이 나에게 말하기를, 농담 반 진담 반으로 달라이 라마를 그의 물리학 강의에 대학원생으로 초청한 적이 있다고 했다. 안톤은 다음과 같이 적고 있다. "성하께서는 티베트인들의 정신적, 정치적 지도자로서의 의무가 없는 다른 세상에 태어났다면 위대한 물리학자가 되었을 것이다."[01]

1979년의 만남은 이미 10여 년의 오랜 기간 지니고 있었던 불교에 대한 나의 관심에 불을 붙였고, 티베트불교에 더욱 관심을 갖게 되었다. 물리학 강의와 연구를 계속하는 가운데, 나는 성하로부터 크고 작은 그룹에서 여러 차례 가르침을 받는 행운을 가졌다. 이 책의 문맥상, 1991년 성하께서 골든로드를 방문하신 일을 간단히 언급하는 것이 좋겠다. 그 몇 해 후에 우리의 스승 앤서니가 세상을 떠났다.

사진 1.2는 그때 달라이 라마께서 방문해 계시는 동안 내가 찍은 것이다. 그 모임이 끝날 즈음에 우리 그룹에 보여 준 호의에 대한 감사의 표시로 누군가가 물었다. "당신을 위해 우리가 할 수 있는 일이 무엇인가요?" 달라이 라마는 그 대답으로 우리에게 과학을 증진시키고 과학과 불교를 연결하는 대화뿐만 아니라 과학과 다양한 정신적 전통을 연결하는 대화를 가질 것을 요청했다. 나는 그 그룹에 속한 단세 명뿐인 과학자 가운데 한 사람이었기 때문에, 개인적으로 그 요청

---

01   Anton Zeilinger, "Encounters between Buddhist and Quantum Epistemologies" in *Buddhism and Science: Breaking New Ground*, ed. Alan Wallace (New York: Columbia University Press, 2003), 389.

사진 1.2. 달라이 라마 성하 (1991)

을 수행하는 데 일조해야 한다는 강한 책임감을 느꼈다. 이 책임감은 2005년 성하께서 과학과 불교의 협력에 관한 당신의 저서 『하나의 원자 속에 있는 우주』[02]를 다음과 같이 끝맺는 것을 보고 더욱 확고 해졌다.

> 우리 각자는, 인류 가족의 일원으로서, 이 협력을 가능하
> 게 해야 할 도덕적 의무에 응해야 합니다. 이것이 나의 간
> 절한 소망입니다.

---

[02] The Dalai Lama, *The Universe in a Single Atom* (New York: Morgan Road Books, 2005), 209.

불교와 양자역학

나는 이 말씀을 새겨듣지 않을 수 없었다. 1991년 성하께서 맨 처음 그 요청을 하시기 2년 전에 이미 과학과 영성의 상호 작용에 관한 논문들과 책들을 쓰며 그 방면으로 노력을 기울였었다.**03** 지금 이 책은, 이전의 글을 약간 다듬고 보충한 부분이 있지만, 대부분 전적으로 새롭게 써서 성하의 요청을 보다 충실하게 시행했다.

또한 지금은 그때보다 커다란 지적, 정신적 조류들이 흐르고 있다. 예를 들면 불교가 (현대인들에게) 현저하게 잘 어울리는 종교임이

03　Victor Mansfield, *Synchronicity, Science, and Soul-Making: Understanding Jungian Synchronicity Through Physics, Buddhism, and Philosophy* (Chicago: Open Court Publications, 1995); *Head and Heart: A Personal Exploration of Science and the Sacred* (Chicago: Quest Books, 2002); 수많은 학제 간의 출판물들을 포함하여 V. N. Mansfield, "Madhyamika Buddhism and Quantum Mechanics: Beginning a Dialogue", *International Philosophical Quarterly* 29, no. 4 (1989): 371; "Relativity in Madhyamika Buddhism and Modern Physics", *Philosophy East and West* 40, no. 1 (1990): 59; "Possible Worlds, Quantum Mechanics, and Middle Way Buddhism," *Symposium on the Foundations of Modern Physics 1990* (Singapore: World Scientific Publishing, 1990), 242–60; "Tsongkhapa's Bell, Bell's Inequality, and Madhyamika Emptiness", *Tibet Journal* 15, no. 1 (1990): 42; "Counterfactuals, Quantum Mechanics, and Madhyamika Buddhism", *Anthology of the Fo Kuang Shan International Buddhist Conference* (Taiwan: R.O.C., 1990), 333–48; "Time in Madhyamika Buddhism and Modern Physics", *Pacific World Journal of the Institute of Buddhist Studies* 11-12 (1996): 10-27; "Time and Impermanence of in Middle Way Buddhism and Modern Physics", in *Buddhism and Science: Breaking New Ground,* ed. Alan Wallace (New York: Columbia University Press, 2003), 305–21; "Tibetan Buddhism and Jungian Psychology", in *Buddhist Thought and Applied Psychological Research: Transcending Boundaries*, eds. D. K. Naurial, Michael S. Drummond, and Y. B. Lal (London: Routledge, 2006), 209–26.

이제는 입증되었다. 불교는 약 2,500년 전 현재의 북인도에서 시작되어 아시아 전역으로 널리 유포되었다. 부처님의 가르침이 전해진 각각의 지역에서 한국이건, 태국이건, 티베트이건 불교는 고유의 문화와 상호 작용하여 그 문화를 반영하는 독자적인 형태를 취했다. 마찬가지로 부처님의 가르침이 서양에 전해졌으므로 불교가 진정으로 서양의 토양에 뿌리내리고 번성하려면, 서양 문화의 형태로 변모하지 않으면 안 될 것이다. 서양 문명의 가장 위대한 성과 가운데 하나는 현대 과학이다. 그러므로 불교가 서양으로 완전하게 건너오기 위해서는 서양 문화의 가장 유력한 과학과 어떤 식으로든 상호 작용을 해야만 한다. 불교와 과학의 대화는 불교가 서양에 정착하는 데 가장 중요한 부분이다.

불교가 서양에 전해지는 것보다 더 중요한 것은 현실적으로 우리가 이 지구상에서 생존하기 위해서는 과학과 다양한 정신적 전통들 사이의 실질적이고 지속적인 대화가 필요하다는 것이다. 온갖 부류의 근본주의자들과 현대성 사이의 갈등에서부터 다양한 생태적 위기에 이르기까지 우리 시대에 고통을 안겨 준 수많은 커다란 비극들은, 적어도 부분적으로는, 과학과 종교 간의 긴장에서 유래한 것이다. 물리학자이면서 비교종교학 교수인 라비 라빈드라(Ravi Ravindra)는 그것을 우리 세대가 해결해야 할 절박한 문제라고 생각한다. 그는 다음과 같이 이야기한다.

> 어쩌면 현대 과학과 고대의 정신적 전통들은 보다 높은 차원에서 통합될 수 있기를 바라고 있는지도 모른다. 나는 그러한 과업이 우리 시대의 지성인들이 할 수 있는 모든

일 가운데 가장 중요한 일이라고 분명하게 이야기하고자 한다. 왜냐하면 인간의 전체적인 생존은 물론 미래 세대들을 위해, 물리적으로 그리고 형이상학적으로, 바람직한 환경을 만드는 일이 그러한 통합에 달려있기 때문이다.**04**

과학과 불교의 대화와 협력에 대한 달라이 라마의 지속적인 관심은 그분께서 라빈드라의 생각에 동의하고 있음을 명백하게 보여 준 것이다. 성하께서 오랜 기간 과학과 관계하고 계신 것은 미국의 많은 종교인들이 대부분 과학과 더불어 살아가고 있는 오늘날 매우 고무적인 일이다.

　달라이 라마는 『하나의 원자 속에 있는 우주』뿐만 아니라 불교와 과학의 관계에 관한 다른 여러 책들을 '마음과 생명 협의회(Mind and Life Conference)'를 통해 세상에 내놓았다. 예를 들면, 최근 성하와의 대담 결과로 아서 자이언스(Arthur Zajonc)가 편집한 『새로운 물리학과 우주론: 달라이 라마와의 대화』**05**가 출간되었다. 달라이 라마께서는 자신의 직접 참여와는 무관한 병행 노력들도 장려하셨다. 일례로, 앨런 월리스(Alan Wallace)에게 불교와 과학에 관한 논문집을 편집할 것을 당부했고, 그 결과물이 『불교와 과학: 새로운 지평을 열며』이다.**06** 나는 영광스럽게도 그 책에 기고했으며, 그 내용은 물리적 과학

04　　Ravi Ravindra, *Science and Spirit* (New York: Paragon House, 1991), 146.

05　　Arthur Zajonc, ed. and narrator, *The New Physics and Cosmology: Dialogues with the Dalai Lama* (New York: Oxford University Press, 2004).

06　　Alan Wallace, ed., *Buddhism and Science: Breaking New Ground* (New

에 대한 논의들에 따른 불교와 인지과학의 연관에 관한 것이었다. 승려와 물리학자의 대담은 매튜 리카드(Matthieu Ricard)와 트린 주안 투안(Trinh Xuan Thuan)에 의해 『양자와 연꽃: 과학과 불교가 만나는 미개척지로의 여행』으로 피어났다. 나는 『신학과 과학』이라는 잡지에 이 책의 서평을 썼다.[07] 2006년 봄에는 나우리얄(Nauriyal), 드루몬드(Drummond), 랄(Lal)이 편집한 『불교사상과 응용심리학 연구』가 출판되었다.[08] 나도 영광스럽게 그 책에 티베트불교와 융(C. G. Jung) 심리학의 관계에 관한 논문을 기고했다.

나는 이 모든 노력으로 고무되었다. 그러나 내가 이 책에서 다루고자 하는 것은 그와는 다른 것이다. 나는 독자들이 불교나 물리학에 대한 전문적인 지식이 없으리라 추측하지만, 이전보다는 더 깊이 있는 내용을 다루려고 시도했다. 그러나 처음부터 높은 단계에서 시작하기보다는 불교와 물리학의 연관을 보다 상세하게 그리고 충분히 입증할 수 있는 깊이까지 논의를 점진적으로 발전시켰다.

현대물리학의 가장 중요한 발전과 티베트불교의 가장 심오한 진리 사이에는 놀랄 만큼 가깝게 관련된 부분들이 많다. 이들 심원한 관계들은 불교와 물리학 모두를 보다 깊이 이해할 수 있도록 하며,

---

York: Columbia University Press, 2003).

[07] Victor Mansfield, a review of *The Quantum and the Lotus; A Journey to the Frontiers Where Science and Buddhism Meet,* by M. Ricard and T. X. Thuan in Theology and Science 2, no. 1 (2004); 54.

[08] D. K. Nauriyal, Michael S. Drummond, and Y. B. Lal, eda., *Buddhist Thought and Applied Psychological Research: Transcending Boundaries* (London; Routledge, 2006).

협력의 기회를 풍부하게 제공한다. 나는 한편으로는 학문적인 엄정함을 유지하면서, 깨달음을 구하는 초심자의 열정을 가지고 관련된 부분들을 연결했다. 다시 말해서, 머리와 가슴 모두에 충실하려고 노력했다.

그렇지만 물리학을 불교의 진리를 입증하기 위해 사용하지 않았다. 물리학 이론들은 본질적으로 일시적인 것이기 때문에 물리학 이론으로 너무 강하게 묶어버리면 불교나 어떤 철학적 견해를 위축시킬 것이 뻔하다. 물리학이 어쩔 수 없이 변한다면 그때는 무슨 일이 일어날까? 불교의 근본이 과학 혁명이 일어날 때마다 흔들릴까? 그럼에도 불구하고 과학은 현대 문명에서 군림하고 있는 세계관이다. 따라서 철학적, 또는 종교적 견해가 이 지배적인 견해와 어떤 관계가 있는지를 묻는 것은 당연하다.

달라이 라마께서 『하나의 원자 속에 있는 우주』에서 보여 주고 있듯이, 불교와 과학의 관련 부분들은 현대물리학을 훨씬 넘어서 있다. 그렇지만 이 책에서 나는 불교가 현대물리학과 연결되는 고리들로 한정하여 논의하였다. 불교에 관하여 내가 하는 이야기는 일상적으로 대승불교의 모든 표현을 적용한 것이다. 하지만 내가 연결한 관계들 가운데 가장 깊은 관계들은 많은 사람들이 대승불교 사상의 최고봉으로 간주하는 티베트불교의 중관사상(귀류논증 중관사상; Prasangika Madhyamika)을 적용했다. 물론 대승불교에 대한 다른 해석들도 많다. 그러나 논의를 심도 있게 하고 초점을 선명하게 하기 위하여 나는 티베트불교에서 철학적으로 지배적인 위치에 있는 겔룩빠(Gelukba)에 의해 해석된 귀류논증 중관사상으로 범위를 한정했다.

이 책에서 내가 목표하는 바는 "중관사상"이라고 간략하게 부르고 있는 불교의 중관사상과 현대물리학 모두에 충실하고자 하는 것이다. 이 책에서 이루어지고 있는 논의는, 불교든 물리학이든 견강부회(牽强附會)와 같은 지식을 강변하고 있는 것은 하나도 없지만, 많은 놀라움과 반직관적인 결론을 낳고 있다. 그것들 가운데 어떤 것들은 실로 호흡을 멈추게 한다. 중관사상에서 이야기하듯이, 이 세계는 어떤 한 방식으로 존재하는 것처럼 보이지만 실은 다른 방식으로 존재한다. 나는 이와 같은 열린 안목들이 경탄을 불러일으켜 독자들이 보다 깊이 새롭게 출현하고 있는 세계관을 이해하고 자신들이 함축하고 있는 도덕적 의미를 끌어내기를 희망한다.

　　나는 과학과 불교에 입문하기 위한 지식을 간단히 개괄함으로써 이 책을 시작했다. 우리는 이들 사이의 유사점들과 차이점들에 대한 인식의 범위 안에서만 과학과 불교가 어떻게 상호 작용해야 하고, 상호 간의 대화로부터 무엇을 얻을 수 있는가에 대하여 언급할 수 있다. 다음의 여러 장에서 나는 불교를, 분별할 수 없는 성질을 가진 입자, 위치가 없는 양자, 양자역학의 중심에서 일어나는 비인과적 과정, 그리고 시간의 물리학 등과 같은 주제들과 연결 지었다. 이 주제들은 중관사상의 공관(空觀)과 현저하게 그리고 세부적으로 연관이 있다. 나는 이후의 장들에서 공(空)에 대하여 상세하게 고찰했다. 공은 독립적으로 또는 본래적으로 존재하는 것은 아무것도 없다는 것을 의미한다고 말해도 좋다. 긍정적으로 이야기하자면, 모든 사물과 인간은 상호 의존에 의해서만 존재한다. 아마도 대부분 놀라겠지만, 불교와 물리학의 관계는 도덕적 의미를 함축하고 있다. 나는 현대물리학의 자연관이 어떤 방식으로 중관사상과 정확하게 그리고 세세하게 연결되어 있으며, 어떻게 다른 사람과 우리의 환경에 대하여 보다 깊은 관심을 갖는 자비로운 행위로 귀결되는지를 보여 주고자 한다. 지혜(지식)는 결국 자비(사랑)가 되지 않을 수 없다.

　잠시 초기 물리학의 역사 속으로 탐사를 시작하기로 하자. 이 탐사에서 내가 주목한 것은 달라이 라마의 보조익에 대한 관심이 보여준 것과 같은 생산적인 지적 호기심의 한 실례이다.

과학과 불교에서의 지식

16세기 후반 이탈리아의 피사로 상상 속 여행을 해 보자. 현대 과학의 아버지라고 할 수 있는 가장 위대한 과학자들 가운데 한 사람인 갈릴레오 갈릴레이(Galileo Galilei)가 피사에 있는 오래된 성당에 막 들어서고 있다. 그는 아직 피사대학의 학생이며, 그의 과학적 발견들이 아직은 천주교 교회와 갈등을 낳지 않았던 때였다. 드디어 설교가 시작되고 사제의 목소리가 높이 솟은 성당의 아치형 천장으로 울려 퍼지는 가운데 따스한 산들바람이 커다란 샹들리에를 부드럽게 흔든다. 샹들리에가 흔들리며 그리는 아크(arc)의 길이가 바람이 강해지자 점점 더 길어진다. 갈릴레이는 샹들리에가 한쪽 끝에서 다른 쪽 끝까지 흔들리는 데 걸리는 시간, 즉 스윙 주기가 아크의 길이(샹들리에가 움직이는 거리)와 무관하게 일정하다는 것을 알아차린다. 이를 검증하기 위하여 그는 자신의 맥박을 이용하여 그 주기를 잰다.

　기계 시계와 과학적 방법이 그때는 아직 개발되지 않았다는 것을 알고 있기 때문에, 갈릴레오가 어릴 적에 흔들리는 샹들리에를 측정했다는 이야기를 들은 과학자들은 모두 그의 독창성과 천재성과 창조성

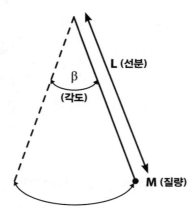

그림 1.1. 단진자(單振子)

에 경탄했다. 이 예비적인 측정이 갈릴레오가 물의 흐름에 의거한 시계를 개발하고 진자에 대한 긴 연구를 시작하는 동기가 되었다. 이 연구는 기계 과학, 즉 우주비행사를 달에 보내거나 비행 중인 공의 운동을 이해하는 데 쓰이는 물리학의 기초를 놓는 데 도움이 되었다.

상들리에의 물리적 현상, 엄밀히 말하자면 진자의 물리적 현상을 보다 면밀하게 살펴보기로 하자. 갈릴레오를 따라 우리가 진자를 본질적인 것들로 환원하면 그림 1.1에서 보이듯이 질량 M이 중력 없이 길이만 있는 선분 L에 매달려 있는 상태이다. 여러분은 선분 L에 해당하는 긴 노끈에 질량 M에 해당하는 돌을 묶음으로써 간단한 진자를 얻을 수 있다. 이제 여러분의 맥박을 이용할 것이 아니라, 손목시계나 조리용 타이머를 사용하여 그 진자의 주기, 즉 돌이 흔들리면서 한쪽 끝에서 다른 쪽 끝으로 갔다가 돌아오는 시간을 재보자. 만약

불교와 양자역학

진자를 10번 흔들어 그 주기를 잰 다음 이것을 10으로 나눈다면, 우리는 더욱 정밀한 실험을 할 수 있다.

타이머만 있으면 놀랄 만큼 적은 노력으로 진자의 두 가지 중요한 특성을 발견할 수 있다. 첫째, 아크에 상응하는 각도(도표상의 β)가 20도 이하에서 진자의 주기는 아크의 길이와 무관하다. 바꾸어 말하면, 20도의 각도로 단지 흔들리고만 있는 진자는 동일한 진동 주기를 갖는다. 이것은 흥미롭지만 눈에 잘 띄지 않는 결과이다. 둘째, 우리는 진자의 주기가 L의 평방근(r)에 비례한다는 것을 발견할 수 있다. 예를 들어, L을 네 배 늘이면 주기는 두 배 길어진다.

지금 내가 의도하는 바는 물리학에서 지식을 얻는 하나의 실례를 드는 것일 뿐 진자의 상세한 물리적 현상은 중요한 것이 아니다. 진자를 염두에 두고서, 나는 몇몇 물리학의 비판적 가설들을 그와 직접 연관된 불교의 특징들과 비교하고 대조하기 위하여 열거했다. 그리고 불교와 동조하는 과학의 특징들에서 시작하여 불교와 대조되는 특징들로 마무리했다.

① 권위를 의심하고 실험을 신뢰하라

미학에서 자연과학에 이르기까지 지적 탐구의 모든 영역에서 아리스토텔레스의 생각이 얼마나 많이 지배하고 있는지를 현대인들이 알아차리기는 쉽지 않다. 수 세기 동안 아리스토텔레스의 견해들은 너무 숭배된 나머지 많은 사람들을 속박했다. 갈릴레오는 자주 아리스토텔레스적인 사고와 교회 도그마와 충돌했다. 진자의 성질에 관해서도 그랬고, 행성의 궤도에 관해서도 그랬다. 갈릴레오가 기초를 마련한 덕분에 현대 과학은 그 권위가 아리스토텔레스이건 아이작 뉴턴이건, 권위에 대한 철저한 회의적 태도를 키웠다. 예를 들어, 뉴턴은 모든 관찰자가 그들의 운동 상태와 무관하게 동일치의 시간과 공간의 간격을 측정하게 되는 절대 공간과 절대 시간을 가정했다. 그러나 이 가정은 아인슈타인이 상대성이론을 전개하는 것을 막지 못했다. 상대성이론은 공간과 시간의 구조가 관찰자의 관점에 의해 좌우된다는 것을 보여 준다. 이 주제는 다음 장에서 상세하게 다루었다. 하지만 나는 과학자들이 자주 자신들이 가장 소중하게 간직하고 있는 몇몇 신념들과 가정들을 향하여 회의적인 시각을 돌리지 못함으로써 지식의 발전을 가로막고 있음을 언급하지 않을 수 없다. 불행하게도 이러한 일방적인 회의적 태도가 거의 모든 학문의 발목을 잡고 있다.

아무튼, 과학에서 최종적인 심판은 항상 실험이다. 노벨상을 수상한 저명한 물리학자 리처드 파인먼(Richard Feynman)이 이야기하듯이, "과학의 원리, 즉 정의는 거의 모두가 다음과 같다. 모든 지식을 검증하는 것은 실험이다. 실험은 과학적 진리를 판단하는 유일한 심판관이다."**09** 따라서 나는 갈릴레오와 파인먼을 따라 진자의 중대한 몇 가지 특징을 누구나 발견할 수 있는 (어떤 권위에도 구애되지 않는) 간단한 실험에 대하여 살펴보았을 뿐이다. 과학에서 실험은 제어되고, 재현될 수 있고, 객관적이지 않으면 안 된다. 즉 공공의 영역 안에 있어야 한다. 자격 있는 실험자라면 누구라도 그 실험을 반복적으로 수행할 수 있고, 다른 사람들이 검토하도록 데이터를 보여 줄 수 있어야 한다.

물론 현대의 물리학 실험은 단지 진자의 주기만을 재는 것보다

09　Richard Feynman, *The Feynman Lectures in Physics* (New York: Addison-Wesley Publications, 1989), 1:1.

는 훨씬 더 고도의 기술이 필요하기 때문에 충분한 자격을 갖춘 실험자가 되기 위해서는 여러 해의 수련을 거쳐야 한다. 따라서 '공공의 영역' 안에 있다는 것은 엄밀하게는 정식으로 훈련받은 물리학자들의 작은 사회에서의 상호 주관적인 동의를 의미한다. 바꾸어 말하면, 물리학을 수행하는 방법에 관한 동일한 공약을 공유하는 정식으로 훈련받은 실험자들이 실험의 결과에 동의해야 한다. 피사에서 행해진 것이건, 라싸나 프리토리아에서 행해진 것이건, 실험은 일치해야 하기 때문에 과학은 쉽게 국경을 넘어 확산되며, 일치하는 문화적인 힘으로 작용한다. 국경을 초월하는 과학의 역량은 과학이 (비록 자체의 철학적 가정들을 가지고 있기는 하지만) 종교적, 문화적 견해에 구애되지 않는 객관적인 분석에 근거를 둠으로써 강화된 것이다.

　　마음 자체를 실험의 대상으로 삼을 때, 흥미로운 혼화(混化)가 일어난다. 불교에서 삼매(samatha)라고 부르는, 마음을 성성하게 한 곳에 집중하는 선정(禪定) 수행을 예로 들어 보기로 하자. 여기에는 어떤 이미지나 물리적 사물과 같은 명확한 내용을 지닌 마음이라는 대상이 없다. 나의 스승 앤서니가 이야기하듯이, "주의에 주의를 집중하도록 한다." 이 말을 통해서 그가 의미하는 것은 마음이 성성하게 그 자체에 모일 뿐, 생각이든 느낌이든, 마음이 일으킨 어떤 것에 집중한다는 것이 아니다. 성실한 삼매 수행자들은 선정 수행을 통해 얻은 어떤 결과들을 재현할 수 있으며, 그것들에 관하여 알아듣게 이야기할 수 있다. 그러나 그러한 결과들은 주관적인, 즉 일인칭의 진술로서 객관화되거나 공공의 영역 안에 있을 수 없다. 이러한 주관적인 경험들은 반복될 수 있고 제어된 것이지만, 관습적인 과학적 대상은 아니다.

과학에서 확고한 회의적 태도와 엄밀하게 제어되고 공개적으로 재현 가능한 실험에 어떻게 전념하는지와 불교가 그 아이디어의 정당성을 어떻게 입증하는지를 보다 일반적으로 비교해 보기로 하자. 얼른 보면, 불교는 종교이기 때문에 불교를 창시한 붓다와 그의 제자들에게 크게 의존하고 있는 것처럼 보인다. 그러나 불교의 경우는 그렇지 않다. 예를 들면, 달라이 라마는 다음과 같이 이야기한다. "어떤 주장이 진리인가를 확인하게 될 때, 불교는 가장 큰 권위를 경험에 부여하며, 추론은 두 번째이고, 불경은 마지막입니다."[10] 우리는 불교가 전통적으로 신뢰하고 있는 네 가지 의지처를 간단히 살펴봄으로써 성하께서 하신 말씀의 보다 포괄적인 의미를 파악할 수 있다.[11]

1. 가르침에 의지하고, 스승의 권위에 의지하지 말라.
2. 의미에 의지하고, 문자에 의지하지 말라.
3. 명확한 의미에 의지하고, 다양한 해석이 가능한 애매한 의미에 의지하지 말라.
4. 비개념적인 지혜에 의지하고, 이원론적인 지식에 의지하지 말라.

첫 번째 의지처는 불교도들에게 실제적인 가르침을 잘 생각해 보고, 그 스승에 대해서 우리가 가져야 할 존경에 구애됨이 없이, 그것이 이

---

10   The Dalai Lama, *The Universe in a Single Atom*, 24.

11   Robert Thurman, *Tsong Khapa's Speech of Gold in the Essence of True Eloquence* (Prinston, NJ: Prinston University Press, 1984), 113-30.

불교와 양자역학

치에 맞고, 효과가 있는지 등을 확인하도록 권한다. 그 스승이 최초의 붓다이건 14대 달라이 라마이건, 우리는 초기경전(*A Sutra on [Pure Realms] Spread Out in a Dense Array*)에서 붓다께서 하신 충고를 따라야 한다. 예를 들면, 달라이 라마께서는 이 경을 다음과 같이 인용하셨다. "승려들과 학자들은 내 말을 존경하기 때문이 아니라, 금세공인이 자르고, 녹이고, 부수고, 문질러 금을 분석하듯이 잘 검토해 보고 받아들여야 합니다."**12** 두 번째 의지처는 우리에게 어떤 말의 문자적 진리보다는 그 의미를 추구할 것을 요청한다. 바꾸어 말하면, 우리는 어떤 생각을 표현하는 데 사용된 열거된 단어들 속으로 들어가서 그 생각 속에 담겨 있는 본질적인 의미를 파악해야 한다는 것이다. 세 번째 의지처는 불교 교리를 어떻게 해석할 것인지를 보다 자세하게 보여 주고 있다. 나는 관심 있는 독자에게 종교적인 텍스트들**13**을 해석하는 데 이들 네 가지 의지처가 어떤 영향을 주는가라는 문제의식을 가지고 많은 주석을 참조하기를 제안하면서, 이원론적인 지식보다는 비개념적인 지혜에 의지하라고 하는 네 번째 의지처를 살펴 보고자 한다. 이 의지처는 과학에서 실험의 역할과 관련이 있다.

만약 우리가 네 번째 의지처에 따라 명상에 대한 상세한 지시와 그와 관련된 수행법에 유념한다면, 우리는 우리 자신의 마음을 가지고 명상을 실행할 수 있다. 그러면 붓다가 전하는 메시지의 진리는 비개념적인 경험을 통해 언어의 범주를 초월한 지식에 토대를 둔 진리

---

12   From the Interview of the Dalai Lama by John F. Avedon in *In Exile from the Land of the Snows* (New York: Harper Perennial, 1997), 393.

13   Thurman, *Tsong Khapa's Speech of Gold*, 113-30.

가 된다. 비록 비개념적인 지혜를 얻는 이 명상수행은 쉽지 않지만, 제어되고 반복 가능하며, 무수한 불교도들이 그것을 체득했다. 따라서 과학에서와 마찬가지로, '모든 지식을 검증하는 것은 실험이다.'

물론 몇 가지 다른 점들도 있다. 앞서 언급한, 성성하게 마음을 한곳으로 모으는 삼매를 연마하는 가운데 얻게 되는 반복 가능하고 소통 가능한 체험들은 일단 차치하기로 하자. 그 대신 진정으로 비개념적인 지식의 체험을 살펴보자. 그런 지식은 이원론적이 아니며, 이원론적인 언어로 다른 사람에게 적절하게 전달할 수 없다. 따라서 과학의 내용과 같은 공공의 영역 안에 있지는 않다. 예를 들면, 나는 달라이 라마에게 진자의 물리적 현상을 상세하게 설명할 수 있다. 그는 내 말에 따라 그 이론을 확인하는 데 필요한 실험을 할 수 있을 것이다. 그러나 달라이 라마가 스승으로서 노련하다 할지라도, 미묘한 마음이나 청명한 마음의 경험을 설명하는 데는 한계가 있을 것이다. 분명히 그의 말이나 개념적인 설명은 제자에게 그 경험을 전달하지 못할 것이다. 그리고 달라이 라마는 그가 경험한 밝게 빛나는 미묘한 마음을 제자와 완전히 공유할 수도 없을 것이다. 그 대신 제자는 스스로 수행을 해서 개인적으로, 그리고 직접 그 미묘한 마음을 경험해야 할 것이다.

따라서 우리는 권위와 추리, 그리고 실험을 통한 경험적 검증의 필요에 대한 과학과 불교의 태도에 유사점이 있음에도 불구하고, 둘 사이에는 중대한 차이들이 있다는 것을 알 수 있다. 과학은 모든 형태의 자연을 연구하는 것이고, 불교는 괴로움의 소멸과 관련이 있다고 할 때, 그것은 그리 놀라운 일이 아니다. 하지만 과학의 영역을 포함하는 존재의 참된 본성에 대한 우리의 무지가 괴로움의 근원이므로, 우리는 또한 불교와 과학 사이에 깊은 연관성이 많다고 기대할 수 있다.

② 수학과 객관화

갈릴레오는 그의 초기 저작에서부터 수학적 공식화의 중요성을 격찬했다. 그는 다음과 같이 적고 있다.

> 우주라고 하는 이 거대한 책 속에 철학이 기록되어 있으며, 그것은 우리의 눈앞에 끝없이 펼쳐져 있다. 그러나 그 책은 먼저 그것을 구성하고 있는 언어를 이해하여 그 문자를 읽을 수 있도록 배우지 않으면 이해될 수 없다. 그 책은 수학이라는 언어로 쓰여 있으며 … 수학이 아니고서는 그 책의 단어 하나도 인간적으로 이해할 수가 없다. 수학 없이는 어두운 미궁 속에서 헤매게 된다.[14]

과학에서는 "어두운 미궁 속에서 헤매지" 않으려면, 우리의 지식을 수학적으로 공식화하지 않으면 안 된다. 엄밀하고 전적으로 객관적이지 않으면 안 되는 어떤 본질이나 원리를 수학적으로 공식화한다는 점을 상기하는 것이 중요하다. 이 점에서 우리는 초기의 과학 발전에 매우 큰 영향력을 떨친 프랑스의 유명한 철학자 르네 데카르트(René Descartes)의 추종자들이다. 그는 우리에게 오직 명석하고 단순한 관념들로, 즉 엄밀하게 정의된 객관적인 요소들로 우리의 이론을

---

14   Galileo Galilei, *The Assayer(1623)*, translated in Stillman Drake, *Galileo* (Oxford: Oxford University Press, 1969), 70.

세우도록 충고했다. 수학적 공식은 우리의 생각들을 명료하게 만들고, 자주 그 이론의 예상치 못한 결론들을 연역해 내도록 한다. 수학으로 된 객관화를 요청한다는 것은 어떤 경험의 일인칭에 의한 주관적인 기술(설명)들을, 그것이 치통에 관한 것이건 굉장한 신비 체험에 관한 것이건, 허용하지 않는다. 그런 기술들은 한마디로 공공의 영역 안에 있지 않은 것이다. 그런 기술들은 다른 독립적인 관찰자에 의해 검증될 수 없으며, 따라서 과학에 적합한 데이터가 아니다.

그러나 신경과학자는 치통이나 신비 체험을 하는 사람의 뇌 상태를 측정할 수 있을 것이다. 이 데이터는 객관적이며, 과학적 분석에 적합하다. 하지만 신경과학자가 치과 의사의 드릴로부터 야기된 예리한 통증이나 신비 체험에서 오는 강렬한 쾌감과 행복을 직접 측정할 수는 없다. 이러한 양상의 경험들은 어쩔 수 없이 주관적이며, 과학의 영역 밖에 있다. 물론 과학은 변할 것이고, 변하고 있다. 그러나 오늘날의 과학은 항상 객관을 다룬다.

과학에서 수학과 객관화를 강조하는 점은 불교와 뚜렷하게 대비된다. 불교가 최종적으로 호소하는 것은 비이원적인 체험이다. 그러한 비이원적 체험은 수학이나 언어적 개념을 통해서는 얻을 수가 없으며, 의심의 여지 없이 일인칭의 주관적 체험이다. 불교가 정교한 고도의 철학적인 체계와 심리학적인 체계를 가지고 있기는 하지만, 최종적으로 호소하는 것은 비개념적인 체험이며, 그 체계는 개념화할 수 있는 내용에 부합하는 명확한 주제로 이루어진 것이 아니다.

이 점은 매우 중요하기 때문에 보다 자세하게 논의할 만한 가치가 있다. 실로 진자에 관한 우리의 하찮은 지식으로부터도 우리는 과학적 경험이 얼마나 객관화를 요구하는지를 알 수가 있다. 그와 대비하여, 나는 비개념적인 지식의 특수한 예로서 마음의 본성에 관한 불교의 명상을 간단히 언급하고자 한다. 예를 들면, 달라이 라마께서는 마음 그 자체에 집중하는 방법에 대하여 우리에게 다음과 같이 가르치고 있다.

> 당신의 마음이 과거에 일어났던 일도 생각하지 않도록 하고, 앞으로 일어날 일도 추구하지 않도록 하십시오. 마음을 성성한 상태로 내버려 두십시오. 어떤 생각도 하지 말고 그냥 그대로 두십시오. 지난 생각과 지금 생각 사이에 있는 이 텅 빈 자리에서 자연스럽고, 조작되지 않고, 밝은, 그리고 사물을 알아보는, 생각에 물들지 않은 마음의 본성을 발견하십시오. 당신이 이런 식으로 머물 때, 당신은 마음이 거울과 같이 어떤 대상, 어떤 개념을 비추고 있음을 알며, 마음의 본성은 단지 밝게 빛나는 상태이며, 아는 상태이며, 단지 경험일 뿐이라는 것을 알게 됩니다.[15]

"어떤 생각도 하지 않는 그냥 그대로의 성성한 마음"을 이해하는 것, 또는 "밝은, 그리고 사물을 알아보는, 생각에 물들지 않은 마음의 본성"을 아는 것은 아는 자와 알려지는 것의 일치를 경험하는 것이다. 바꾸어 말하면, 우리가 일반적으로 우리의 자아로 취하고 있는 경험의 주체는 개념적 사유를 중단함으로써 희박해져서 결국은 그 마음

---

15 The Dalai Lama, *How to Practice: The Way to Meaningful Life* (New York: Pocket Books, 2002), 128-29.

을 직접 파악하는 것을 방해하지 않는다. 이러한 앎은 객관화도 아니고 구체화도 아니다. 이러한 일인칭 실험 또는 경험은 객관화할 수 있고, 계량화할 수 있어야 하는 과학적 지식과는 근본적으로 다르다. "생각에 물들지 않은" 마음의 본성을 직접 아는 것은 개념에 의한 것일 수 없으며, 과학적 개념이나 원리처럼 계량화할 수 있는 그물 속에 포착되는 내용일 수 없다.

이러한 명상 체험들이나 지식의 유형들은 과학에서의 지식과 크게 다르기 때문에, 나는 언어를 초월해 있는 것을 포착하기 위하여 언어를 사용할 경우 시인들, 대가들에게 의지한다. 예를 들어, 로버트 블라이(Robert Bly)가 번역한 후안 라몬 히메네스(Juan Ramón Jiménez)의 시 "대양(Oceans)"을 살펴보자.

> 나는 내 배가
> 거대한 것에 부딪혀,
> 저기 깊은 곳에
> 가라앉는다는 생각이 든다.
> 그리고 아무것도
> 일어나지 않았다! 아무것도 … 침묵 … 물결들 …
> 아무 일도 일어나지 않았을까?
> 아니면 모든 일은 이미 일어났고,
> 우리는 지금 고요히 새로운 생명 속에 서 있는가?[16]

---

16 Juan Ramón Jiménez, "Oceans", trns. Robert Bly, in *The Soul is Here for Its Own Joy* ((New York: Harper Collins, 1995), 246.

언어로 시의 훼손을 각오하자면, 여기에는 약간의 순서가 있다. 불교의 관점에서 보면, 부딪힌 그 "거대한 것"은 본래 또는 독립적으로 존재한다. 나는 그것을, 객관적인 방식으로 자신에 의존하고 있는 어떤 물체가 아니라, 마음의 청정한 광명과 앎의 직접적인 직관을 수반하는 생생함과 힘을 언급한 것이라고 해석한다. 이 직관, 이런 종류의 직접적인 앎은 언어의 관습적인 의미 속에서 나타나는 어떤 것이 아니다. 그것은 보다 정확하게 침묵, 아무것도 일어나지 않음, 거대한 마음속으로 침몰하는 사유의 물결들로 묘사된다. 게다가 침묵과 활동의 부재에도 불구하고 새로운 생명이 조용히 탄생하며, 우리는 그 중심에 서 있다. 비록 여기에 언급하지는 않았지만, 이러한 체험은 큰 환희에 젖는 경우가 많다.

한편, 과학자들과 불교도들이 알고 있듯이, 주관적인 일인칭의 진술은 어려운 문제를 야기한다. 선가(禪家)에 전해지는 다음 이야기는 일인칭 진술의 난해함을 잘 묘사하고 있다.

"우리 스승님은 매일 오후에 낮잠을 잔다"고 샤쿠 소엔(釋宗演)의 제자가 말했다. 우리 아이들은 그에게 왜 낮잠을 자느냐고 물었다. 그러자 그는 우리에게 말했다. "나는 공자님이 그랬던 것처럼 옛 성인들을 만나기 위해 꿈나라에 간다." 공자는 잠잘 때 옛 성인들의 꿈을 꾸곤 했으며, 뒤에 그의 제자들에게 그들에 대하여 이야기해 주었다.

매우 더운 어느 날, 우리 가운데 몇 명이 졸았다. 스승님은 우리를 꾸짖었다. "우리는 공자님처럼 옛 성인들을 만나기 위해 꿈나라에 갔습니다"라고 설명했다. "그 성자들이 무슨 말을 했는가?" 스승님은 우리에게 답변을 요구했다. 우리 가운데 한 사람이 말했다. "우리는 꿈나라에 가서 그 성인들을 만났습니다. 그리고 그들에게 스승님께서 매일 오후에 그곳에 오시는지를 물었습니다. 그런데 성인들은 그런 사람을 본 적이 없다고 말했습니다."[17]

여기에서 우리는 학생들이 매우 재치 있고 무례하다는 것뿐만 아니라, 일인칭 진술의 고유한 어려움을 알 수 있다. 만약 어떤 사람이 깊은 선정 체험을 했다고 주장한다면, 과학적인 내용과는 달리, 옛 성인들과 소통을 했는지, 또는 맑고 밝은 마음을 체험했는지를 과학자가 사용하는 의미의 증명을 하기 어렵다. 한편, 당신이 그 마음을 가지고 있지 않을 때조차도 진정으로 고요한 마음을 음미하기 위해서 많은 감수성이 필요한 것은 아니다.

③ 의미와 목적
본질적으로 모든 종교는 인생의 의미와 목적에 대한 우리의 깊은 요구의 표현이다. 불교는 불교 특유의 방식으로 이 요구를 직접 언급한다. 예를 들면, 달라이 라마는 우리에게 "인생의 목적은 행복하게 사는 것"이라고 항상 말씀하신다. 그분은 『인생의 의미』, 『수행법 – 의미 있는 삶을 사는 길』과 같은 이름의 저술을 가지고 계시기도 하

---

17   Paul Reps, ed., *Zen Flesh Zen Bones* (Rutland, VT: Charles E. Tuttle, 1957), 56-57.

다.[18] 그분은 체코의 프라하에서 1997년 9월 3일에서 7일까지 개최된 '포럼 2000' 연설을 통해 각별하게 이러한 견해를 직접 언급하셨다. 그분은 말씀하셨다. "인생의 참다운 목적은 행복하게 사는 것이라고 믿습니다. 인간 존재의 핵심으로부터 우리는 만족을 바랍니다. 저는 우리가 다른 사람들의 행복을 위해 배려할수록 우리 자신의 행복감이 커진다는 것을 발견했습니다."[19]

종교적인 전망을 가지고 있거나, 적어도 적극적인 내면생활을 하는 많은 사람들에게 인생의 의미와 목적에 대한 추구는 핵심적인 관심사이다. 개인적으로 만약 내가 인생에서 어떤 의미를 찾지 못했다면, 나는 이 지구에서 숨 쉬고 살 수 없었을 것이다. 이 관점을 환원주의적인 과학적 유물론자의 관점(모든 정신 상태는 물리적 상태의 표현이며, 모든 물리적 상태는 물리법칙의 표현이라는 관점)과 대조해 보자. 이 견해 속에서 영성은 심리학으로 환원되고, 심리학은 생물학으로 환원되며, 생물학은 이제 화학과 물리학으로 환원된다. 따라서 모든 물질과 영역과 그것들을 구성한 모든 것은 물리법칙에 의해 편성되기 때문에 이 법칙들이 전체적으로 전 우주를 구성한다. 물론, 모든 과학자들이 이 관점을 고수하는 것은 아니다. 하지만, 대다수의 관점은 아닐지 몰라도, 널리 퍼져 있는 관점인 것은 확실하다.

일례를 들자면, 나는 그런 관점을 가진 가장 확실하고 훌륭한 대

18   The Dalai Lama, *The Meaning of Life* (London: Wisdom Books, 2000); *How to Practice: The Way to Meaningful Life* (New York: Pocket Books, 2002).

19   http://www.tibet.com/DL/forum-2000.html.

표자를 알고 있다. 노벨상을 수상한 저명한 물리학자이며 물리학의 대통일 이론 프로젝트의 지도적인 인물 가운데 한 사람인 스티븐 와인버그(Steven Weinberg)이다. 나는 와인버그로부터 많은 물리학을 배웠다. 그리고 그의 비전문적인 저술에 항상 동의하지는 않았지만, 그것은 항상 고무적이었다. 많이 인용되는 언급 가운데 다음과 같은 말이 있다.

> 인간이 우주와 특별한 관계를 맺고 있다는 믿음은 거의 거부할 수 없는 사실이다. 인간의 삶은 단지 빅뱅 처음 3분 동안 벌어진 우연한 사건들의 다소 우스운 결과이며, 따라서 인간은 어떤 의미에서든 태초부터 만들어졌다고 할 수 있다. … 이 모든 것(즉, 지구상의 생명)이 도저히 당해낼 수 없이 적대적인 우주의 아주 작은 일부에 지나지 않는다는 것을 납득하기는 어려운 일이다. 게다가 이 현재의 우주가 말할 수 없이 생소한 초기 상태에서 진화했으며, 엄청나게 춥거나, 견딜 수 없이 더운 상태의 미래의 소멸에 직면하고 있다는 것은 더욱 납득하기 어려운 일이다. 우주를 이해할 수 있다고 생각할수록, 우주는 그만큼 더 무의미하게 생각된다.[20]

다른 곳에서 그는 말한다. "유물론자·환원주의자의 세계관은 냉담하

---

[20] Steven Weinberg, *The First Three Minutes* (New York: Basic books, 1977), 131–32.

불교와 양자역학

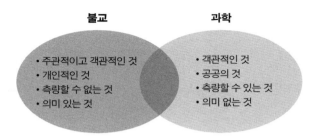

그림 1.2. 불교와 과학의 영역

고 비인격적이다. 우리가 그것을 좋아해서가 아니라, 그것이 세계가 움직이는 방식이기 때문에, 우리는 그것을 있는 그대로 받아들일 수밖에 없다."[21] 많은 사람들이 와인버그와 그가 대변하는 입장에 이론을 제기해 왔다. 그러나 여러분이 모든 것을 물리적 현상의 작용으로 환원한다면, 분명히 물리적 현상의 법칙 속에는 의미나 목적이 없다. 따라서 유물론자·환원주의자의 접근법은 무의미하고 맹목적인 우주로 인도할 수밖에 없다.

그림 1.2는 이 장에서 지금까지 논의한 것을 간단하게 요약한 것이다. 불교를 나타내고 있는 왼쪽의 타원은 주관적이고 객관적인, 개인적이며, 양적으로 측정할 수 없는, 의미 있는 현상을 내포한다. 과학을 나타내고 있는 오른쪽의 타원은 객관적인, 공공의, 양적으로 측

---

21   Steven Weinberg, *Dreams of a Final Theory* (New York: Vantage Books, 1993), 53.

정할 수 있는, 의미 없는 현상을 내포한다. 중앙의 겹쳐진 어두운 부분은 불교와 과학의 중요한 공통점을 암시한다. 나는 이 책에서 그 가운데 몇 가지를 밝힐 것이다. 과학은 오로지 객관적인 자연 현상에만 초점을 맞추는 반면, 불교는 그런 현상에도 관심을 갖는다. 불교가 내면의 주관적인 영역에 초점을 맞추고 있음에도 불구하고, 괴로움을 없애고자 하는 불교도는 객관 세계의 참된 본성도 이해하지 않으면 안 된다. 불교도에게 필요한 것은 DNA의 분자구조나 물질의 양자역학적 설명과 같은 외부 세계의 세밀한 부분에 대한 이해가 아니다. 불교도는 물리적 세계의 근본적인 본성을 이해하기 위해 노력하지 않으면 안 된다. 따라서 불교도는 과학과 조화하거나, 그렇지 않으면 불화할 수밖에 없다.

달라이 라마를 포함하여,**22** 많은 사람들은 과학과 불교를 상보적(相補的)인 연구로 생각한다. 우리가 양자역학의 파동(波動)과 소립자(素粒子) 사이에서 보는 상보성(相補性)이나 도교(道教)의 음(陰)과 양(陽) 사이에서 보는 상보성은 과학과 불교 사이의 관계를 이해하는 데 도움이 될 수 있을 것이다. 그렇지만 이 아이디어는 잘못 사용되면 과학과 불교를 완전히 분리된 상태로 둘 수도 있다. 바꾸어 말하면, 과학자는 불교도에게 "훌륭합니다. 당신은 주관적인, 내면적인, 개인적인 영역을 연구하십시오. 나는 객관적인, 비인격적인, 공공의 영역을 연구하겠습니다. 이렇게 하여, 나는 당신의 영역 밖에 머물 것이니, 당신은 나의 영역 밖에 머무십시오"라고 말할 수도 있는 것이다.

---

22   The Dalai Lama, *The Universe in a Single Atom*, 4.

많은 이유에서 이것은 받아들일 수 없는 입장이다. 이 단계에서 우리가 알 수 있는 것은, 불교와 과학이 객관적인 현상에 대한 견해에서 불가피하게 충돌하는 영역이 있기 때문에 그것(상보성)이 간단하게 작용하지는 않으리라는 것이다.

④ 인격의 변화와 감정

과학과 불교 사이에 객관화의 보편성에 관해서는 실질적인 간극이 있음에도 불구하고, 이 둘은 충분한 재능과 동기를 지녔고 누구나 필요한 훈련을 받으면, (수학이론과 그것을 실험실의 설비에 적용하는 것을 이해하는 일이든, 궁극적인 진리에 대한 비개념적인 깨달음의 성취이든) 그에 상응하는 경험을 할 수 있다고 주장한다. 그러나 불교에서는 이러한 성취가 가장 심오한 수준의 인격 변화를 요청하는 반면, 과학에서는 이러한 개인의 변화는 요구되지 않는다. 그렇지만, 과학에서는 일반적인 과정을 따라 박사학위를 거쳐 동시대 연구에 이르기까지 어느 정도의 천부적인 재능과 매우 힘든 노력이 필요하다. 그러나 그 어떤 도덕적, 정신적 변화도 요청되지 않는다.

이러한 차이를 정밀하게 하기 위해 과학과 불교에서 감정의 역할을 살펴보자. 나의 경우를 이야기하자면, 나의 물리학 강의를 듣는 학생들은 고도의 수학적인 소프트웨어를 사용하여 정밀한 계산을 한다. 그리고 실험실에서의 실험을 통해 그 (계산된) 예측들을 확증하고 있다. 그 과정에는 수학과 소프트웨어, 그리고 실험 장치들에 의한 무수한 실패가 있다. 교수들은 학생들의 부정적인 감정과 감정적인 반응을 가능한 한 줄이도록 훈련시킨다. 감정적인 반응은 문제를 악화시킬 뿐이다. 이러한 사실에도 불구하고 컴퓨터상에서, 또는 실험실에서 물리학을 연구할 때 유감스럽게도 종종 실험 장치에 대하여 분노와 걱정과 험담을 하게 된다. 물론 그것은 우리의 실수를 악화시킬 뿐이다.

나는 학생들에게 자연법칙 속의 고유하고 진정한 아름다움을 보여줌으로써 긍정적인 감정을 고취시키기 위해 노력한다. 그러나 결코 과학이나 과학을 하는 사람들에게 경건한 태도를 취할 것을 권고하지는 않는다. 하지만 그들에게 과학의 공식화와 과학을 하는 일에 실제로 아름다움이 있다는 것을 인정하기 바란다. 그러나 일반적으로 과학에 대한 어떤 신성한 감정도 부추기지 않는다. 간단히 말해 과학에서 감정을 깨끗이 씻어내려고 애쓴다. 왜냐하면, 감정은 우리의 개인적인 편애나 종교적인 구속이나 철학적인 선호로부터 독립적인 자연법칙을 공식화하고 확립하는 능력, 즉 우리의 객관성을 위태롭게 하기 때문이다.

반면에, 불교에서는 긍정적인 감정을 계발하고, 위태로운 형식의 경험들을 순화하는 데 전념할 것을 크게 강조한다. 실제로 불교도들은 삼보(三寶: 붓다佛, 다르마法, 상가僧)에 귀의한 사람들로 정의된다. 붓다, 즉 깨달은 분은 불교 전통의 본보기다. 다르마는 우리를 깨달음으로 이끌 수 있는 붓다의 가르침이다. 한편 상가는 궁극적인 지식을 추구하는 데 전념하는 사람들의 공동체다. 특히 티베트 전통에서 삼보는 우리가 돈독하게 헌신해야 할 대상으로 알려진 스승(guru)과 가장 훌륭하게 감정을 순화한 사람 속에서 구현된다. 전형적인 티베트 사람 이야기를 들어 보자.

우리가 수행하는 도의 단계는 각각이지만, 스승에 대한

헌신은 우리의 모든 정신 수행의 핵심이다. 이런 까닭에 구루요가(guru yoga)는 모든 수행 가운데 가장 중요하고 필수적인 것으로 여겨지며, 본질적으로 깨달음이라는 목적에 도달하는 가장 확실하고 빠른 길이다.[23]

반면에, 자연과학 교수들은 분명히 각각의 교과 과정 마지막에 이루어지는 학생들의 수업 평가에서 높은 점수를 원한다. 그러나 확실한 것은, 우리는 의식적으로 '교수 요가'를 장려하거나 과학 교육의 일부로 감정의 순화를 장려하지는 않는다.

과학과 불교가 감정을 대하는 이러한 태도의 차이를 다른 측면에서 접근해 보자. 그것이 결코 완전히 성취될 수는 없다는 것을 강조하지 않을 수 없지만, 과학의 이상은 과학을 공식화하고, 전적으로 초연하고, 냉정하게, 개인적인 호불호(好不好)와 철학적, 종교적 편견과 인종이나 민족적 정체성에 사로잡히지 않고, 실험을 확증하는 것이다. 이러한 냉철한 이상은 과학의 보편성에 기여한다.

초연한 과학의 구체적인 예가 있다. 전 세계적으로 학교에서 대부분의 물리학 전공자들은 현대 전자공학을 수강한다. 이러한 전자공학과 현대 컴퓨터 기술을 통해, 실험실에서 실험하는 사람이 없이도 실제로 실험 데이터를 얻는 기계장치를 만들 수 있다. 물론, 이론이 우리에게 측정할 수 있는 대상과 데이터를 해석하는 방법을 가르쳐 준다. 따라서 어떤 과학이론도 항상 철학적 토대를 가지고 있다.

---

23 Dilgo Khyentse, *The Wish-Fulfilling Jewel: The Practice of Guru Yoga according to the Longchen Nyingthig Tradition* (Boston: Shambhala, 1999), 3.

그래서 우리는 결코 인간과 인간의 이해를 배제할 수 없다. 그럼에도 불구하고, 컴퓨터 실험으로 얻어진 데이터를 통해, 우리는 전적으로 초연한 관찰자라는 이상에 접근하고 있다.

반면에, 불교의 토대는 모든 중생을 구제하는 이타적 행위인 대자대비(大慈大悲)의 이념이다. 대자대비를 닦는 가장 중요한 방법의 하나는 감정이입(感情移入)인데, 그것은 원래 감정의 작용으로서, 고통받는 다른 중생들과 연결하는 동병상련(同病相憐)의 감정이다. 이때 우리는 초연한 관찰자와는 반대로, 다른 사람들과 가장 밀접한 정서적 관계를 맺기 위해 노력한다. 달라이 라마께서는 이러한 깊은 정서적 관계에 대하여 다음과 같이 말씀하신다.

> 기초단계에서, 자비(nying je)는 주로 감정이입(다른 사람들의 괴로움 속에 들어가, 어느 정도 그 괴로움을 나누는 우리의 능력)을 통해서 이해됩니다. 그러나 불교도들은 (그리고 아마 다른 사람들도) 우리의 자비심이 힘들이지 않아도 일어날 뿐만 아니라, 무조건적이고, 무차별적이며, 그 범위가 전 우주적으로 발전될 수 있다는 것을 믿습니다. 우리에게 해를 끼치는 것들을 포함하여, 모든 다른 중생들에게 친밀감이 생기는데, 비유하면 어머니의 외아들에 대한 사랑과 같은 것입니다.[24]

---

24   The Dalai Lama, *Ethics for the New Millenium* (New York: Riverhead Books, 1999), 123.

어떤 것이 초연한 관찰자나, 객관적이고, 냉정한 과학의 태도와 이보다 더 거리가 있을 수 있겠는가?

⑤ 지식과 존재의 층위

이론물리학은 지나치게 수학적이고 추상적이기 때문에, 종종 모든 물리학이 존재와 같은 층위에 있다는 것을 알아차리기 어렵다. 예를 들면, 우리가 진자의 물리적 현상을 공식화하든 쿼크의 물리적 현상을 공식화하든, 그것은 모두 존재나 실재와 동일한 층위에서 행해지고 이해된다. 하지만 쿼크의 물리적 현상은 미묘하고 추상적이어서 숙달되기 위해서는 많은 훈련이 필요하다. 그러나 그 이론 개개의 원리는 객관적이며, 엄밀하게 정의된 것이다. 만약에 개개의 원리가 전적으로 객관적인 것이 아니라면, 그것은 수학적으로 공식화될 수 없을 것이다. 따라서 물리 이론의 개개의 국면은, 돌이나 꽃과 마찬가지로, 존재와 같은 층위에 있다. 하지만 일반상대성이론이나 양자역학은 마치 돌이나 꽃과는 다른 종류처럼 여겨진다. 그 공식들은 추상적 개념들과 간결한 의미로 가득 차 있다. 그러나 내가 그 공식들을 칠판에 쓰거나 특수한 문제를 풀려고 할 때, 그 공식들은 붉은 장미와 마찬가지로 실재적이다. 하지만 칠판 위의 분필 가루는 장미처럼 향기가 나지는 않는다. 그렇지만 공식이나 장미는 객관적으로 알려지며, 다른 사람들과 공유할 수 있다. 물론 물리학 이론은 용의주도하게 통제된 실험의 결과를 예측하는 능력에 의해 입증되지만, 실험은 이론 그 자체와 마찬가지로 존재의 층위에 있다. 쿼크나 장미를 아는 데 요청되는 의식상태를 강조함으로써 내가 다른 방식으로 그것을 다시 이야기하고자 하는 요점은 바로 이것이다.

어떤 예비 물리학도가 진자의 물리적 현상을 공식화하고, 실험실에서 그 이론을 확증하고 있다고 하자. 다른 한편으로, 그 물리학도의 선생이 비국소적 양자 물질의 물리적 현상을 공식화하여, 현대적인 정교한 실험실에서 그 이론을 확증하고 있다고 하자. 거기에 필요한 계산용 도구와 확증에 수반되는 실험기술은 선생 쪽이 훨씬 정교하고 추상적이겠지만, 학생이건 선생이건 그들의 의식의 차원을 통상적인 상태에서 변화시킬 필요는 없다. 바꾸어 말하면, 우리가 사용법에 따라 새로운 디지털시계의 시간을 맞추는 데 사용하는 의식상태, 그리고 집중하여 정교하게 진자나 비국소적 양자 물질을 연구하는 데 사용하는 의식상태는 같은 의식상태다. 이들 모든 대상은, 시계든 비국소적 양자 물질이든 돌덩어리든, 모두 동일하게 존재의 차원에 있으며, 동일한 존재론적 지위를 갖는다.

이것을 불교의 경우와 대조해 보자. 불교의 심오한 철학이나 미묘한 명상수행에 호소하지 않아도, 우리는 네 가지 의지처 속에서 불교에는 각기 다른 존재의 층위가 있다는 것을 알아차릴 수 있다. 첫 번째 의지처에서는, 즉 우리가 "금세공인이 금을 분석하는 방식으로 (붓다의 가르침을) 분석하고 확인하라"는 붓다의 충고에 따를 때는 과학에서 사용되는 의식을 사용한다. 한편, 네 번째 의지처에 따라 비개념적인 지식을 성취하기 위해서는 우리의 존재의 차원, 즉 우리의 근본 성품에 엄청난 변화가 요청된다. 간단히 말해서, 불교는 지식의 여러 차원들과 각기 다른 의식상태들을 갖추고 있다.

이상의 간단한 고찰을 통해 여러분은 불교와 과학 사이에 현저한 유사성과 상이성이 있음을 알 수 있을 것이다. 그렇다면, 과학과 불교 사이에는 어떤 종류의 대화가 가능하며, 그 대화는 어떤 이익이 있을까?

과학과 불교의 대화

몇몇 주제들은 다른 주제들보다 과학과 불교의 대화에 초점을 맞추기 쉽다. 예를 들면, 현대물리학과 불교는 다 같이 공간, 시간, 물질의 근본 성질 등과 같은 것들에 대하여 뚜렷하고 명쾌한 입장을 취하고 있다. 이들 근본적인 논점들에 대한 그들의 견해는 다를지라도, 성과 있는 대화를 할 수 있는 영역과 위의 그림 1.2에서 도시(圖示)한, 관심 분야의 겹쳐진 부분에 대한 실례들은 있을 수 있다. 다른 주제들은 다소 문제가 있다. 예를 들면, 불교는 마음의 본성에 관하여 분명하고 정교한 견해를 가지고 있지만, 현대 과학에는 근본적인 마음의 본성에 대하여 널리 인정받는 견해가 없다. 현대 과학에서의 마음의 본성에 관한 다양한 견해들은 이 주제에 관해 불교와의 대화를 어렵게 만든다. 보다 근본적으로, 과학적 지식의 보편적이고 객관적인 성격이 문제를 악화시킨다. 예를 들면, 과학은 내적이고 주관적인 마음의 본성보다는 마음의 상태나 마음의 내용(일인칭 기술이 아닌, 삼인칭 기술들)에 초점을 맞춘다. 이러한 어려움에도 불구하고 흥미 있는 공동연구는 여전히 가능하다.

구체적인 예를 들어 보자. 분노는 자비의 적이기 때문에 불교는 그 주제에 대하여 많은 이야기를 한다. 과학적인 관점에서 보면 분노는 혈압이나 맥박, 뇌파 등의 변화를 수량화하고 측정할 수 있는 생리학적이고 심리학적인 많은 요소를 가지고 있다. 따라서 분노는 불교도와 과학자들이 함께 토론하기에 비교적 쉬운 주제라는 것을 금방 알 수 있다. 여기에 실질적으로 공동연구하고, 서로 고무할 수 있는 영역이 존재한다.

상반되는 예로, 불교에서는 모든 객관적인 현상과 주관적인 현상의 본성을 독립적이거나 본래적인 존재가 없는 '공(空)'이라고 여긴다. 나는 지금 불교의 공의 본성을 자세하게 논하는 데 시간을 보내려고 하는 것이 아니라, 단지 독자들에게 공을 모든 현상의 근본적인 본성이나 궁극적인 진리로 이해해 주기 바랄 뿐이다. 미묘한 마음이나 밝은 마음이 현상들의 공을 알기 위해서는 마음과 공의 융합이나 상통(相通)이 필요하다. 불경(佛經)은 이러한 앎을 물속으로 흘러 들어가는 물과 같은 것이라고 설명한다. 분명히 이러한 비개념적인 앎, 즉 객관화에 의한 것이라기보다는 개인에 의한 앎은 과학과 불교가 대화하기에 매우 어려운 영역이 될 것이다.

어떤 주제들은 다른 주제들보다 대화에 근본적으로 더 많은 어려움이 있고, 전 장에서 간단히 살펴보았듯이, 현대 과학과 불교 사이에 중요한 차이들이 있다면, 이러한 대화에서 우리가 기대할 수 있는 것은 무엇인가? 물론, 과학과 불교의 대화를 제안하고 개척한 가장 위대한 인물은 달라이 라마였다. 그분은 그 대화에 많은 시간과 힘을 쏟았다. 따라서 이 물음에 대한 나의 답변은 부분적으로 그분의 저술, 특히 『하나의 원자 속에 있는 우주』라는 책에 의지하고 있다.

달라이 라마는 이 책에서 과거에 어떻게 하면 불교가 과학의 영향을 받아들일 수 있는지를 궁리했다고 이야기한다. 그분은 "과학을 감행한 나의 확신은, 과학에서와 마찬가지로 불교에서도, 존재의 본성에 대한 이해는 비판적인 탐구를 통해 추구된다고 하는 근본적인 신념에 있습니다. 만약에 과학적 분석으로 불교의 어떤 주장들이 거짓임을 명확하게 입증한다면, 우리는 과학의 결과를 수용하고 그 주장들을 포기하지 않으면 안 됩니다"**25**라고 말한다. 예를 들면, 티베트 사원에서 연구되는 몇 가지 경전이 있는데, 그것은 현대의 우주론과 물리학에 의하면 분명히 시대에 뒤처진 생각을 담고 있다. 달라이 라마는 이 경전들이 수정될 것임을 시사한다. 그는 "분명히 불교사상의 몇 가지 특수한 부분, 즉 불교의 오래된 우주론과 초보적인 물리학은 새로운 과학적 통찰에 비추어보면 수정되지 않을 수 없을 것입니다"**26**라고 이야기한다. 이 점에서 우리는 불교를 현대화하는 것으로서의 과학을 본다. 이러한 접근은 과학자들을 놀라게 한다. 많은 근본주의자들이 그들의 종교적 신념에 따라 과학을 수정하려고 하는 오늘날 특히 그렇다.

그런데 곧바로 불교가 과학에 상호적인 영향력을 가질 수 있느냐는 물음이 제기된다. 이 물음은 두 가지로 나눌 수 있다. 첫째, 불교는 과학의 내용과 실험에 영향을 미칠 수 있는가? 예를 들면, 불교는 분노든 행복이든 다양한 정신 상태에 대하여 많은 이야기를 하고 있다. 그리고 이러한 상태들에 대한 연구는 과학에 지식과 자극을 준다. 뇌에 대한 명상의 효과가 구체적인 사례라고 생각된다. 최근에 명상하는 사람의 뇌를 측정한 결과, 명상에 기인하는 중요한 차이가 있다는 것이 밝혀졌다.**27** 이것은 분명히 공동작업과 미래 연구에 효과적

---

25 The Dalai Lama, *The Universe in a Single Atom*, 2-3.

26 Ibid., 5.

27 Richard J. Davidson, Jon Kabat-Zinn, Jessica Schumacher et al.; "Patient Alterations in Brain and Immune Function Produced by Mindfulness Meditation", *Psychosomatic Medicine* 65, no. 4 (July-Aug. 2003): 564-70; Antoine Lutz, Lawrence L. Greischar, Nancy B. Rawlings et al.,

인 영역이다. 달라이 라마께서는 과학과 불교의 상호 작용에 효과적인 영역의 다른 사례들을 제공한다.

이 책에서 중심이 되는 한 사례는, 양자역학과 상대성이론에 내포된 의미의 이해에서 기인하는 우리의 세계관의 근본적인 변화에 초점을 맞추고 있다. 양자역학에 대한 철학적인, 그리고 개념적인 해석에 논란의 여지는 있지만(상대성이론은 좀 덜하다), 나는 일반적으로 폭넓게 일치를 보이는 주제들에 전적으로 초점을 맞추고 있다. 양자역학과 상대성이론에 대한 나의 해석들은 그야말로 주류에 속하는 것들이다. 그러나 우리가 앞으로 보게 되겠지만, 내가 거론하는 주제들은 우리가 인습적으로 가지고 있는 세계관과는 철저하게 다른 세계관이며, 그 세계관과 우리의 관계를 제공한다. 애석하게도 이 새로운 세계관은 과학적으로 가장 발전한 나라에서조차 공동의 이해 속으로 아직 들어오지 않았다. 우리는 여전히 독립적으로 대상들이 존재한다고 하는 낡은 '뉴턴주의 세계관'에 얽매어 있는 것이다. 따라서 현대물리학은 아직 변화시켜야 할 만큼 우리의 세계관을 변화시키지 못하고 있다. 여기에서 불교철학, 특히 공(空)의 이해는 물리학적 관념을 명료화하고, 그것들이 함축하는 도덕적 의미를 지적하는 데 매우 큰 도움이 될 것이다.

불교와 과학의 상호적 영향에 관한 이 물음을 묻는 두 번째 방법

"Long-term Meditators Self-induce High-amplitude Gamma Synchrony during Mental Practice", *Proceedings of the National Academy of Science* 101, no. 46 (Nov. 16., 2004): 16369-73; Sara W. Lazar et al., "Meditation Experience is Associated with Increased Cortical Thickness" in *Neuroreport* 16, no. 17 (Nov. 28, 2005) 1893-97.

은 분명히 더욱 어렵다. 왜냐하면, 그것은 불교의 도덕적 함축과 명령에 초점을 맞추고 있기 때문이다. 달라이 라마께서는 "우리가 사는 세계의 생존과 행복을 위한 핵심적인 문제는 어떻게 하면 과학을 인류의 요구와 우리가 이 지구에서 함께 사는 다른 생명들의 요구에 이타적이고 자비로운 봉사를 하는 것으로 훌륭하게 발전시킬 수 있는가입니다"[28]라고 이야기한다. 여기에서 달라이 라마께서는 불교가 과학과 과학의 기술적인 적용에 도덕적 지침을 줄 수 있다는 점을 시사하고 있다. 그분은 자주 이 주제를 다룬다. 예를 들면, 특히 생명의 근본적인 유전구조를 조작하는 우리들의 능력의 증가에 의해 제기된 중대하고 광범위한 도덕적 도전들에 대하여 우려하고 있다. 그러나 내가 경험한 과학자들 대다수는 그것이 불교든 철학이든 정치든 외부로부터의 어떤 간섭도 바라지 않는다. 예를 들면, 스티븐 와인버그는 "나는 전후(戰後) 시기에 적극적으로 물리학의 발전에 참여한 사람들 가운데 그들의 탐구가 철학자들의 연구에 의해 중대한 도움을 받은 사람을 한 사람도 알지 못한다"[29]라고 이야기한다.

과학계에서 외부의 영향에 대한 저항은 특히 신출내기 과학자들로부터 나온다. 나는 자주 과학과 과학에 관련된 기술에 의해 우리에게 제기된 셀 수 없는 도덕적 도전들에 관하여 학생들과 토론했다. 우리가 대량살상무기에 대해서, 또는 유전공학이나 가까운 장래의 다양하고 심각한 생태적 위기에 관해서 이야기할 때, 과학은 도덕적 지침을 필요로 한다. 그러나 나의 명석한 학생들 중 몇몇은 과학은 오직

---

28   The Dalai Lama, *The Universe in a Single Atom*, 10.
29   Weinberg, *Dreams of a Final Theory*, 168-69.

진리에 대한 적법한 탐구일 뿐이며, 따라서 불교나 어떤 다른 외부의 영향에 의한 그 어떤 강압 없이 방해받지 않고 진행되어야 한다고 믿는다. 일반적이지는 않지만, 이런 견해는 모든 학과에서 전공하고 있는 명석한 학생들로부터 나온 것이다. 그들의 주장은 과학에 지침은 필요로 하지 않고, 단지 과학을 사용하는 사람들이 지침을 필요로 한다는 것이다. 나는 이런 견해를 매우 우려한다. 크게는 이 학생들이 과학 분야의 많은 견습자들과 함께 과학이 유일한 진리의 중재인이며, 따라서 우리에게 무엇이 진실이고 사실인가를 말해 준다고 믿기 때문이다. 몇 가지 한계들을 앞 장에서 살펴보았는데, 과학적 관점의 한계에도 불구하고, 많은 사람들은 과학을 "유일하고 진정한 종교"로 집착하고 있다. 나는 이러한 과학적 본질주의는 심각하게 잘못 인식된 것이며, 우리 지구에 대한 중대한 위협이라고 확신한다.

이러한 경험에도 불구하고, 나는 과학에 도덕적 지침을 제공할 수 있는 불교의 능력에 대하여 달라이 라마와 전적으로 의견이 일치한다. 따라서 이 책에서 나는 어떻게 현대물리학이 함축하고 있는 세계관으로부터 도덕적 의미들이 자연스럽게 나오는지, 그리고 이 도덕적 의미들이 과학 외적인 것이거나 외래의 부산물이 아니라는 것을 보여 주는 도전을 시도했다.

마지막으로, 과학과 불교의 대화에 참여하는 가장 중요한 이유는 그것이 보살(菩薩; bodhisattva)의 서원(중생의 괴로움을 구제하겠다는 약속)의 강력한 표현일 수 있기 때문이라고 나는 믿는다. 우리는 모두 우리의 세계를 만들고, 우리의 삶에 영향을 주고, 인류에게 커다란 괴로움이나 즐거움을 가져다주는 과학과 기술의 가공할 위력을 알고 있다. 종교도 마찬가지다. 종교도 굉장한 선, 또는 악을 가져다줄 수 있는 유사한 위력을 가지고 있다. 여러분이 보살의 서원을 받아들였는지의 여부는 쉽게 알 수 있다. 달라이 라마께서는 과학과 불교의 협력을 그 서원의 표현으로 이해한다. 이러한 견해는 특히 『하나의 원자 속에 있는 우주』의 마지막 문단에서 분명하게 나타난다. 나는 앞에서 그 내용의 일부를 인용했다. 인류는 커다란 도전에 직면하고 있기 때문에, 달라이 라마께서는 우리 모두에게 이 대화에 참여할 것을 간청한다.

> 현대 과학이 출현한 이후, 인류는 지식과 행복한 삶의 두 중요한 원천인 영성(靈性)과 과학 사이에 맞물려 살아왔습니다. 때로는 그 관계가 밀접한 것(일종의 친구)이었고, 때로는 많은 사람들이 이 둘은 양립할 수 없는 것으로 보면서 냉랭했습니다. 오늘날 21세기의 첫 10년간 과학과 영성은 지금까지보다 더 가까워질 수 있는, 그리고 공동의 노력을 시작할 가능성을 가지고 있습니다. 그 공동의 노력은 인류가 우리 앞에 놓인 도전들에 대응하는 데 도움을 줄 광범위한 가능성을 가지고 있습니다. 우리는 모두 이 가능성 속에 함께 있습니다. 우리 각자는 인류 가족의 일원으로서 이 협력을 가능하게 해야 할 도덕적 의무에 응해야 합니다. 이것이 나의 간절한 청원입니다.[30]

---

30   The Dalai Lama, *The Universe in a Single Atom*, 208-9.

2

양자역학과 자비(慈悲)

유사점과 문제점

앤서니 대미어니(Anthony Damiani)는 자주 우리에게 훌륭한 문제나 물음이 훌륭한 대답보다 얼마나 더 가치가 있을 수 있는지를 보여 주었다. 거의 40년 가깝게 학교에서 교육과 연구를 하는 동안, 나 자신의 내적 경험을 통해 다음과 같은 생각을 확립하게 되었다. 이론물리학에서건 불교나 융(C. G. Jung)의 심리학에서건 혼란의 근원들에 주의를 집중하는 일은 항상 나를 풍부한 영역과 창조적인 가능성 속으로 몰고 간다. 나는 그 정신으로 이 장을 시작하고자 한다.

탐색은 양자역학의 근본원리로 시작하여, 티베트불교에 있는 유사한 원리의 현저한 발전으로 끝난다. 나는 결코 양자역학이 어떤 식으로든 불교의 진리들을 입증한다고 설득하지 않는다. 그보다도 무차별성(無差別性; indistinguishability)에 접근하는 그들 각각의 태도의 유사성, 상호 교환을 통한 유사성의 입증, 그리고 그 귀결(歸結)을 고찰하고 있다. 이 유사성은 나로 하여금 이기심과 맞서게 하고, 티베트불교판 무차별성에서 유래하는 보편적 자비·동체자비(同體慈悲)에 온 힘을 기울이게 했다. 물리학과 불교의 유사점을 통한 나의 접근은 공(空)과 더불어 티베트불교를 지탱하는 큰 기둥인 자비에 대한 독특한 관점을 제공한다.

물리학에서의 독자성(Uniqueness)과 무차별성(Indistinguishability)

어렸을 적에 나는 구슬치기 놀이를 좋아했다. 내 호주머니 속은 늘 반짝이는 형형색색의 짤랑거리는 유리구슬들로 불룩했다. 땅에 원을 그리고 그 속에 구슬들을 놓은 다음, 구슬 하나를 원 안으로 던져 구슬들을 원 밖으로 밀어낸다. 나는 구슬을 잘 쳤다. 나와 친구들은 모두 마음에 드는 구슬을 가지고 있었으며, 특정한 색깔이나 디자인의 구슬을 좋아했다.

열 개의 구슬을 한 상자 속에 넣고 힘차게 열 번 흔든다고 생각해 보자. 구슬들은 서로, 그리고 상자의 벽들과 부딪쳐 복잡하게 팅길 것이다. 그래도 우리는 구슬들의 색깔과 디자인 때문에 개개의 구슬이 독특한 정체성을 가지고 있다는 것을 알 것이다. 또한, 움직임이 아무리 복잡해도, 상자 안에 아무리 많은 구슬이 있어도, 각각의 구슬이 상자 속에서 명확한 궤도를 가지고 있다는 것을 알 것이다. 따라서 만약 구슬들이 상자 속에서 팅기는 모습을 사진으로 찍는다면, 쉽게 구슬들의 위치가 바뀌는 상태를 식별할 수 있다. 예를 들어, 우리는

불교와 양자역학

그 필름으로부터 붉은 구슬은 왼쪽 모서리에서 출발했고, 검은 구슬은 오른쪽 모서리에서 출발했으며, 검은 구슬과 붉은 구슬의 출발 위치가 바뀌었다는 것을 식별하는 데 어려움이 없을 것이다. 그러나 양자역학에서는 상황이 전혀 다르다.

양자역학에서는 어떤 점들이 다른가를 보여 주는 가장 간단한 시스템은 두 개의 전자(電子)를 넣은 상자다. (양자陽子든 중성자中性子든 소립자素粒子에 속하는 어떤 것이든, 마음에 드는 것을 같은 종류만 사용하면 된다.) 마음속으로 구슬들을 생각하면서, 전자들의 독특한 정체성을 표시하기 위해, 가상으로 숫자 1을 한 전자에 새겨 넣고, 다른 전자에는 숫자 2를 새겨 넣는다. 물론 전자에 숫자를 새길 수는 없지만, 전자들은 서로 다른 물리적 특성을 갖는다. 최소한 이들의 특성을 묘사하기 위해서는 소립자들의 위치와 양자역학적 회전(spin)을 고찰하지 않으면 안 된다. 양자역학적 회전은 눈으로 보이는(거시적인) '정확하게 같은 것'은 없다. 그러나 우리는 일정한 속도로 회전하는 팽이나 바퀴의 회전을 생각함으로써 그것에 접근할 수는 있다. 양자역학적 회전의 회전 값은 변하지 않지만, 지정된 한 쌍의 대등축(對等軸)에 비례하여 회전의 방향은 변화한다. 구슬에 대한 경험을 마음속으로 생각하면서, 우리는 물리적 특성 세트(set)가 전자에 명확한 정체성을 부여하면서 특유의 방법으로 전자를 규정한다고 추정한다. 나아가 우리는 그들 각각의 궤적을 그어가면서 상자 안에 있는 소립자 1과 2의 경로를 추적할 수 있다고 생각한다. 그러나 여기에서 구슬에 대한 우리의 경험은 우리를 잘못된 길로 인도한다.

전자나 여타의 소립자들은 그 시스템의 지속적인 전개에도 불구하고 구슬과는 반대로 명확한 궤적을 갖지 않는다. 현재 나의 목적보다 더 중요한 것은 그 두 전자를 전혀 구별할 수 없다는 것이다. 다시 말하면, 수학적으로 교환하고 있는 소립자 1의 특성은 소립자 2의 특성과 함께 그 시스템 안에서 식별 가능한 변화를 하지 않으며, 측정할 수 있는 차이를 보이지 않는다. 수학적으로는 소립자 특성의 교환이 분명하게 정의되지만, 결국은 측정 가능한 차이는 없다. 경험적인 결과나 측정 가능한 결과가 없는 상태에서, 우리는 순수한 개념상의 차이(특성의 수학적 교환)를 가지고 있다.

거시적인 경험의 관점에서 보면, 양자역학에서의 교환을 통해 확증된 이 무차별성은 매우 생소한 관념이다. 하지만 그것은 참으로 근본적인 원리다. 그래서 그 물리적 현상을 보다 정확하게 진술할 필요가 있다. 상자 A 속에 분명한 특성, 또는 속성 P_1을(P_1은 최소한 그 전자의 위치와 회전의 내력을 포함해야만 한다.) 갖는 전자 e_1을 넣는다. 전자 e_2는 특성 P_2를 갖도록 한다. 상자 B 속에서 특성이 바뀌면, P_1은 P_2가 되고, P_2는 P_1이 된다(아래의 그림 2.1. 참조).

상자 A와 B를 어떤 식으로 측정해도 이 두 상자 사이에서 어떤

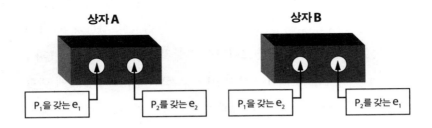

그림 2.1. 실험상 차별 불가능한 배열

불교와 양자역학

차이도 식별해 낼 수가 없다. 간단히 말해서, 양자 입자들의 무차별성은 입자 특성의 교환이 측정 가능한 결과를 갖지 않는다는 것을 의미한다.

우리가 상자 속에 전자 두 개를 넣든 2백조 개를 넣든 개개의 전자는 분명하거나 독특한 정체성, 본질(essence)이나 자기본성(self-nature), 또는 마치 '일련번호'와 같은 특징이 있을 것이라는 우리의 믿음에 어긋나는 경향이 있다. 실제로 입자의 교환이 보여 주듯이, 일정한 시스템 속의 모든 전자는 전혀 구별할 수가 없다. 본질이나 자기본성이 없는 것이다. 뿐만 아니라, 구별 불가능한 입자들은 명확한 경로나 궤적이 없다. 그러나 그 시스템은 지속적으로 한 단계에서 다음 단계로 발전한다.

다음 장에서 보게 되겠지만, 양자역학의 전형적인 상태는 자기본성 없이 지속하며, 어떤 독특하거나 독립적으로 존재하는 본질 없이 그 시스템은 발전되고 있는 대상으로 지속적으로 발전한다. 다음 장에서는 이 원리에 대한 불교의 놀랄 만큼 비슷한 사상을 다룬다. 그곳에서 우리는 중관사상(中觀思想; Middle way)이 그 어떤 고유한 자성(自性)도 없는 사람이나 사물들 각 개체의 독특한 성질과 그것들의 연속성을 얼마나 잘 이해하고 있는가를 보게 될 것이다. 예를 들면, 인간의 업이나 행위는 연속성이 있고, 당신은 독자적인 붓다가 될 것이지만, 그러나 이 모든 일은 인간의 독자적인 자아나 본래 존재하는 정체성 없이 일어난다는 것이다. 이것은 독자성을 인간의 고유한 본성의 철저한 부정과 결합하는 미묘한 견해이다. 이 책의 몇몇 장에서 살펴보게 되겠지만, 독자적인 자기동일성이나 자성이 없는 연속성이 중관사상과 양자역학의 핵심 원리이다.

양자(量子)의 무차별성은 물질의 가장 근본적인 속성 가운데 하나이다. 이것은 사람이든 구슬이든 우리가 경험하는 개개의 요소들의 독자적인 정체성을 당연하게 여기는 고전물리학이나 뉴턴 물리학, 그리고 일상적인 경험에서 일탈한 것이다. 이것이 우리의 관습적인 견해들로부터 얼마나 근본적인 일탈인가를 보기 위하여 다음과 같은 간단한 생각 실험을 해 보기로 하자. 우리가 큰 강당 속에 천 명의 사람들과 함께 있다고 상상해 보자. 당신과 나는 옆자리에 앉아 있다. 만약 우리가 자리를 바꾸면, 천장에 설치된 카메라는 그 방 안에서 어떤 차이를 찾아낼 수 있을까?

그 카메라는 두 개의 사진을 찍을 수 있을 것이다. 하나는 우리가 자리를 바꾸기 이전의 사진이고, 하나는 이후의 사진이다. 이 사진들은 컴퓨터로 비교할 수 있고, 그 차이는 쉽게 눈에 보일 것이다. 카메라에 의해 포착된 신체적인 정체성을 넘어서, 우리는 우리의 독자적인 정체성이나 개별적인 자아와 같은, 카메라가 미치지 못하는 어떤 것에 대한 본능적인 확신을 가지고 있다. 다음 장에서 논의되는 공사상(空思想)은 이러한 독자적인 정체성이나 자아를 부정한다. 그러면서 다른 한편으로는 지갑에 있는 신분증 속에 간직된 관습적인 정체성을 인정한다. (공空의 부정적인 공식公式은 모든 사람과 사물은 독립적이거나 본래적인 존재를 가지고 있지 않다는 것이고, 다른 한편으로, 긍정적인 공식은 현상들은 오직 그들의 상호 의존이나 관계를 통해서 존재한다는 것임을 잊어서는 안 된다.)

강당에서의 경험과는 너무나 대조적으로, 만약 우리가 어떤 시스템 속에 일천 개의 전자를 가지고 있고, 어떤 두 입자의 속성 세트를 교환했다면, 거기에는 어떤 종류의 측정 가능한 변화도 없을 것이다. 이 완전한 무차별성은 어떤 입자에도 개별적인 정체성이 없다는 것을 의미한다. 입자들은 거시적인 영역에서 우리가 경험하는 어떤 것을 벗어나 깊은 의미에서는 모두가 같은 것이다. 바꾸어 말하면, 각각의 입자는 전적으로 자성이 비어 있다고 할 수도 있고, 입자들은 본래적인 존재를 가지고 있지 않다고 할 수도 있다. 하지만 그럼에도 입자들은 원자, 분자, 그리고 우리가 살고 있는 물질세계를 만드는 일을 한다.

명확한 시스템 속에 있는 일정한 유형의 입자들의 무차별성은 양자역학의 토대를 이루는 본질적인 초석이다. 그것은 빅뱅 최초의 순간에도 적용되고, 가장 멀리 떨어진 은하들에도 적용된다. '수학의 한 쌍의 선(a couple of lines of mathematics)'과 함께, 이 양자의 무차별성은 그대로 그 유명한 파울리의 배타원리가 된다. 파울리의 배타원리는 동일한 시스템 속에 있는 두 개의 전자는 동일한 양자 상태를 가질 수 없다는 원리이다. 파울리의 원리는 우리의 신체와 우주를 형성하고 있는 물질의 안정성을 설명해 준다. 그것은 또한 원자들의 상세한 스펙트럼과 원소의 주기율표의 구조를 설명해 준다. 많은 수의 입자로 된 거시적인 시스템에 있어서는, 대부분의 양자 효과가 사라진다는 것을 명심해야 한다. 그럼에도 불구하고, 우주의 다른 것들로부터 가깝게 고립될 수 있는 일정한 시스템에 있어서는 일정한 유형의 입자들은 분별 불가능하며, 입자의 수와 무관하다.

우리의 주변 어디에서나 보이는 엄청난 다양성과 상이점이 독자적인 정체성이나 자아가 없는, 분별 불가능한 입자라는 존재의 바다에서 생긴다는 생각에 나는 매우 놀랐다. 다음 항을 이해하기 위하여 입자의 속성 교환과 무차별성 사이에는 밀접한 관계가 있다는 것을 염두에 두기 바란다. 실제로 양자역학에서 교환 후 측정 가능한 차이

점이 없는 무차별성을 확립하며, 우리에게 우리가 의도하는 것의 작업정의(working definition)를 제공한다. 그리고 우리로 하여금 무차별성으로부터 광범위한 추단(推斷)을 내리게 한다. 다음은 티베트불교에서는 교환을 통해 어떻게 무차별성이 실현되는지를 살펴보고, 그것으로부터 어떤 중요한 원리가 나오는지를 보기로 한다.

티베트불교에서의 무차별성

나는 내가 좋아하는 카페에 앉아 커피를 마시면서 책을 읽고 있다. 그리고 가끔 눈을 들어 오가는 사람들을 보며 지루해하지 않고 각 개인의 독특한 모습을 감상한다. 그들은 모두 키, 용모, 피부색, 몸짓이 다르고, 심리상태가 다양하다. 얼마나 환희로운가! 이 글의 독자나 저자와 똑같은 사람은 아무도 없을 것이다. 빅뱅에서 시작하여 우주가 소멸할 때까지 당신과 똑같은 사람은 결코 없을 것이다. 이런 까닭에 각 개인의 깨달음에 이르는 길도 독자적일 수밖에 없다. 우리 인생행로에서 독자적인 가르침을 줄 수 있는 구루(guru)나 라마(lama)를 알고 있는 것이 중요해지는 이유이다.

관습적인 차원에서는 결코 논쟁거리가 아닌 우리의 엄청난 독자성에도 불구하고, 근본적인 점에서 우리는 모두 같다. 실제로 우리 주변의 독자성과 다양성에 현혹되어, 우리가 어떤 점에서 구별될 수 없는지를 알아차리지 못하는 것은 실로 위험한 일이다.

티베트불교는 우리에게 누구나 행복과 괴로움으로부터의 해탈을 갈망한다고 끊임없이 이야기한다. 그렇다. 당신은 분명히 수많은

불교와 양자역학

중요한 점에서 나와 다르다. 그러나 우리 모두 행복과 괴로움으로부터의 해탈을 갈망한다는 점에서, 우리는 결코 구별될 수 없다. 행복해지고 괴로움에서 벗어나고자 하는 우리의 공통된 욕구와 그러한 행복을 추구할 동등한 권리보다 근본적이거나 중요한 것은 없다. 물리학으로 비유하면, 우리가 어떤 두 사람을 교환하여, 행복하고자 하고, 괴로움으로부터 벗어나고자 하는 그들의 욕구와 행복을 얻을 권리를 측정한다면, 교환 이전과 이후 사이에 측정 가능한 차이를 발견할 수 없을 것이다. 불교는 주민등록 번호처럼 간직된 우리의 관습적인 정체성을 긍정하지만, 동시에 우리는 모두 행복하고자 하고, 괴로움에서 벗어나고자 갈망하며, 그러한 행복을 얻을 동등한 권리를 가지고 있다는 근본적인 무차별성을 강조한다는 것을 명심하기 바란다. 여기에서 나는 우리의 무차별성이 함축하고 있는 몇 가지 의미를 살펴보고자 한다.

이러한 유형의 분별 불가능한 본성은 우리 대부분에게 명백하다. 미국인들에게 그것은 특별한 반향을 갖는데, 그 까닭은 미국의 독립선언서가 우리에게 다음과 같이 이야기하기 때문이다. "모든 사람은 평등하게 창조되었고, 우리의 창조자로부터 분명하고 양도할 수 없는 권리들을 부여받았으며, 이들 가운데 삶과 자유와 행복의 추구가 있다는 진리를 자명한 것으로 생각한다." 독립선언서의 이 명백한 진리가 비록 전적으로 지지받지 못하고, 우리의 분별 불가능한 본성에 대한 티베트인의 견해와 독립선언서 사이에 차이가 있다 할지라도, 근본적인 점은 같다. 이러한 명백한 진리가 있는데, 우리는 그것을 하찮은 것으로 만들거나 그것을 단지 말뿐인 진리라고 생각하는 위험에 빠져 있다. 우리가 앞으로 보게 되듯이, 인간들의 이러한 무차별성이 근본적인 진리라는 점에 대하여 티베트불교에 동의하는 것은 최소한 파울리의 배타원리만큼 중요한 몇 가지 유력한 함축에 도달할 것이다.

괴로움에서 벗어나 행복하게 살고자 하는 우리의 일반적인 욕구는 우리의 가족과 사랑하는 사람의 경우에서 쉽게 볼 수 있다. 그러나 그것이 보편적인 진리라면, 우리의 모든 호불호(好不好), 국경, 시대 등을 뛰어넘지 않으면 안 된다. 예를 들면, 가장 미움받는 사람이나 못된 폭군까지도 괴로움에서 벗어나 행복하게 살고 싶어 한다. 폭탄테러리스트인 아틸라 더 훈(Attila the Hun)이건 콜카타의 테레사 수녀건 우리는 모두 이 점에서는 동일하다. 티베트불교에서의 무차별성은 최소한 양자역학에서의 입자들의 무차별성만큼 중요하다. 왜냐하면, 그것은 보편적 자비의 토대가 되기 때문이다. 티베트불교의 핵심인 보편적 자비는 모든 중생들의 복리를 기원하는 진실한 소망이며, 아울러 이 소망을 실천하려는 의지이다. 보편적이기 때문에 그것은 우리가 사랑하는 것들의 범위를 벗어나 멀리 확장된다. 이러한 무차별성과 그 논리적 귀결로서의 자비에도 불구하고, 자신의 요구를 다른 사람의 요구보다 앞세우는 이기적인 행동은 합리적으로 반론의 여지가 없다. 달라이 라마께서는 우리에게 이야기한다.

> 아름답고 친절한 사람이든 못생기고 성가신 사람이든 궁극적으로 그들은 자기 자신과 똑같은 인간입니다. 자기 자신과 마찬가지로 그들은 행복을 원하고, 괴로움을 원하지 않습니다. 뿐만 아니라, 괴로움을 극복하고 행복할 그들의 권리는 평등합니다. 모든 인간들이 행복하고자 하는

욕구와 그것을 획득하는 권리를 평등하게 가지고 있다는 것을 당신이 인정한다면, 당신은 저절로 그들에게서 공감과 친밀감을 느낄 것입니다. 당신의 마음을 이러한 보편적 이타주의의 감정에 길들임으로써, 당신은 타인들에 대한 책임감, 즉 그들이 그들의 문제를 극복하도록 적극적으로 돕고자 하는 의지를 계발할 것입니다. 또한, 이 의지는 선택적인 것이 아닙니다. 그것은 모두에게 평등하게 적용됩니다.[31]

불행하게도, 나는 이성이나 논리에 완전히 지배를 받지 않는다. 나의 자기애, 즉 나의 이기주의는 행복과 괴로움으로부터의 해탈을 원하는 우리의 무차별적인 욕구에 대한 나의 이해를 압도한다. 그런데 티베트의 위대한 스승들은 모두 우리에게 자기애, 즉 우리의 에고와 에고의 욕망에 대한 끊임없는 관심이 사실은 우리의 행복을 가로막는 가장 큰 방해물인 반면, 다른 사람들에 대한 사랑과 관심은 즐거움과 만족의 가장 큰 원천이라고 이야기한다. 예를 들면, 8세기 인도의 대성자로서 티베트불교의 창공에서 가장 밝은 빛을 내는 인물 가운데 하나인 샨띠데바(Shantideva)는 우리에게 다음과 같이 이야기한다.

> 이 세상에 있는 즐거움은 그것이 무엇이든
> 모두 다른 사람들이 행복하기를 바라는 데서 온다.

---

31 Tenzin Gyatso the Dalai Lama, *The Compassionate Life* (London: Wisdom Publications, 2001), 21-22.

이 세상에 있는 괴로움은 그것이 무엇이든
모두 자신이 행복하기를 바라는 데서 온다.[32]

이 나이가 되도록 나는 완전히 잘못 알고 있었다. 나는 나의 욕구와
물질적인 안락에 주의를 기울이면 기울일수록 내가 더 행복해질 것
이라고 생각했다. 그런데 샨띠데바의 지혜를 약간 이해하고 체험한
바로 지금조차도 무아(無我; selflessness)는 전혀 내 존재의 일부가 아
니다. 나는 나의 일상 행동에서 이 지식을 항상 실천할 수가 없다. 이
것을 알고 샨띠데바는 우리가 이기심을 극복하고 근본적인 무차별성
을 실현하는 데 도움이 되는 특별한 훈련을 제시한다. 그는 다음과 같
이 이야기한다.

자신과 다른 사람 모두에게
빨리 피난처를 주고자 바라는 사람은 누구나
성스러운 비밀을 훈련해야 한다.
그것은 자기를 다른 사람들로 교환하는 일이다.[33]

양자역학과 마찬가지로, 무차별성을 확증하거나 실현하기 위하여,
우리는 교환에 개입하지 않으면 안 된다. 불행하게도 '그 거룩한 비밀

---

32 Shantideva, *A Guide to the Boddhisattva's Way of Life*, trans. Stephen
Batchelor (Dharamsala, India: Library of Tibetan Works & Archives,
1979), 120.

33 Ibid., 119.

080   불교와 양자역학

(자기를 다른 사람들로 교환하는 일)'은 입자들의 속성을 교환하는 일보다 훨씬 어렵다. 입자의 속성을 교환하는 데 필요한 수학은 간단하다. 그리고 물론 그것은 정서적으로 우리가 어떤 입자가 어떤 것인지 걱정하지 않도록 돕는다. 우리는 간단히 전자나 양성자를 동일시하지 않는다. 그러나 에고와 에고에 부수된 신체를 동일시하고, 그것을 실재하거나 독립적으로 존재한다고 믿고, 그것의 한없는 욕망을 만족시키는 일에 집중하면서 무수한 화신(化身)들을 소비해 왔다. 이러한 동일시나 아집(我執; self-grasping), 또는 독립적으로 존재하는 에고에 대한 그릇된 신념은 곧바로 자기 애착(self-cherishing)이나 자기본위(egotism)를 낳는다. 이 과정은 매우 뿌리 깊고, 직접적이어서 자기애를 타인의 사랑으로 바꾸는 일은 너무나 어렵다. 이러한 어려움에도 불구하고, 우리는 교환이라는 행위를 통해 물리학과 티베트불교에서 무차별성을 실현할 수 있다. 보다 어려운 불교에서의 교환을 돕기 위하여, 샨띠데바는 우리에게 상상력을 다루는 법에 대한 자세한 가르침과 함께 효과적인 수행을 제시한다. 그 수행은 다음과 같은 형태를 취한다.

　일반적으로 우리는 인간을 세 부류, 즉 우리보다 열등하다고 믿는 사람들, 동등한 위치의 경쟁자라고 믿는 사람들, 마지막으로 우리보다 우수하다고 믿는 사람들로 나눈다. 이러한 분류의 근거(정신적인 성취, 교육, 돈 또는 다른 기준)는 사람마다 각기 다르다. 그러나 항상 세 부류가 나타난다. 우리는 우리보다 열등한 첫 번째 부류에 대해서는 교만을, 우리와 동등한 두 번째 부류에 대해서는 경쟁심을, 우리보다 우수한 세 번째 부류에 대해서는 부러움을 느낀다. 이 수행에서 우리는 우리보다 열등하다고 믿는 부류에 속하는 누군가의 관점을 취한다. 우리는 가상으로 그 열등한 사람과 신분을 교환하여 가능한 한 그의 관점을 취한다. 그리고 그의 부러운 시선으로 우리 자신을 돌아보고 그의 관점에서 우리 자신을 비판한다.

교수에게 어울리는 예를 하나 들어 보기로 하자. 예를 들어, 자기 자신과 그가 성취한 지식과 아이디어를 표현하고 다루는 능력 등을 매우 고귀하게 생각하는 교수가 있다고 하자. 그 교수가 그를 성가시게 하는 비서와 자주 말을 섞어야 한다고 하자. 그의 속마음은 비서들이 자기보다 하찮다고 믿고 있다. 이제 샨띠데바의 훈련을 시행하면서 우리들 교수는 마음속으로 그 비서의 신분을 취하고 다음과 같이 자세하게 적어본다.

> 나는 일이 너무 많다. 나는 결코 따라갈 수가 없다. 그(교수)는 줄곧 내 책상 위에 일감을 던져놓고, 내가 빨리 처리하지 않는다고 불평한다. 그는 결코 내 작업의 양이나 질에 만족하지 않는다. 나는 내 아이들이 아프거나 병원에 가야 할 때, 아이를 돌보기 위해 일찍 퇴근할 때면 항상 긴장한다. 설상가상으로 그는 자주 여자에 대하여 경멸하는 말을 한다. 하지만 나는 지출해야 할 돈이 필요하므로 최선을 다하여 이 일을 해야만 한다. 그는 명문 학교들만 다녔고, 내가 결코 가져보지 못한 모든 유리한 입장을 가지고 있다. 그는 거만하고, 자기중심적이고, 자만심으로 가득 차 있다. 그는 결코 나의 어려움에 조그만 관심도 기울이지 않고, 내가 하는 어떤 일에도 고마워하지 않는다. 그는 많은 교육을 받고 학문적인 명성이 있음에도 불구하

고, 하찮은 친절에 관해서는 아무것도 모른다.

물론, 이와 같은 가망 없는 교수라면 이런 수행을 하려고 하지도 않을 것이다. 그러나 여러분은 그 수행에 대한 대체적인 개념은 파악했을 것이라고 믿는다. 비록 샨띠데바는 우리에게 이러한 입장 교환을 적어보라고 하지는 않았지만, 나는 글로 적는 것이 전적으로 상상 속에서 하는 것보다 훨씬 구체적이고 효력이 있다는 것을 발견했다. 내가 뉴욕 이타카(Ithaca)에 있는 남걀(Namgyal) 사원에서 이 장에서 나온 주제로 강의를 했을 때, 그곳의 전직 수석 상주 교사인 라람빠 게쉐 툽뗀 꾼켄(Lharampa Geshe Thupten Kunkhen)은 그것을 글로 적어 보는 것은 좋은 아이디어라고 동의했다. 그렇게 적어 본 후에 여러분은 이제 그것을 여러분의 명상 속에 넣어서 그 경험을 보다 심화시킬 수 있다. 명상수행에 관한 샨띠데바의 설명 속에서 '나'를 열등하다고 믿는 사람으로 사용하고, '그'를 이 수행을 하는 사람(당신과 나)으로 사용한다. 열등한 사람의 신분을 취하여 이야기해 보자.

그는 명예롭지만 나는 그렇지 않다.
나는 그 사람만큼 부를 얻지 못했다.
그는 존경받지만 나는 멸시당한다.
그는 행복하지만 나는 괴롭다.

나는 그 일을 모두 해야 한다.
하지만 그는 편하게 쉰다.
그는 이 직업에서 대단한 사람으로 알려져 있다.

그러나 나는 전혀 자질이 없는 못난 사람으로 알려져 있
다.[34]

불행하게도, 이 애처로운 소리는 불행한 날의 나와 같다! 그래서 샨
띠데바는 우리에게 이러한 열등한 사람의 관점에서 우리 자신을 비
판할 것을 요구한다. 예를 들면, 그 열등한 사람은 다음과 같이 말하
면서 우리가 자비롭지 못하다고 비판한다.

중생들에 대한 어떤 연민도 없이
악독한 악마의 입속에 살면서
겉으로는 훌륭한 재주를 자랑하지만,
현자(賢者)를 깎아 내린다.[35]

그래서 본질적으로 샨띠데바는 우리보다 열등하다고 느끼는 사람의
관점을 생생하게 취하고, 이 입장에서 빈틈없이 우리 자신에 대해 비
판할 것을 요청한다.

다음으로 동등하거나 경쟁자라고 생각하는 사람의 관점을 취한
다. 그 사람의 관점에서 우리는 강한 경쟁심을 일으켜 우리 자신을 비
판한다.

마지막으로, 우리보다 훌륭하다고 믿는 사람의 관점을 취한다.
그리고 그 입장에서 우리 자신을 위축시키는 비판을 하고, 우리 자신

---

34 Ibid., 122.

35 Ibid., 123.

불교와 양자역학

의 행복을 부정하는 단언을 한다. 이 사람이 우리에 대하여 이야기할 때, 실제로 얼마나 더 훌륭한지는 분명하지 않다.

> 그가 어느 정도 재산이 있다고 해도,
> 그가 나를 위해서 일하고 있다면,
> 나는 그에게 생계를 유지할 만큼만 주겠다.
> 그리고 (나머지는) 강제로 내가 갖겠다.
>
> 그의 행복과 안락은 감퇴할 것이다.
> 그리고 나는 항상 그를 손해 보게 하겠다.
> 윤회의 수레바퀴 속에서 수백 번
> 그는 나에게 손해를 끼쳤다.[36]

양자역학에서 우리는 입자의 속성들을 교환한다. 한편, 이 수행에서는 자기 애착이나 자기애를 일상적인 심신(心身; body-mind) 복합체의 처지에서 자신보다 열등하거나, 동등하거나, 우수하다고 믿는 어떤 사람의 처지와 교환한다. 이렇게 관점이 세 가지로 달라짐에 따라, 강한 질투와 경쟁심과 오만을 일으킨다. 그때 우리는 이 세 가지 관점에서 우리를 비판한다. 마음 집중과 성성함을 유지하면서 이 수행을 함으로써, 다른 사람의 관점을 취할 수 있게 된다. 그리하여 우리는 자신의 관점을 갖는 강한 동일화를 줄이고, 실제로 다른 사람과 자

---

36   Ibid., 124.

아를 교환한다. 이렇게 인격의 정화와 함께 티베트 사람들이 모든 괴로움의 뿌리라고 우리에게 줄기차게 이야기하는 부정적인 감정을 줄인다. 나는 여러분들에게 잠깐 시간을 내어 그 세 그룹 각각의 사람과 동일시하여 그 경험의 실례를 기술해 볼 것을 권한다. 그것이 유쾌하지 않을 수도 있지만, 여러분을 변화시킬 수는 있을 것이다.

산띠데바의 텍스트 『의미 있는 바라보기』에 대한 게쉐 껠쌍 걋쵸(Geshe Kelsang Gyatso)의 훌륭한 주석은 우리에게 이야기한다.

> 이러한 명상법의 주된 목적은 자신을 다른 사람들과 교환하는 우리의 실제적인 능력을 확고히 하고 증대함으로써 우리의 자기애(self-cherishing)를 소멸하는 데 있다. 이러한 교환으로부터 매우 강한 대자비의 마음이 일어나고, 이 자비심으로부터 우리는 매우 강한 보리심(bodhicitta)이라는 동기(모든 중생을 위해 깨닫고자 하는 이타적인 갈망)를 키운다. 실로 이러한 방식으로 자라는 보리심은 일반적으로 일곱 단계의 인과(因果) 명상을 통해 계발된 것보다 더 강력하다.[37]

중요한 것은 우리의 신분을 다른 사람과 교환함으로써 질투, 교만 또는 비난과 같은 부정적인 심리상태들이 우리 자신들로 향해진다는 것을 알아차리는 일이다. 반대로 만약 우리가 이러한 부정적인 심리

37　Kelsang Gyatso, *Meaningful to Behold* (London: Tharpa Publications, 1986), 276.

상태를 다른 사람에게 향하게 했다면, 이것은 보살행(菩薩行)에 반하는 흑마술(黑魔術)의 형태가 되었을 것이다. (보살의 이념은 모든 중생을 괴로움에서 구원하는 데 가장 효과적인 해탈을 추구하는 것이다.) 만약 우리의 집중력이 강하면, 그렇게 지향된 부정적인 생각은 다른 사람을 해칠 수도 있을 것이다. 그렇지만, 집중력이 약하더라도 그런 행동은 분명히 우리 자신을 해칠 것이다.

샨띠데바의 수행에서 우리 상상의 생생한 조작은 양자역학에서는 수학적 조작으로 바뀐다. 입자들 사이의 무차별성을 밝혀내기 위해 입자의 속성들을 수학적으로 교환하기보다는, 여기에서 우리는 근본적인 무차별성을 깨닫기 위해 상상으로 우리의 자기애와 관점을 다른 사람의 그것과 교환하는 것이다. 이 수행을 반복함으로써, 우리는 실제로 자아를 다른 사람과 교환하는 법을 배울 수 있고, 그렇게 함으로써 근본적인 무차별성, 즉 모든 사람은 행복과 괴로움에서 벗어나기를 갈망한다는 사실을 직접 경험할 수 있는 것이다. 그리하여 개인적인 차이에도 불구하고, 이 무차별성은 세계와 우리를 변화시키는 살아 있는 존재가 된다. 물질들의 결정적으로 중요한 특성들이 양자 무차별성에서 나타나듯이, 진정한 보리심(菩提心)은 인간 무차별성으로부터 나온다. 자신과 타인을 교환하는 수행의 효과적인 실습은 미처 느끼지 못하고 무기력했던 진리를 일으켜 세우며, 힘차게 행동하는 진리로 변화시킨다. 이렇게 하여 티베트 사람들은 자비·사랑과 지혜·지식을 하나로 연결시킨다.

자비심이라는 의무

자신을 타인과 교환함으로써 무차별성이라는 진리가 건성으로 되뇌는 슬로건이 아니라 살아 있는 존재가 된다는 것을 이야기해 보자. 만약 우리가 명백한 차이에도 불구하고, 행복과 괴로움에서 벗어나기를 원하고 있다는 측면에서, 입자처럼 다른 사람과 분별할 수 없다는 것을, 그 사실이 바로 물리학에서의 무차별성처럼 보편적이라는 것을, 그것은 인류 역사 최초의 순간에서 현재에 이르기까지 모든 사람들에게 적용된다는 것을 진실로 깨닫는다면, 무거운 의무들이 우리에게 주어진다. 세상에는 그렇게 많은 괴로움이 있는데, 내가 어떻게 호사스러운 생활을 지속할 수 있겠는가? 매일 밤 굶은 채로 잠자리에 드는 사람들이 그렇게 많은데, 내가 어떻게 나의 물질적 탐닉을 합리화할 수 있겠는가? 예를 들어, 최근에 입수한 기사를 보면, 2002년에 세계에서 8억 4천만 명 이상이 영양실조이며, 그들 가운데 7억 9천 9백만 명이 개발도상국 사람들이다. 그중 1억 5천 3백만 명이 5세 이하이다.[38] (대조해 보면, 미국의 인구는 3억이고, 전 세계 인구의 4.6% 정도이다.)

이와는 반대로, 미국 질병예방센터의 2003~2004년 국가 건강 영양 조사 통람에 의하면, 20세 이상 미국 시민의 67%가 과체중이고,

---

[38]   *State of Food Insecurity in the World 2002*, Food and Agriculture Organization of the United Nations.   http://www.fao.org/docrep/005/y7352e/y7352e00.htm.

32%는 비만이다.**39** 사실이 이와 같다면, 어떻게 여전히 자원의 이기적 사용을 합리화할 수 있겠는가? 세계적으로 유명한 철학자이며 윤리학자인 피터 싱어(Peter Singer)의 한 연구는 이러한 윤리 문제의 공식을 매우 명쾌하게 제시하고 있다.**40** 나는 싱어를 따라서 작은 이야기를 분석해 보기로 하겠다.

콜게이트 캠퍼스에는 기러기, 오리가 노는 경치 좋은 얕은 연못이 있다. 어느 날 나는 티베트어 수업을 위해 그 연못을 지나가다가 어린 소녀가 물에 빠진 것을 발견했다. 나는 연못에 뛰어들어 소녀를 끌어냈다. 물론 옷이 젖어서 집에 가서 옷을 갈아입느라고 그 수업에 빠졌다. 그러나 모든 사람이 내가 올바른 일을 했다고 인정한다. 그 연못 근처에 그 소녀가 물에 빠진 것을 모른 체한 다른 사람이 있었다 하더라도, 그 상황에서 소녀를 구해야 함은 나의 의무와도 같은 일이었다.

집에 가서 옷을 갈아입은 후에 나는 내 사무실로 돌아왔다. 메일을 확인해 보니 국제구호개발기구 옥스팜(Oxfam International)에서 청원서가 와 있었다. 그들은 아프리카 수단의 다르푸르(Darfur)에서 굶주리고 있는 수많은 사람들을 구제할 식량을 마련할 자금을 간청하고 있었다. 나는 갖가지 원조 요청으로 골치가 아팠다. 정기적인 청구서들은 쌓여만 있었고, 새 차를 사기 위해 돈을 모으고 있는 와중이었

---

39   http://www.cdc.gov/nchs/fastats/overwt.htm.

40   Peter Singer, "Famine, Affluence, and Morality", *Philosophy & Public Affairs* 1 (1972): 229-43; "The Drowning Child and the Expanding Circle", *New Internationalist* (April 1997) 28-30. 이 내용은 다른 감동적인 논문들과 함께 www.PeterSingerLinks.com에서 볼 수 있다.

다. 나는 그 요청서를 재활용 쓰레기통에 던져버렸다. 누구나 내 입장을 이해할 것이다. 나를 비난할 사람은 아무도 없다.

그러나 잠깐! 물에 빠진 어린 소녀와 마찬가지로 다르푸르에서 굶주리고 있는 사람들도 고난에서 벗어나기를 원하고 있지 않은가? 나의 자비심은 신체적으로 나와 가까운, 내가 사랑하는 사람들에게만 미치는 편협하고 보편적이지 못한 것이 아닌가? 다르푸르의 뉴스와 영상들이 단지 한 번의 마우스 클릭으로 사라진 오늘, 나에게는 오직 물에 빠진 어린 소녀를 구할 의무만 있었고, 굶주리고 있는 아프리카 사람들을 구할 의무는 없는 걸까? 마우스를 몇 번만 클릭하면 내 신용카드에서 100달러를 인출하여 유용하게 배고픈 아프리카 사람들의 생활비로 만들 수 있는데, 같은 액수를 멋진 레스토랑에서 소비하는 것이 윤리적으로 아무 문제가 없는 공평한 것일까?

불행한 외국을 돕는 일, 즉 사랑하는 사람들에 한정된 나의 좁은 틀을 벗어나 무차별성의 범위 확장을 거부하는 사람은 나뿐만이 아니다. 예를 들면, 2002년에서 2005년까지 미국은 개발원조위원회(DAC) 회원국 가운데 국민총소득(GNI)의 가장 적은 부분을 소위 대외 원조라고 하는 공공개발원조(ODA)에 기부하고 있다. 다음의 그림 2.2는 2005년도 국가별 국민총소득에 대한 공공개발원조의 비율을 나타내는데, 미국은 현재 맨 꼴찌에서 두 번째라는 것을 보여 준다.[41]

---

41 세계정책포럼(Global Policy Forum) 웹사이트는 자칭 "미국에 있는 비영리 비과세 자문기구로서, 국제적인 시민단체에 의해 1993년 설립되었다. GPF는 전 세계를 돌면서 국제법을 강화하여 보다 공평하고 지속 가능한 지구 사회를 창조하기 위해 파트너들과 협력하고 있다"라고 말한다. 도표의 데이터 출처는 경제협력개발기구(OECD)이며, http://globalpolicy.

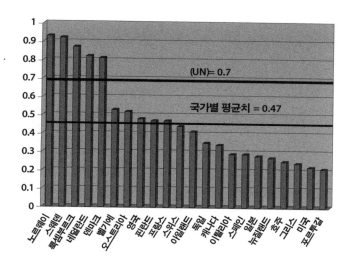

그림 2.2. 2005년도 국가별 국민총소득에 대한 공공개발원조의 비율

이 조촐한 개선은 대부분 전쟁으로 파괴된 이라크와 아프가니스탄을
구제하고 원조하는 대금을 통해서 이루어진 것이고, 가장 가난한 사
람들을 위한 공공개발원조는 증가하지 않았다. 공공개발원조에 증가
가 있었던 것은 미국이 '테러와의 전쟁'을 하면서 그와 관련된 대외정
책을 주도하느라 그런 것이지, 실제 상황은 도표가 보여 주는 것보다
도 훨씬 더 나쁘다. 공공개발원조 주변에는 복잡한 것들이 많아서 그
것을 여기에서 논할 수는 없다. 서글픈 점은 "부유한 나라들이 1960

---

igc.org/socecon/develop/oda/tables/aidbydonor.htm에 게시되어 있다.

년대 초반 그들이 훨씬 풍요롭지 못하던 때에 기부한 원조의 절반에도 미치지 못하는 원조를 한다"[42]는 것이다. 그림 2.2를 살펴보고, 미국이 개발원조위원회의 21개 다른 회원국에 비하여 얼마나 보잘것없는지를 보면, 나는 미국인으로서 마음이 아프다. 이 모든 고통은 자신과 타인을 교환하는 수행을 하고, 내가 아프리카에서 굶주리고 있는 사람들을 포함하는 모든 사람들과 공유하는 무차별성의 경험을 조금이라도 맛봄으로써 강화된다.

이 입이 딱 벌어지는 빈부격차는 지난 10년 동안에 곱절이 되었다. 전임 세계은행 총재 제임스 울펜손(James Wolfensohn)은 우리에게 다음과 같이 이야기한다.

> 오늘날 여러분은 세계의 20%를 소유하고 있고, 그것은 국내총생산의 80%를 지배하고 있습니다. 여러분은 30조 달러의 수익을 얻었고, 그중 24조 달러는 개발도상국에서 얻었습니다. 최상위 20%의 수입은 최하위 20%의 37배입니다. 그리고 그것은 지난 10년 동안 곱절이 되었습니다. 이러한 불공평한 사태는 있을 수 없습니다.[43]

---

42 세계정책포럼(Global Policy Forum) 웹사이트는 ODA, 그리고 그와 관련된 문제에 대한 많은 데이터와 분석을 제공한다. 인용된 부분은 http://globalpolicy.igc.org/socecon/develop/oda/2005/08stingysamaritans.htm에 나오는 보고서에서 취한 것이다.

43 Roger Cohen, "Growing Up and Getting Practical since Seattle", *New York Times*, September 24, 2000, sec. 4, 16.

이러한 불공평한 사태에 대해서 피터 싱어(Peter Singer)는 다음과 같은 이야기로 우리의 책임감을 명확하게 표현한다.

> 내가 다음으로 지적하고자 하는 것은 이것이다. 만약 윤리적으로 중요하고, 필적할 만한 어떤 것을 희생하지 않고도 어떤 나쁜 일이 일어나는 것을 막는 일이 우리의 능력 안에 있다면, 우리는 윤리적으로 그것을 실천해야 한다. "윤리적으로 중요하고, 필적할 만한 어떤 것을 희생하지 않는다"는 말은 그 밖의 다른 필적할 만한 나쁜 어떤 일이 일어나도록 하지 않는 것, 또는 그 자체로 나쁜 어떤 일을 하지 않는 것, 또는 중요성에 있어서 우리가 막을 수 있는 나쁜 일에 필적할 만한 어떤 도덕적 선(善)을 놓치지 않고 촉진하는 것을 의미한다. 이 원칙은 거의 최후의 원칙(음식과 주거 그리고 의료의 결핍에 의한 고통과 죽음은 악이라는 원칙)만큼이나 논쟁거리가 없다고 생각한다. 그 원칙은 우리에게 오직 악한 것을 막고, 선한 것을 증진할 것을 요구한다. 그리고 그것은 도덕적 관점에서 비교적 중요한 어떤 것을 희생하지 않고 그것을 할 수 있을 때만 우리에게 그것을 요구한다.[44]

싱어는 "만약 우리에게 도덕적으로 의미 있는 어떤 것을 희생하지 않

---

44   Singer, "Famine, Affluence, and Morality", 230.

양자역학과 자비

고도, 아주 나쁜 일이 일어나지 않도록 막을 힘이 있다면, 우리는 마땅히 도덕적으로 그것을 막아야 한다"는 말로 그의 주장을 강조하면서 가볍게 한정한다. 그는 다음과 같이 그의 추론의 몇 가지 결론을 강조한다.

> 방금 언급한 그 원칙은 겉보기에 논쟁거리가 없어 보이지만, 보기와는 다르다. 만약 그 원칙이, 비록 제한된 형태로라도, 우리의 삶과 사회에서 실행된다면, 세계는 근본적으로 변할 것이다. 첫째로, 그 원칙은 가깝거나 먼 거리를 무시하기 때문이다. 그 원칙은 내가 도울 수 있는 사람이 나로부터 10미터 떨어져 있는 이웃집 아이든, 내가 이름도 성도 모르는 16,000킬로미터 떨어져 있는 벵골 사람이든, 도덕적 차별을 두지 않는다. 둘째로, 그 원칙은 어떤 일을 할 수 있는 사람이 오직 나뿐인 상황과 같은 처지에 있는 수백만 명 가운데 단지 한 사람일 뿐인 상황을 구별하지 않는다.[45]

만약에 우리가, 누구나 행복을 갈망하고, 괴로움에서 벗어나고자 갈망한다는, 우리의 무차별성을 진리로 받아들인다면, 이들 결론은 가차 없는 논리를 수반한다. 그러나 내가 이 논의를 티베트어 수업을 듣는 학생들에게 내놓았을 때, 그들은 물에 빠진 사람이나 굶주린 사람

---

45   Ibid.

이 눈앞에 있을 때는 다르다고 주장했다. 그 의무는 멀리 떨어져 있을 때보다 더 뚜렷하고 훨씬 강압적이라는 것이다. 인터넷을 능숙하게 사용하는 사람들이지만, 그들에게 마우스 클릭에 의한 접근성은 물리적 접근성과 같은 것은 아니다.

그러나 전자의 구별할 수 없는 성질과 같은 보편적인 원리는 내가 태어나서 죽을 때까지 나 자신의 몸에 적용되듯이, 빅뱅에도 적용되고, 멀리 떨어진 은하에도 적용되지 않으면 안 된다. 마찬가지로 행복과 괴로움으로부터의 해탈을 바라는 우리 공통의 욕구는 언제 어디서나 적용되어야 한다. 그렇지 않으면, 그것은 보편적인 원리가 아니다. 싱어는 분명히 이것을 잘 알고 있었다. 아마 보편적 법칙을 다루는 물리학에 오랫동안 종사하면서, 그것들이 어떻게 항상 모든 경우에 적용되는지를 알아 온 것이 나의 문제의식을 강화했을 것이다. 만약 내가 우리 인간의 무차별성을 보편적 원리로 받아들인다면, 도덕적 요구로부터 내가 숨을 곳은 어디에도 없을 것이다.

내가 얼마나 보살의 이념에 미치지 못하는가에 대한 깨달음으로부터 숨을 곳도 없다. (나는 어디에서나 내가 얼마나 보살의 이념에 미치지 못하고 있는가를 깨닫는다.) 물론, 디킨슨(Dickinson)대학의 라스 잉글리쉬(Lars English) 교수가 나를 일깨우듯이, 불교인은 기도와 불교 공부가 물질적 부(富)를 서로 나누지 않는다 해도, 보살의 이념을 표현하는 중요한 형태라는 것을 믿는다. 그러나 아래의 인용문이 보여 주듯이, 달라이 라마께서는 모든 중생들의 안녕을 열렬하게 기원하시고, 끊임없이 가르치시지만, 물질적인 도움도 마찬가지로 요청된다고 믿으신다. 성하께서는 분명히 우리의 무차별성의 의무를 알고 계신다. 성하께서 말씀하신다.

밖에는 밤을 보낼 곳조차 없는 사람들이 있는데, 안락한 호텔에 머물면서 다른 사람들이 사치스럽게 먹고 마시는 것을 볼 때마다 고뇌를 느낀다는 것을 인정하지 않을 수 없을 만큼, 나는 호화로운 생활이 적절치 않다는 것을 강하게 느낍니다. 그것은 내가 부자나 가난한 사람과 다를 바 없다는 느낌을 강화합니다. 우리는 행복을 바라고, 고통을 바라지 않는다는 점에서 동일합니다. 그리고 그 행복에 대하여 동등한 권리가 있습니다. 만약 내가 노동자들의 시위대가 지나가는 것을 보게 된다면, 분명히 나는 참여하게 될 것이라고 느낍니다. 그렇지만, 이런 말을 하고 있는 사람은 그 호텔의 안락을 즐기고 있는 사람들 가운데 한 사람입니다. 분명히 나는 아직 멀었습니다. 사실 나는 값비싼 손목시계도 여러 개 가지고 있습니다. 가끔 그것들을 팔면 가난한 사람들에게 오두막을 지어줄 수 있다고 느끼지만, 나는 여태까지 그렇게 하지 못하고 있습니다. 마찬가지로, 만약 엄격하게 채식을 준수한다면 보다 좋은 본보기를 보여 줄 뿐만 아니라, 죄 없는 동물들의 생명을 구하는 데 도움을 줄 것이라고 느낍니다. 그런데 나는 여태까지 못하고 있습니다. 그래서 어떤 영역들에서는 나의 원칙과 실천 사이의 불일치를 인정하지 않을 수 없습니다. 그와 동시에 누구나 마하트마 간디처럼 될 수 있거나 되어야 한다고 믿지 않으며, 가난한 농부의 삶을 살아야 한다고 믿지도 않습니다. 그러한 헌신은 훌륭하며, 크게 존경받아 마땅합니다. 그러나 우리가 새겨야 할

불교와 양자역학

말은 '우리가 할 수 있는 만큼'입니다. 극단에 치우쳐서는
안 된다는 말입니다.**46**

여기에서 우리는 우리의 차별 불가능한 본성, 즉 행복과 고통으로부
터의 해탈에 대한 우리의 동등한 권리에 부치는 달라이 라마의 의미
심장한 언질을 본다. 하지만, 자비의 보살인 달라이 라마조차도 "어
떤 영역들에서는 나의 원칙과 실천 사이의 불일치"를 인정한다고 한
다면, 그런 우리가 보리심을 키우기 위해 자신의 이기심과 싸울 수 있
는 곳이 어디란 말인가? 슬프게도 나는 알지 못한다. 단지 나의 적은
수입을 염두에 두고, 개선하도록 결심할 따름이다. 망설임이나 의심
없이, 이 책의 인세 전액을 옥스팜(Oxfam; 빈민 구제를 위한 옥스퍼드 위
원회)과 인류의 고통을 구제하는 일을 하는 다른 기관들에 기부함으
로써 그 결심의 일단을 표하고자 한다.

---

46   The Dalai Lama, *Ethics for a New Millennium* (New York: Riverhead
Book, 1999), 177-78.

3

中 觀 思 想　　空
중관사상의 공에 대한 개설

중관사상의 근본, 공(空)

의심의 여지 없이, 양자역학의 가장 심오하고 놀라운 특징은 비국소성(non-locality) 이론이다. 비국소성 이론이란 물체들은 공간과 시간의 제한된 영역에 국한될 수 없으며, 우주의 나머지 부분과 맺고 있는 관계가 그들의 고립된 현존보다 더 중요하다는 이론이다. 다음 장은 이들 개념을 훨씬 더 명확하게 만들 것이다. 그리고 또한 우리는 그것들이 양자 이론의 계승자 누군가가 반드시 구체화해야 할 자연의 특성이라는 것을 알게 될 것이다. 바꾸어 말하면, 비국소성은 단지 오늘날 양자 이론의 몇몇 기이한 특징이 아니라, 그 이론에 대한 미래의 어떤 대체 이론이 구체화하지 않으면 안 되는 우주에 관한 심오한 진리인 것이다.

  마찬가지로 확신하건대, 티베트불교의 가장 근본적인 철학적 관점은 공(空)이라는 중관사상(中觀思想)의 관점이다. 물체들은 제한된 것처럼 보이지만, 실제로는 매우 다른 방식으로 존재한다는 것은 너무나도 심오하고 경이롭다. 아마도 가장 놀라운 것은 비국소성과 중관사상의 공이 대체적인 윤곽뿐만 아니라, 세세한 항목들에서도 존재의 본성상 깊게 일치한다는 점일 것이다. 1장에서 논의했듯이, 물리학과 불교는 유사성과 중요한 차이를 둘 다 가지고 있다. 불교 이외의 메이저 종교의 세계관 가운데 현대물리학과 그와 같이 현저한 세부적 연관을 가진 것은 없다. 이 연관성은 충분히 인지되지 않았을 뿐만 아니라, 이러한 연관이 불교와 물리학 모두에 대한 우리의 이해를 깊게 할 수 있도록 적절하게 탐구될 기회조차 없었다.

다음 장에서 보게 되겠지만, 공과 양자 이론 간의 세세한 연관성은 불교나 물리학 어느 쪽의 경우이건 어떤 기술적인 배경 없이도 이야기될 수 있다. 양자 비국소성을 확립하는 실질적인 논거는 단지 단순하게 독립변수들을 계산함으로써 조심스럽게 제시될 수 있다. 만약 수표 발행부의 결산을 할 수 있다면, 당신은 이 논거를 이해할 수 있을 것이다. 중관사상의 공과 마찬가지로, 그 아이디어들을 설명하는 어려움은 본질상 기술적인 것이 아니다. 문제는 이 아이디어들이 존재의 본성, 즉 세계가 실제로 어떻게 존재하는가를 우리가 이해하려고 할 때 혁명을 요구하기 때문에 생긴다. 우리는 오래되고 그릇된 견해들을 포기하기는커녕 기품 있게 고집해 왔다.

공과 양자 비국소성 사이의 관계에 대한 토론의 장을 마련하기 위해, 이 장에서는 중관사상의 공을 검토할 것이다. 이 주제에 대한 방대한 저술들이 있고 그에 대한 나의 지식은 보잘것없지만, 이 장에서 중관사상의 공에 대한 본질적 특성을 보여 줄 것이다.**47** 존 벨(John Bell)은 수많은 멋진 실험에서 실험적인 도발을 통해 양자의 비국소성을 확고하게 수립하는데, 다음 장에서는 유명한 벨의 부등식에 대한 특별한 해석을 제시할 것이다. 공에 대한 논의를 내 집 뒤뜰에서 시작해 보기로 하자.

독립적 존재와 독립적 존재의 부정

우리 집 사무실 창밖 마당에 압축목재 기둥을 세웠다. 그것은 나의 영리하고 제멋대로 날뛰는 노란색 래브라도 리트리버인 데이지(Daisy)를 위한 개 방목장의 일부이다. 돌아다니는 다람쥐 같은 먹음직스러운 먹잇감이 데이지를 자극하면, 데이지는 그 말뚝을 힘차게 끌어당긴다. 그래서 나는 콘크리트 속에 1미터 깊이로 그 기둥(사진 3.1)을 묻었다.

　사무실 창 너머로 보면 저 기둥은 모든 사물이 그렇듯이 실체적(實體的)이고 실재적(實在的)인 것처럼 보인다. 그 기둥은 내가 알건

---

47 관심 있는 독자는 Jeffrey Hopkins, *Meditation on Emptiness* (London: Wisdom Publications, 1983); Jeffrey Hopkins, *Emptiness Yoga: The Middle Way Consequence School* (Ithaca, NY: Snow Lion Publications, 1987); Kelsang Gyatso, *Heart of Wisdom: A Commentary to the Heart Sutra* (London: Tharpa Publications, 1986)에서 공(空)에 대한 중요한 논의를 찾아볼 수 있다. 보다 수준 높은 설명은 Daniel Cozort, *Unique Tenets of the Middle Way Consequence School* (Ithaca, NY: Snow Lion Publications, 1998)에서 볼 수 있다.

사진 3.1. 이 기둥은 본래적으로 존재하는가

모르건, 데이지가 당기건 말건 상관없이 존재하는 것처럼 보인다. 언뜻 생각하기에 기둥은 중관사상이 이야기하듯이 '그 자체로' 존재하는 것처럼 보인다. 이 표현은 어떤 사물의 존재는 그것 자체의 외부에 있는 사물들이나, 그것에 대한 누군가의 앎이나, 그것과의 상호 작용에 의존하지 않는다는 것을 의미한다. 그렇지 않으면, 그 기둥은 "분석에 의해 찾아낼 수 있는" 것처럼 보인다고 중관사상은 말할 것이다. 이 말의 의미는 만약 우리가 기둥을 더 면밀하게 조사한다면, 기둥의 독립적인 본성이 보다 분명하게 드러난다는 것이다. 간단히 말해서 우리는 본능적으로 그 기둥이 본래부터, 또는 독립적으로 존재한다고 믿는다.

불교와 양자역학

사진 3.2. 이것은 본래적으로 존재하는 돌인가

　　그것이 기둥이든 우리의 인격이든 간에 우리가 일반적으로 대상들을 어떻게 보는지를 분명하게 하는 것이 중요하다. 만약 이점(대상들이 그 자체로 존재하는 것처럼 보이고, 분석에 의해 그것을 발견할 수 있거나, 또는 물체들이 독립적으로 존재한다는 점)을 분명하게 하지 못한다면, 우리는 결코 공(空)에 대해 적절한 이해를 할 수 없을 것이다. 이 점은 매우 중요하기 때문에 또 다른 예로 고찰해 보자.

　　나는 컴퓨터에서 작업을 멈추고 물을 마시기 위해 부엌으로 갔다. 싱크대 위에 있는 창틀에 윤이 나는 돌이 놓여 있다. 사진 3.2에 보이는 그 돌은 내 아내에게 선물로 준 것이다. 이 아름다운 색깔의 무거운 돌은 내 손에 큰 만족감을 준다. 그 돌을 손으로 만지는 사람은 누구나 손바닥 안에 쏙 들어오는, 매끄럽고 단단한 무게감을 사랑하게 된다. 만약 어떤 것이 그 자체로 존재한다면 이 아름다운 돌이 그럴 것이다. 만약 어떤 것이 상호 작용하지 않고 독립적으로 존재한다면, 그 돌이 바로 그런 것임이 틀림없다. 그 돌은 자립적이고 완전하게 존재하기 위해서 창문턱이나 부엌 싱크대, 그 밖의 어떤 것도 필요로 할 것 같지 않아 보인다. 내 아내에게 주기 전에도, 우리가 죽고 난 훨씬 후에도, 그 돌은 독립적으로 존재할 것이다. 당신은 당신의 손바닥 안에 편안하고 단단하게 놓여 있는 그 돌을 복잡하게 분석하거나 발견하기 위해 부담을 가질 필요가 없다. 분명히 이것은 독립적으로 또는 본래적으로 존재한다.

공이 부정하는 것이 무엇인지를 주의해서 한정하는 게 중요하다. 만약 우리가 본래적인, 또는 독립적 존재를 너무 넓게 한정하면 허무주의가 된다. 그러면 아무것도 존재하지 않는다. 다른 한편으로, 우리가 너무나 좁게 한정하면 실재론으로 귀착한다. 그러면 사람들과 대상들은 실체적인, 불변의 본성을 가진다. 그 본성은 무상(無常)이라고 하는 불교의 교리와 우리 일상적인 경험에 의해 강력하게 부정되는 어떤 것이다. 따라서 우리는 신중하게 중관(中觀)학파가 사견(邪見)으로 간주하는 이 두 극단을 피해야만 한다. 중관사상은 이 두 극단의 혼합이 아니라 두 극단의 철저한 부정이다.

중관사상의 불교도들은 공의 이치에 완전하게 동화(同化; assimilating)하는 것이 우리를 시작도 없고, 피할 수도 없는 태어남, 늙음, 고통, 죽음의 순환, 즉 윤회의 고통으로부터 자유롭게 한다고 주장한다. 완전히 깨달은 분인 붓다라는 고귀한 상태는 우리가 모든 모순 대립을 초월하는 것을 의미한다. 따라서 윤회와 열반은 다르지 않다. 공의 완전한 동화는 우리를 무명(無明)에 뒤덮인 자기중심적 개인에서 지혜와 자비의 화신인 완전하게 깨달은 붓다로 변화시킨다.

중관사상은 독립적인 존재에 대한 우리의 본능적인 믿음이 잘못

되었다는 것을, 그리고 기둥이나 돌이나 사람에게 그와 같이 독립적이거나 본래적인 존재는 없다는 것을 보여 주려고 엄청나게 많은 철학적 노력을 기울인다. 그들이 어떻게 티베트불교의 축을 확립했는지를 음미하기 위해 나는 간단히 그들의 세 가지 일반적 논증 형식을 개괄하고자 한다.

첫째, 중관사상의 입장은 그 기둥이 셀 수 없는 원인과 조건에 의지하고 있기 때문에 독립적 존재가 아니라고 주장한다. 예를 들어 그 기둥은 톱으로 잘려 나온 나무, 기둥 속에 주입된 목재 보존제, 기둥이 고정된 콘크리트, 벼락을 맞지 않았다는 사실, 우리 집 뜰 안에 있는 장소 등에 의존하고 있다. 그 기둥은 진공 속에 존재하는 것이 아니라, 기둥 이전의 원인, 조건, 환경에 깊이 연관되어 있고, 의존하고 있다.

마찬가지로, 돌은 돌의 화학적 구성물, 색의 소용돌이치는 패턴과 질감을 생성하는 고대의 지질학적 과정에 의존하고 있다. 그다음에 그 돌은 매끈하게 만드는 과정에서 다른 돌들, 그리고 몇몇 연마제들과 함께 며칠 동안 굴려졌다. 많은 사람들과 장비들이 그 돌을 운반하고, 가게에 진열하고, 선물을 마련하는 사람에게 판매하는 등의 일을 했다. 그리고 당신의 손안에 있을 때 돌을 만족스럽게 느끼기 위해서는 알맞게 기능하는 촉각, 근육조직, 손과 팔의 조정이 필요하다. 이 돌은 그 자체로 외부에 있는 어떤 것과도 상호 작용하지 않고 존재하는 것처럼 보일 수도 있다. 그러나 그 돌을 오늘 우리가 경험하는 대상으로 만들기 위해서는 그 돌 역시 많은 외부의 요인들이 요구된다.

둘째, 기둥은 목재, 목재의 정확한 형태, 색깔, 기둥의 콘크리트 기초, 장소 등과 같은 부분들 전체에 의존한다. 그런데 중관사상은 만약 우리가 이 부분들 가운데 어떤 것을 하나하나, 또는 그것들을 함께 모아놓은 것을 검사한다면, 우리는 그것들 가운데서 독립적으로 존재하는 그 어떤 기둥도 찾을 수 없을 것이라고 주장한다. 돌도 역시 돌의 정밀한 화학적 구성물, 정확한 형태, 아름답게 섞여 있는 색깔들, 그리고 이 모든 것들이 관계하는 조화로운 방법에 의존하고 있다. 만약 우리가 돌을 구성하는 요소들 가운데 어떤 것을, 또는 그것들을 함께 모아놓은 것을 검사한다면, 우리는 독립적으로 존재하거나 본래적으로 존재하는 어떤 돌도 발견할 수 없다는 것을 (중관사상의) 분석은 보여 준다.

셋째, 기둥의 존재는 우리의 앎과 깊게 연관되어 있는데, 앎은 항상 개념적인 명칭 또는 이름짓기, 감각적 지각을 함께 모으기, 기억, 연상 등을 우리가 '기둥'이라고 부르는 대상에 연루시킨다. 누군가의 개념적인 명칭에 의존하지 않는, '미지의 기둥'이란 한마디로 의미가 없다. 우리가 어떻게 '미지의 기둥'의 존재를 확인할 수 있겠는가? 우리는 오직 나에 의해서만 알려진 우리 집 기둥의 존재를 상상할 수 있을 것이다. 그리고 내가 그 기둥을 다른 사람들에게 알리지 않고 죽는 것을 상상할 수 있을 것이다. 그러나 이런 행위에 의해서 우리가 안 것은 단지 가상적인 기둥일 뿐이며, 이 가상의 기둥은 다시 정밀하게 우리의 상상과 개념적 명칭 속에서 우리가 그것을 구성하는 것에 의존한다. 물론 유사한 논의가 돌에도 적용된다.

돌이 매끈하게 다듬어지기 전, 그리고 인간이 지구상에 나타나기 오래전에 그 돌 위를 걸었던 공룡들이라면 어떨까? 그들은 앎에 의존할까? 다시, 우리는 고고학적이고 지질학적 데이터의 다양한 조각들을 기초로 해서 공룡과 돌을 상상으로 재구성하여, 표석(漂石; 빙하의 작용으로 운반되었다가 빙하가 녹은 뒤에 그대로 남아 있는 바위) 뒤에 돌

투성이 길을 따라 느릿느릿 움직이는 육중한 동물을 일별하도록 은밀하게 사람을 배치한다. 앎과 개념적인 명칭과 무관한 대상을 가정하는 일은 지당한 것처럼 보이지만, 그것은 마치 한쪽 끝만 있는 막대기를 가정하는 것과 같다.

　　마음의 정상적인 기능은 다양한 지각의 파편들과 기억, 연상, 그리고 예상들을 모아서 하나로 만들고, 그 결과로 합성된 대상을 기둥이나 돌로 정의하고 이름을 붙인다. 그 부분들이나 부분들의 집합 가운데 독립적으로 존재하는 것은 하나도 없지만, 여전히 기둥은 개의 활동 범위를 한정하고, 돌은 눈과 손을 즐겁게 하는 데 기여한다. 본래적인 존재가 없는 대상들이 작용을 하고, 우리에게 도움을 주거나 해를 끼친다. 이러한 지적(知的)인 명칭이나 이름짓기가 마음 특유의 기능이다. 어려움은 우리의 마음이 무의식적으로 대상들에게 독립적, 또는 본래적 존재라는 거짓 특징을 부여하기 때문에 생긴다. 본래적 존재라는 기만적인 전가나 투사 때문에 우리는 그 대상을 과대평가하거나 그것으로부터 도망간다. 그리하여 독립적 존재라는 거짓 차축과 연결된 고통의 수레바퀴를 돌리고 있다.

　　마지막으로, 만약 기둥이 독립적으로 존재했다면, 그 기둥이 무엇처럼 되었을지 검사해 보자. 어떤 것이 독립적으로 존재한다면, 외부에 있는 어떤 것에도 의존하지 않는다. 독립적인 존재가 무엇을 의미하는지를 정확히 이해하는 것이 중요하다. 기둥이든 돌이든 사람이든 독립적으로 존재하는 사물들은 변화하거나 발전할 수 없다. 왜냐하면, 그들의 외부에 그들의 본성에 영향을 미칠 수 있는 것은 아무것도 없기 때문이다. 그래서 그들은 변화할 수 없다. (여러분이 이 단순하지만 강력한 논리를 깊이 이해하기 위해서는 잠시 발걸음을 멈추어야 할 것이다.) 만약 그 기둥이 변화할 수 없는 것이라면, 나는 이 기둥이 부식되고, 벼락 맞고, 데이지에 의해 계속해서 끌려다닐 것을 염려할 필요가 없을 것이다. 그러나 분명히 그렇게 존재하는 것은 아무것도 없다.

우리 모두가 습관적으로 실재(實在; reality)의 토대라고 믿고 있는 독립적인 존재라는 사실은 기대할 수 없이 모순된 생각이다. 독립적 존재란 결코 없으며, 앞으로도 그럴 것이다. 중관사상은 부정되는 것(독립적 존재)을 분명하게 식별하는 것이 중요하다고 생각한다. 그렇지 않으면, 공(空)은 아무것도 존재하지 않는다고 주장하는 것처럼 오해되기 쉽다. 중관사상에도 사물들과 사람들은 분명히 존재한다. 문제는 정확하게 그것들이 어떻게 존재하고 기능하는가이다.

공이 대상과 주관의 모든 차원에 적용된다는 것을 충분히 인식하는 것이 중요하다. 그래서 모든 사람들 역시 본래적 존재가 비어 있다. 대체로 주관이 독립적으로 존재한다는 것을 부정하는 것보다 대상이 독립적으로 존재하지 않는다는 것을 이해하기가 더 쉽다. 기둥이든 돌이든 대상들과 마찬가지로 우리는 어떤 주관성이 부정되고 있는지, 어떤 종류의 자아(selfhood), 또는 '나'가 문제 되고 있는지를 분명하게 한정할 필요가 있다. 왜냐하면, 우리는 존재가 의심될 때 경험을 검사하고, 그럴 때 거기에 '나'라고 하는 매우 강한 느낌이 있기 때문이다. 이 주관적인 경우를 위해서, 나의 책『동시성, 과학 그리고 영혼 만들기』에서 처음 거론했던 예를 하나 살펴보기로 하자.**48**

오래전부터 나는 무척이나 근처 호수로 카누를 타러 가고 싶었

---

48   Victor Mansfield, *Synchronicity, Science, and Soul-Making* (Chicago: Open Court Publications, 1995).

다. 어릴 때부터 카누 타기를 좋아했고, 아름다운 늦은 봄날은 카누 타러 나오라고 소리쳐 부르는 것 같았다. 한 친구가 내게 카누를 빌려주었다. 아내와 나는 즉시 자연의 아름다움과 평화를 즐기면서 호숫가를 따라 노를 저어 가고 있었다. 우리 둘은 세네카 호수의 아름다움을 극찬하면서, 카누 타기가 긴장 완화와 심미적으로 자연을 이해하는 데 얼마나 큰 도움이 되는지를 이야기하고 있었다. 그런데 갑자기 수상스키를 타는 사람이 우리를 향해 최고 속도로 돌진하고 있었다. 마치 우리가 탄 카누를 둘로 쪼개려고 오는 것처럼 보였는데, 그는 마지막 순간에 방향을 옆으로 틀었고, 그로 인해서 나와 나의 아내는 차가운 물을 흠뻑 뒤집어썼다. 지글지글 끓는 불신과 충격, 분노, 격분이 모든 것이 내 안에서 폭발했다. "저런 망할 놈! 만약 다시 한번 이런 짓을 한다면 카누에서 일어나 저놈을 노로 후려쳐버리겠다! 어떻게 이런 짓을 나에게 할 수 있어…. 나에게?!"

강렬히 분개한 지 얼마 후에, 나는 내 감정이 자연 신비주의자에서 흉노족의 아틸라(Attila)로, 큰 뜻을 품은 보살에서 피에 굶주린 괴물로 얼마나 빨리 바뀌는지 놀라면서, 껄껄 웃기 시작했다. 나는 또한 가책을 느끼며, 불교도들이 화를 다스리는 것의 중요성을 얼마나 자주 강조하는지를 상기했다. 예를 들면, 그들은 "분노와 증오로 우리는 얼마나 해를 입는가? 붓다는 증오가 우리가 쌓은 모든 공덕을 감소시키거나 파괴하며, 우리를 가장 고통스러운 지옥으로 이끌 수 있다고 말씀하셨다"[49]고 이야기한다.

---

49 Kelsang Gyatso, *Meaningful to Behold* (London: Tharpa Publications, 1986), 122.

비록 불교에서는 이 둘이 밀접하게 연결되어 있지만, 그러나 여기에서 요점은 도덕적인 것이 아니라 철학적인 것이다. 중관사상 불교도들은 나의 분노가 절정인 바로 그때, 우리 모두가 본래적으로, 또는 독립적으로 존재한다고 확고하게 믿는 그 어떤 것, 즉 '나'를 명료하게 경험한다는 점에 주목한다. 분명히, 나는 "다른 쪽 뺨을 대주어라", 또는 보편적 자비의 교리나 그와 유사한 어떤 원리들에는 관심이 없다. 그보다도 이 예에서 중차대한 것은 '나', 즉 내 분노의 조명 속에 뚜렷하고 선명하게 서 있는, 우리가 독립적으로 존재한다고 믿고 있는, 전적으로 중요한 '나'이다.

내 이야기 속에서는 분노로 인해 엉뚱한 길로 빠지기 쉽지만, 요점은 그것이 아니다. 중요한 것은 우리가 어려움을 겪는 그 순간이야말로 '나'라는 강력한 느낌을 가장 쉽게 알아차릴 수 있다는 것이다. 또 다른 간단한 예가 이것을 명확하게 해 줄 것이다. 어떤 터무니없는 표절 시비로 부당하게 비난받는 한 학자가 있다고 하자. 그의 충격과 불신은 곧바로 분노로 바뀔 것이다. 그는 "나는 결코 그런 일을 한 적이 없다! 나는 그 일에 대해 공명정대하다!"라고 외칠 것이다. 그의 분노가 절정인 바로 그때, 부당하게 비난받고, 미친 듯이 명예를 회복할 방법을 생각하고 있는 한 정직한 남자로서의 '나'라고 하는 매우 강한 느낌이 있다.

수상스키를 즐기는 사람이 튀긴 물 때문이든, 학계의 부당한 비난 때문이든, 중관사상은 우리가 가장 분노할 때, 자아라는 강한 느낌, 매우 생생하게 존재하는 것처럼 생각되는 '나', 너무 화가 난 그 어떤 것을 확인하라고 말한다. 우리가 이 주관을 주의 깊게 분석하면, 그것이 비어 있다는 사실, 즉 본래적 존재가 없다는 사실을 깨닫지 않

불교와 양자역학

을 수 없다. 물론, 지금 나는 사무실에 앉아 글을 쓰면서 그렇게 하기는 상대적으로 쉽지만, 한창 어려움을 겪고 있을 때 그러기는 매우 어렵다. 그렇게 하기 위해서는 많은 수행과 정화가 필요하다.

우리가 독립적이고 내재적으로 존재한다고 본능적으로 믿고 있는 이 '나'는 공(空)의 교설 속에서 전적으로 부정되는데, 공의 교설은 이 조잡하고 낮은 단계의 자아 부정을 훨씬 넘어선다. '나'의 부정은 중관사상의 무아설(無我說)의 시작에 지나지 않는다. 중관사상 불교도들은 어떠한 주관성의 확인 가능 단계라도 독립적 존재는 공이라고 주장한다. 주관 또는 자아가 독립적으로 존재한다는 잘못된 신념에 강하게 집착하는 것이 우리의 고통, 탄생과 죽음, 다시 태어남이라는 시작 없는 순환인 윤회로의 속박을 일으키는 주된 원인이다.

그렇다면 기둥이든 돌이든 사람이든 사물들은 어떻게 존재하는가? 중관사상은 그 기둥이 개 방목장을 위하여 확실하게 기능하고, 견고한 연결부를 제공한다고 확언한다. 개 방목장은 데이지가 사고를 치지 못하게 돕는다. 가장 중요한 것은 그 기둥이 기둥의 원인과 조건들, 전체와 부분들, 그리고 그것을 기둥으로 아는 앎 모두와 서로 밀접한 관계를 이루고 깊이 의존함으로써 존재한다는 것이다. 궁극적으로 그 기둥은 개념적인 명칭으로서, 독립적이거나 본래적인 존재란 찾아볼 수 없는 의존적 관계들의 복잡한 배합이다. 인간의 주관과 우주에 있는 모든 대상들도 마찬가지다. 그 기둥은 본래적 존재의 공(空)으로서, 독립적 존재가 없고, 자족적인 본질도 없다. 기둥은 본질적 자성(自性; self-nature)을 갖지 않는다. 그래서 기둥은 그것을 제한하는 무한한 관계들의 그물망과 상호 작용하면서 끊임없이 변화하고 있다. 따라서 무상(無常)은 곧 공을 나타낸다. 바꾸어 말하면, 불교의 이론과 수행 양쪽에서 핵심적인 역할을 하는 무상의 원리는 공으로부터 직접 나온다.

우리는 기둥이 본래적으로 존재한다고 그릇되게 믿고 있지만, 바로 그 독립적 존재가 없기 때문에 지속적으로 기둥을 기둥으로 기능하도록 한다. 즉 개 방목장에서 줄을 고정하는 역할을 하도록 하고, 끊임없이 변화하도록 한다. 위에서 살펴보았듯이, 만약 기둥이 본래적으로 존재했다면 기둥은 주변과 연결되지 못하고, 그것의 영속성 속에 굳어져 있을 것이다. 주관적으로는 나 자신이 독립적인 존재가 아니기 때문에 카누 타기를 좋아하는 사람이 될 수 있었다고 생각한다. 더 중요한 것은 공(空)이 소박한 나로 하여금 친절을 몸에 익히고, 무한한 지혜와 자비의 존재인 붓다로 발전하도록 시도하게 한다는 점이다. 공사상은 우리의 가장 소중한 자아의식을 부정하는 것처럼 느껴지지만, 이처럼 본래적 존재의 없음은 우리가 어둠에서 빛으로 전환할 수 있는 정신적, 심리적 변화의 토대가 된다.

공은 순수한 부정임을 주목하는 것이 중요하다. 공은 어떤 다른 원칙을 지닌 본래적 존재라는 잘못된 범주를 대신하지 않는다. 그것은 바로 모든 현상들의 본성이 의존적이라는 것, 또는 현상들에는 본래적 존재가 비어 있다는 것을 주장한다. 중관사상은 공을 "단언하지 않는 부정(nonaffirming negation)"이라고 부른다. 이 용어를 이해하기 위해서 양성(兩性)을 가진 사람은 없다고 하는 경우를 고려해 보자. 그리고 "저 차의 운전자는 남자가 아니다"라고 내가 말한다면, 그것은 운전자가 여자라고 주장한 것이기 때문에 단언하는 부정이다. 그래서 공이 단언하지 않는 부정이라는 것을 확실하게 이해하는 일은 독립적인 존재라는 잘못된 속성을 대신할 어떤 새로운 원리도 없다는 사실을 아는 것이다.

우리는 공을 순수한 부정으로 규정하기보다는, 모든 사물들은 의존적이며, 원인들과 조건들, 전체와 부분들, 그리고 정신적인 명칭에 의존하고 있다고 이야기함으로써 궁극적 진리의 특성을 긍정적으로 묘사할 수 있다. 연기(緣起; Dependent arising)는 공의 동의어로서, 모든 사람들과 사물들의 본성이 깊은 관계 속에서 상호 의존하고 있음을 강조한다. 공과 연기는 양면에서 무상(無常)이 퍼져나가는 한 손의 앞뒷면과 같다.

거짓의 투사(投射) - 고통의 근원

이 시점에서 다음과 같은 질문을 하는 것은 당연하다. "만약에 모든 주관과 대상들이 독립적으로 존재하지 않는다면, 또는 의존적으로 발생한다면, 왜 그것들은 독립적으로 존재하는 것처럼 보이는 것일까?" 그 답은 이렇다. 본래적인 존재의 속성이라고 하는 이 거짓 속성, 결코 이전에도 없었고, 앞으로도 있을 수 없는 이 모순된 성질은 주관들과 대상들에 투사된 것이다. 바꾸어 말하면, 우리는 무의식적으로 본래적 존재의 거짓된 속성을 주관들과 대상들, 사람과 기둥들에 기인한다고 하거나, 그것들에 뒤집어씌우거나, 그것들에 할당한다. 이러한 투사는 근거가 없다. 대상들 속에 독립적으로 존재하는 것은 하나도 없다.

다음 장들에서는 물리학의 몇 가지 예시로 어떻게 마음이 무의식적으로 본래적인, 또는 독립적인 존재를 대상들 속에 투사하는지 보여 줄 것이다. 다행스럽게도 현대물리학은 자연이 이러한 투사를 뒷받침하지 않는다는 것을 단호하게 보여 준다. 그래서 우리는 마음이 어떻게 독립적인 존재가 비어 있는 대상들 속에 이러한 거짓 성질을 투사하는지를 분명하게 볼 수가 있다.

심리학자들은 심리적 투사들이 어떻게 인간관계에서 셀 수 없는 문제를 일으키는지를 상세하게 보여 주었다. 이 투사들은 다른 사람에 대한 우리의 지각을 흐리게 하고, 우리가 투사한 사람을 과대평가하거나 과소평가하게 한다. 그리고 우리의 참된 본성을 보는 것을 방해한다. 마찬가지로, 본래적 존재라는 철학적 투사는 사람과 사물들의 참된 본성을 가리고, 우리의 집착을 위해 거짓된 토대를 형성하며, 우리의 참된 본성을 가린다. 그리고 그것이 우리의 괴로움의 주된 원인이다. 우리가 주관과 대상에 투사한 본래적 존재에 대한 이 그릇된 신념이 우리의 깨달음을 가로막는 장애물이다.

고인(故人)이 된 라마 예셰(Lama Yeshe)는 그의 에세이 「망상은 어떻게 일어나는가(How Delusions Arise)」에서 어떻게 집착이 '본래적 존재의 투사'에 뿌리박혀 있는지를 다음과 같이 이야기한다.

어떤 종류의 갖고 싶은 대상을 보는 일은, 항상 과대평가를 포함하고 있습니다. 여러분이 그것에 대한 모든 판단을 놓칠 정도로 그것의 좋은 면들이 강조됩니다. 동시에 여러분은 그 대상을 그것이 어찌 되었든 그 자체로 존재하는 것으로 봅니다. 여러분은 그것을 영속하는 어떤 것으로 생각하며, 스스로 존재한다고 생각합니다. 여러분은 이러한 현상이 실제로는 여러분 자신의 투사들의 작용이라는 것을 알지 못합니다. 오히려 여러분은 여러분 자신이 그 대상에 투사하여 주입했다고 생각하기보다는, 대상 그 자체로부터 온 것이라고 생각합니다. 여러분은 무엇이 일어났는지 보지 않습니다. 그 대상을 둘러싸고 있는 이 기만적인 투사는 화장(化粧)보다 훨씬 더 두껍습니다. 무상한 사물들이 영속적인 것으로 보입니다. 괴로움의 본질 속에 존재하는 대상들이 기쁨의 원인으로 생각됩니다. 그리고 모든 사물들은 진실로 독립적으로 그 자체로 존재하지 않음에도 불구하고, 그렇게 그 자체로 존재하는 것으로 여겨집니다.[50]

짧은 이야기를 통해 이처럼 독립적인 존재를 투사하는 과정, 또는 화장을 덧씌우는 과정에 대한 단순하지만 유용한 비유를 들어 보겠다. 한 이론물리학자가 어느 날 숲속을 걷고 있었다. 큰 나무들이 산들바람에 흔들리고 있었다. 햇빛이 모양을 바꾸어 가면서 숲의 길바닥을 춤추듯이 교차했다. 그 아름답고 장엄한 모든 것이 그를 압도했다. 그는 혼자 생각했다. "얼마나 놀라운 일인가! 이 모든 것이 자연의 네 가지 힘이 결합되어 있던 초기의 빅뱅 상태에서 나왔다니. 우주가 냉각되고, 네 가지 힘이 분화되고, 은하들이 형성되고, 천체들이 전개되고, 그리하여 이 놀랍도록 아름다운 숲으로 발전하다니." 이렇게 즐거운 생각에 빠져 있다가, 뒤에 있는 덤불 속에서 크고 요란한 소리를 들었다. 그래서 돌아보니 거대한 회색곰이 그에게 달려들고 있었다.

50　Lama Yeshe and Lama Zopa Rinpoche, *Wisdom Energy: Basic Buddhist Teachings* (London: Wisdom Publications, 1982), 50.

그는 정신없이 도망쳤다. 그의 심장은 고동쳤고, 곰은 거친 숨 냄새를 맡을 수 있을 정도로 바짝 쫓아오고 있었다. 곰이 그를 덮치자, 그는 한 나무뿌리에 걸려 넘어졌다. 땅바닥으로 나뒹굴면서 그는 소리쳤다. "오, 신이시여!"

갑자기 그 장면이 얼어붙었다. 모든 것이 깊은 정적에 휩싸였다. 그리고 하늘에서 깊고 굵직한 소리가 울려왔다. "너는 곤경에 처했을 때는 큰 소리로 나를 부르면서 마치 날마다 나에게 열심히 기도하는 선량한 기독교인처럼 내 도움을 청하는구나. 그러나 대학에서 강의할 때는 사람들에게 그 모든 것을 자연에 있는 네 가지 힘의 표현이라고 말하면서 나의 존재를 부정하더구나." 논리적 일관성의 중요성에 대하여 잘 교육받은 그 물리학자가 대답했다. "예, 그것이 모순된다는 점은 인정합니다. 그렇지만 그 곰을 선량한 기독교인처럼 만드실 의향은 없습니까?" 신은 잠시 이 아이디어를 생각해 보고 말했다. "좋아, 그렇게 해 줄 수 있다."

갑자기 정적과 웅장한 소리가 사라졌다. 회색곰은 뒷다리로 서서, 그 물리학자 앞에서 깊이 머리 숙여 절하고, 앞발을 모아 가슴 앞에 두고 말했다. "우리가 먹을 이 선물을 주시어 감사드립니다." 그 곰은 발톱을 펼치고, 입을 벌리고, 넘어진 그 사람을 먹어 치웠다.

이론물리학자는 식은땀을 흘리고 비명을 지르면서 이 무서운 악몽에서 깨어났다. 꿈에 대한 심리학적 해석은 제쳐놓고, 그 꿈의 여러 부분의 본성에 대하여 생각해 보자. 일어나면서 여전히 공포에 휩싸인 채로 그 물리학자는 말했다. "아, 다행히 꿈이었군." 그는 그것이 단지 그의 꿈꾸는 마음이 만들어낸 것이었음을 자인한 것이다. 그 꿈속의 모든 대상과 꿈꾸는 자아는 단지 생각 속의 구조물이다.

그렇지만, 꿈꾸는 동안 그 모든 것은 깨어 있는 경험과 다름없이 실재한다. 나무에서 곰에 이르기까지 각각의 대상은 독립적으로, 또는 본래적으로 존재하는 것처럼, 그 자체로 존재하는 것처럼 여겨진다. 그리하여 마음은 꿈속에 있는 다양한 대상과 주관들을 형성함과 동시에 독립적인 자기존재(self-existence)를 그것들 속에 투사한다. 그 사람은 꿈속에서 그 곰이 독립적으로 존재한다고 전적으로 믿는다. 악마처럼 보이는 송곳니와 쫙 펼친 발톱은 의심의 여지 없이 그 자체로 존재하며, 우리는 분석을 통해 깨달을 수 있다. 그러나 당신이 필사적으로 도망치고 있다면 어떻게 분석할 시간을 가질 수 있겠는가? 그 꿈꾸는 사람은 그가 느끼는 공포에서 벗어나고자 하는 욕구가 독립적으로 실재한다는 것을 의심하지 않는다. 이런 식으로 꿈꾸는 마음은 겁에 질린 물리학자를 포함하여, 그 자신이 만든 것들 속에 본래적 존재를 투사한다.

마찬가지로 깨어 있는 마음은 우리의 자아의식과 그것을 둘러싸고 있는 대상들, 즉 개념적으로 명명된 모든 주관들과 객관들 속에 독립적 존재를 투사한다. 그런데 이 투사는 우리의 집착과 그에 따르는 고통의 기만적인 토대다. 인생은 꿈이라고 말하는 것이 아니라, 무의식적으로 주관들과 대상들에게 꿈에 생생한 실재성을 주는 투사적 메커니즘이 깨어 있는 의식 속에서도 마찬가지로 작용하고 있음을 말하는 것이다. 이러한 기만적인 본래적 존재의 투사 위에서, 우리는 고통의 근원인 갈망, 혐오, 집착을 일으킨다.

예를 들면, 나는 가족을 사랑한다. 그래서 가족이 아프고, 다치고, 죽는 것보다 더 나쁜 것은 없다고 생각한다. 나는 지적으로는 그들이 나와 마찬가지로 공(空)이며, 그들 속에 본래적 존재를 투사하고 있다는 것을 인정한다. 그렇지만, 나의 지적인 지식에도 불구하고, 정서적으로 나는 전적으로 우리의 공성(空性)에서 비롯된 무상(無常)을 받아들이려 하지 않는다. 나는 투사를 알고 있지만, 그 투사의 과정을 멈출 수 없는 것이다. 안타깝게도, 대부분의 괴로움은 나의 본래적 존재의 투사로부터, 그리고 그 결과 공성과 그 귀결인 무상을 참되게 파악하지 못하기 때문에 생긴다. 물론 이것은 나 개인만의 문제가 아니다. 우리는 모두 우리의 무상을 거부하고 싶어 한다. 우리는 늙어가는 모습을 보이기조차 싫어한다. (미안하지만, 이 장을 곧 끝내야 한다. 그래야 나는 내 얼굴 주름 제거 예약 시간에 맞출 수 있으니까!)

이 모든 것이 이해는 되지만, 그러나 이러한 집착(기둥에 대한 집착이든 팽팽한 피부나 우리의 생명에 대한 집착이든 본질적으로 무상한 모든 것에 대한 집착)은 괴로움이 따른다. 환경재앙이든 테러리스트들이든, 또는 혐오하는 정치적 인물이든 대상들이나 사람에 대한 본래적 존재의 기만적인 투사는 이들 사물이나 사람으로부터 우리를 달아나게 하거나 두려워하게 한다. 바꾸어 말하면, 우리는 공을 충분히 인식하지 못하기 때문에 가차 없이 괴로움을 겪는 것이다.

라마 예셰는 보다 상세하게 투사(철학적인 것과 심리학적인 것 모두)가 어떻게 괴로움의 근저에 자리하는가에 대하여 이야기한다. 아래의 인용문은 내가 약간의 해설을 대괄호 속에 넣어서 그의 에세이 「불행의 원인 찾기」에서 인용한 것이다.

감정의 본성을 보다 깊이 들여다봅시다. 행복한 감정이든 불행한 감정이든 중립적인 감정이든 대부분의 감정들은 잘못된 분별에서 나옵니다. 이러한 분별은 그릇된 것

불교와 양자역학

입니다. 왜냐하면, 그것은 여러분이 참된 본성[空]의 지각을 가로막는 마음의 기만적인 투사[본래적 존재의 투사]에 근거를 둔 것이기 때문입니다. 이것[투사]은 내부의 것이든 외부의 것이든, 생물이든 무생물이든, 모든 현상의 실재와 관련될 수 있습니다. 감정은 한 사람이 다른 사람과 작용할 때만 생기는 것이 아닙니다. 감정은 어떤 것과의 관계에서도 발생합니다. 대부분 갈등에는 대상이 있으며, 그 대상에 대한 여러분의 거친 감정이 주관입니다. '나는 그 사람이 싫다'라고 느낄 때처럼 대상과 주관은 서로 다르고, 분리된 것으로 생각될 것입니다. 그러나 어찌 되었건 사실은 여러분의 감정이 이 대상을 만들어 놓았습니다. 여기에서 내가 말하고자 하는 것은, 여러분의 감정의 대상은 [우리가 독립적으로 존재한다고 잘못 믿고 있는] 외적으로 실재하는 현상과 전혀 관계가 없다는 것입니다. 그것은 단지 기만적으로 분별하는 마음의 거짓된 투사일 뿐입니다.

… 사물에 대한 여러분의 마음가짐을 잘 살펴보면, 여러분이 어떻게 여러분의 잘못된 투사를 당신이 만나는 사람들에게[심리학적 투사], 그리고 마찬가지로 다른 모든 현상들에[철학적 투사] 부과하는지 발견하게 될 것입니다.

… 여러분은 여러분의 거짓된 감각적 세계가 단지 잘못된 투사의 산물이라는 것을, 그리고 이러한 허구의 세계에 의해 생긴 감정들이 천당과 지옥 사이를 왕복하게 만든다는 것을 알게 될 것입니다. 착각[본래적 존재의 투사] 위에 세워진 이러한 불만의 순환이 윤회(輪廻; samsara)[괴로움의 수레

바퀴] 그 자체입니다. 그리고 여러분의 성찰은 그것이 자
신의 마음속에서 만들어진 것이라는 것을 보여 줄 것입니
다.[51]

괴로움의 구조는 이처럼 투사에 깊게 뿌리박혀 있다. 그 과정의 논리
적 순서는 다음과 같이 진행된다. 첫째, 그것이 사람이든 사물이든,
우리의 자아(ego)이든 소유물이든, 현상들에 본래적, 또는 독립적 존
재의 투사가 이루어진다. 둘째, 본래적 존재라는 잘못된 느낌과 그에
수반하는 모든 현상, 즉 근본적으로 공이라는 사실을 알아차리지 못
하는 무능함이 긍정적이거나 부정적인 대상이나 사람에 대하여 과대
평가를 하도록 하는 기만적인 토대를 제공한다. 그것을 라마 예셰는
'감정(feelings)'이라고 부른다. 이렇게 하여 윤회의 수레바퀴는 돌아
간다. 물론 우리는 이 진행단계들을 시간적인 연쇄로 경험하지는 않
는다. 그보다 그 과정은 본래적 존재의 투사 → 매혹과 혐오 → 윤회
의 괴로움으로 이어지는 논리적인 (인과의) 연쇄다.

　　일단 우리가 공(空), 본래적 존재라는 거짓의 투사, 그리고 그것
이 일으키는 괴로움을 이해하면, 그 과정을 멈추고자 하는 내적 욕망
을 갖게 된다. 우리는 모두 행복과 고통에서 벗어나기를 바라기 때문
에 윤회의 순환 고리를 끊고, 괴로움의 영역에서 벗어나기를 원하는
것은 당연한 일이다. 뿐만 아니라, 일단 그것이 우리 자신 속에서 어
떻게 작용하는지를 이해하면, 우리는 그것이 다른 사람들 속에서 작

51　Lama Yeshe, "Searching for the Causes of Unhappiness", in Yeshe and
　　Zopa Rinpoche, *Wisdom Energy*, 39-40.

용한다는 것을 알 수 있으며, 너무나도 당연하게 독립적인 존재를 투사하는 과정에서 괴로움을 겪고 있는 모든 사람들에게 강한 자비의 감정이 생긴다. 이렇게 하여 우리의 개인적인 경험은 보편화되고, 공성(空性)은 자비를 일으킨다. 바꾸어 말하면, 실재에 대한 깊은 지식은 보편적 자비를 일으킨다. 게쉐 껜수레 렉덴(Geshe Kensure Lekden)은 그것을 훌륭하게 표현한다.

> 반드시 공(空)을 이해함으로써, 누구나 순환적인 실존을 근절할 수 있다는 것을 깨닫게 됩니다. 그리하여 순환적인 실존을 떠날 굳은 결심을 하게 됩니다. 마찬가지로, 다른 사람들의 괴로움 역시 무지에서 비롯된 오해가 불러일으킨 것임을 이해하면, 누구나 모든 괴로움을 소멸할 수 있다는 것을 깨닫습니다. 그리하여 불행으로부터 그들을 벗어나게 하려는 굳은 결심을 하게 됩니다. 그래서 자비는 깊은 지식의 현실적인 표현입니다.[52]

물론 중관사상에서 공의 지혜는 인간 발전의 정점인 붓다(Buddha)를 이루기 위한 자비의 수행과 결합한다. 다시 한번 우리는 어떻게 지식 또는 진리(공성)가 자비 또는 사랑으로 통하는가를 보았다.

다음 장의 양자 비국소성에 대한 논의에서 우리는 마음이 어떻게 무의식적으로 독립적 존재를 자연 속으로 투사하는지, 그 훌륭한

---

52 Kensure Lekden, *Compassion in Tibetan Buddhism*, ed. and trans. Jeffrey Hopkins (Valois, NY: Gabriel/Snow Lion, 1980), 92.

실례를 보게 될 것이다. 나아가서, 우리는 이론과 실험 모두가 어떻게 이 투사 속에 있는 오류를 보여 주는 데 집중하고 있는지를 보게 될 것이다. 바꾸어 말하면, 물리학은 우리는 어떻게 독립적 존재를 자연 속으로 투사하는지, 그리고 주의 깊은 분석은 어떻게 자연이 라마 예세(Lama Yeshe)가 "분장(makeup)", "색칠(paint)"이라고 불렀던 뒤집어 쓰기를 거부하는지 보여 주는 진기한 기회를 제공한다.

　지금까지 나는 우리의 무의식적인 본래적 존재의 철학적 투사가 어떻게 대상들에 대한 우리의 과대평가의 잘못된 토대와 이 과정이 항상 내포하는 괴로움을 주는지에 대한 권위 있는 견해를 제시했다. 여기에 그 과정의 또 다른 차원이 있다. 나는 창문 밖을 내다본다. 그리고 올봄 초에 심은 특이한 야생화들을 본다. 양귀비꽃은 화려하고 짙은 적색이다. 수레국화는 밝은 청색이다. 나는 그 꽃들이 곧 시들 것이고, 수년 후에는 잔디와 잡초들이 야생화밭을 차지하리라는 걸 안다. 이것이 나를 슬프게 하지는 않는다. 나는 또한 뒤에 있는 정원에서 뜯은 채소를 곁들인 맛있는 점심을 먹는 것을 예상한다. 나는 곧 다시 배고파질 것이고, 나의 만족은 꽃의 덧없는 아름다움처럼 잠깐뿐이라는 것을 안다. 그러나 이들 가운데 그 어떤 것도 그것이 영원하지 않다고 해서 나를 슬프게 하거나 좌절하게 하지는 않는다.

　조금만 더 깊이 반성해 보면, 내가 실제로 추구한 것은 욕구의 영원한 만족이라는 것을 깨닫게 된다. 나는 그 꽃들을 다시 볼 수 있는 한 꽃들이 시드는 것을 걱정하지 않는다. 저녁 식사를 기대할 수 있는 한 배고파지는 것을 걱정하지 않는다. 그러나 만약에 누군가가 나에게 결코 그 꽃들을 다시 볼 수 없을 것이라고 말하거나, 신선한 샐러드를 먹을 수 없을 것이라고 한다면 굉장히 낙담할 것이다. 내가 그것을 즐기는 자로 영원히 존속하는 한 즐거운 경험들은 왔다가 작은 슬픔을 동반하고 돌아갈 것이다. 간단히 말해서 나는 내 욕망의 영원한 만족과 영속을 즐기는 자로서 나의 자아(ego)에 집착하고 있다. 지적으로는 나의 자아가 영원하지 못하고, 내 시력은 쇠퇴하고 있으며, 약해질 것이고, 식욕은 어느 날 사라지리라는 것을 안다. 그럼에도 불구하고, 나는 쾌락의 존속에 대한, 내가 무의식적으로 나의 자아 속에 독립적 존재를 투사한 결과물에 대한, 그리고 이러한 투사가 만든 영원할 것이라는 거짓 약속에 대한 욕망을 그치지 못하고 있다.

자아(Ego)의 감옥

독립적 존재의 투사에 의해 생성된 거짓 기반과 영원히 즐기는 자로서의 자아를 지탱하려는 끊임없는 노력은 우리의 이기심과 죽음에 대한 두려움의 기반이 된다. 우리는 자아의 존재를 유지하기 위해서라면 고통스러운 의학적 치료 절차를 포함한 어떠한 값비싼 대가라도 감당할 것이다. 그러므로 처음에는 우리가 자아와 욕구를 내려놓고 자비의 실천에 도달하기는 매우 어렵다. 우리는 자아의 포로다. 우리 자신은 즐기는 자로서 영원한 존재라고 생각하는 잘못된 믿음, 즉 우리 자신은 귀중한 자아라고 생각하는 잘못된 믿음의 포로다.

만약 우리가 신중하게 우리의 경험을 검토한다면, 우리는 어떤 거대한 에너지가 우리의 거짓된 자아의식을 받치고 있다는 것을 깨달을 것이다. 내가 차가운 물을 뒤집어쓰고 짜증이 날 때도, 욕망의 만족을 변함없이 즐기고자 할 때도, 나는 언제나 내 자아를 확인하려고 애쓰고 있으며, 나 자신과 타인들에게 내가 얼마나 중요하고, 재능 있고, 훌륭한 존재인가를 증명하려 한다. 물론 이것은 나만 그런 것이 아니다. 우리는 모두 '누군가'가, 즉 실제적인 의미와 가치가 있는 사람이 되려고 한다. 이 '누군가 콤플렉스'는 인간 조건에 해를 끼치는 부분일 뿐만 아니라, 우리를 자아의 감옥 속에 가두는 '창살'이다. 모든 실망, 모든 패배는 우리가 정성껏 쥐고 있는 자아의식에 가해지는 타격이며, 또 다른 일정량의 괴로움이다. 우리의 욕망이 채워지지 않거나, 무시당했다고 생각되거나, 제대로 인정받지 못한다고 느껴질 때마다 우리는 자아의 감옥 속에서 형량이 늘어난다. 다른 한편으로, 모든 승리나 개인적인 성취감은 우리의 거짓된 자아의식을 고착시키고, 그 결과 우리는 다시 자아의 감옥 속에서 형량이 늘어난다.

이 감옥은 우리에게 많은 고통을 일으킬 뿐만 아니라, 타인의 요구에 우리를 눈멀게 하고, 다른 모든 것 이전에 우리의 욕망을 앞세운다. 그것은 항상 전적으로 개인적인 행복과 만족에 관한 것이다. 타인의 요구는 이 우선순위에 밀려 저 멀리 떨어져 있다. 자아도취의 덫에 갇힌 우리는 자기 생각에 빠져서 진정으로 다른 사람을 염려할 수 없다. 이런 이기심이 순수하게 타인의 안녕과 관련하여, 우리를 자비롭게 행동하지 못하게 하는 가장 근본적인 원인이다. 따라서 우리는 자아의 감옥 속에 모두 고독하게 갇혀 있고, 자기중심 속에 매몰되어 있다.

슬프게도 모든 사람들이 가장 원하는 지속적인 행복은 오직 자아의 감옥을 깨부수고 진정으로 타인의 안녕에 대해서 염려할 때에만 성취된다는 것이다. 달라이 라마께서는 자비의 실천이 우리 자신의 자기 이익에 대한 깨달음 속에 있다고 말씀하신다.

우리는 각자 모든 인류에 대하여 책임이 있습니다. 이제는 우리가 다른 사람을 진정한 형제자매로 생각하고, 그들의 괴로움을 줄이면서, 그들의 행복을 생각해야 할 때입니다. 여러분이 자신의 이익을 전적으로 희생할 수는 없을지라도, 다른 사람의 근심을 외면해서는 안 됩니다. 우리는 미래와 모든 인류의 이익에 대하여 보다 많이 생각해야 합니다.

또한, 만약 당신이 분노 등의 이기적인 동기들을 억제하고, 타인에 대한 친절과 자비를 더 발달시킨다면, 궁극적으로 당신 자신은 당신이 그렇게 하지 않았을 때보다 더 이로울 것입니다. 그래서 저는 현명한 이기적인 사람은 이 길을 실천해야 한다고 말하곤 합니다. 어리석은 이기적인 사람들은 항상 그들 자신만을 생각하고, 결과도 부정적입니다. 현명한 이기적인 사람들은 타인을 생각하며, 능력껏 타인을 돕습니다. 그리고 그 결과는 그들 역시 이익을 얻는다는 것입니다.

이것이 나의 소박한 종교입니다. 여기에는 사원도 필요 없고, 복잡한 철학도 필요 없습니다. 우리 자신의 머리와 우리 자신의 마음이 우리의 사원입니다. 그 철학은 친절입니다.[53]

---

53 The Dalai Lama, *A Policy of Kindness* (Ithaca, NY: Snow Lion Publications, 1990), 58.

심리학적인 경우와 마찬가지로, 우리 자신과 다른 사람들에게 괴로움이 되는 모든 것을 수반하는 독립적인 존재의 투사를 알아차리는 것만으로는 그 투사를 멈추기 어렵다. 바꾸어 말하면, 우리는 자아의 감옥에 있다는 것을 알 수 있고, 어떻게 거기에 사로잡혀 있는지, 그리고 그것이 얼마나 많은 고통을 일으키는지를 이해할 수 있을지라도, 벗어나기는 쉽지 않다. 이 탈옥은 많은 노력, 도덕의 재교육, 그리고 명상과 같은 평생의 공부를 필요로 하게 될 것이다.

이런 암담한 말투로 이 장을 마무리하기보다는 달라이 라마가 아주 깊게 사랑한 보살의 서원으로 말머리를 돌리겠다. 샨띠데바는 "허공이 다할 때까지 … 나도 온 세상의 불행을 없애기 위해 살리라"라고 말했다. 중관사상에서 허공은 영원한 본질이다. 왜냐하면, 공간은 '가로막는 접촉의 없음', 즉 물체를 수용하는 역량으로 정의되기 때문이다. 바로 그 정의에 의해서 허공은 항상 방해하는 접촉이 없다. 그리고 이리하여 항상 방해하는 접촉이 없는 그곳에 허공이 있고, 그곳이 항상 공간이 될 것이다. 따라서 우리는 고질적인 독립적 존재의 투사와 그에 따르는 모든 고통들에도 불구하고, 영원히 '불행을 없애기 위해' 애쓰는 자비로운 존재가 있다고 위안 받을 수 있는 것이다.

4

평화의 물리학

양자 비국소성과 공

고전물리학과 양자물리학

평화와 물리학을 동시에 생각하기는 어렵다. 물리학은 대개 무기를 생산하여 폭력을 증폭하는 방법으로 생각한다. 그러나 물리학은 우주와 우리 자신에 대한 포괄적인 해석, 그리고 그 둘이 관계하는 방식에 크게 영향을 끼치는 중요한 역할도 맡고 있다.

불행하게도 우리의 세계관은 여전히 아이작 뉴턴(Isaac Newton)과 그의 추종자들의 관점인 고전물리학에 의해 너무나도 많은 영향을 받고 있다. 뉴턴은 우주를 독립적이고, 본래적으로 존재하는 작은 입자들, 즉 다른 무언가에 의존하지 않고 존재하는 실재(實在; entity)들로 구성되어 있으며, 그것이 이차적으로 함께 모여서 우주에서 사람에 이르기까지 더 복잡한 구조물을 형성하고 있는 것으로 생각했다. 그림 4.1은 입자들이든 사람들이든, 실재들의 고전적 관점을 설명하고 있다. 거기에서 실재들은 철제 기둥의 강도를 지닌 실질적인 물

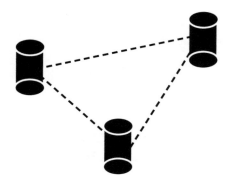

그림 4.1. 고전물리학에서의 기둥들

건들이다. 다른 물체들(다른 기둥들)과의 관계들은 점선으로 표시되었다. 왜냐하면, 관계들은 그들이 연결하고 있는 기둥들보다 덜 실제적이고, 실질적이기 때문이다. 만일 고전적인 입자들이 말을 할 수 있다면, 그들은 다음과 같이 말할 것이다. "나의 독립적인 실제성이 우선이다. 다른 대상들과 나의 관계는 그다음이다."

그 근본적인 중요성을 고려할 때, 실재(實在)들에 대한 양자역학적 관점은 우리 현대인들의 세계관을 형성하는 데 기대 이하로 영향이 미미하다. 지난 20년에 걸쳐서 우리는 양자적 실재들 사이의 관계가 자주 그 실재들의 고립된 존재보다 훨씬 더 중요하고, 훨씬 더 참되다는 이해에 도달했다. 많은 과학·철학자들은 양자 비국소성 연구에서 비롯된 이러한 관점을 과학의 탄생 이후에 가장 의미 있는 발견으로 간주한다. 이 장에서 나는 양자 비국소성이 무엇인지를 정확하게 설명하고, 그것과 중관사상의 공(空)과의 밀접한 관계에 대하여 논의할 것이다. 이 관계를 통해서 양자 비국소성에 내포된 의미와 그것

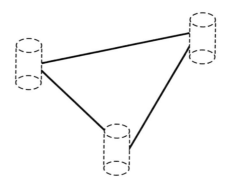

그림 4.2. 양자물리학에서의 기둥들

의 평화와의 관계가 더 깊어지고 풍부하게 드러날 것이다.

그림 4.2는 양자역학의 견해를 보여 주고 있다. 이제 물체들은 점선으로 그려져 있고, 견고한 실선들로 연결되어 있다. 이것은 관계가 어떤 고립된 물체들보다 더 근본적이고, 더 참됨을 보여 준다. 실제로 한 물체의 존재는 그것이 맺고 있는 다른 물체들과의 관계에 의존하고 있다.

만약 양자 입자들이 말을 할 수 있다면, "나는 다른 입자들과 나와의 관계 때문에 윤곽이 분명한 방식으로 존재한다. 나는 결코 독립적인 존재가 아니다"라고 외칠 것이다. 입증하기 훨씬 힘든 이러한 견해는 아직 공동의 문화 속으로 융합되지 못하고 있다. 그것은 분명히 개인과 세계의 평화에 엄청난 의미를 지니고 있다.

물리학자들은 좀처럼 물리학이 어떻게 세계관을 형성하고 문화에 영향을 주는지에 대하여 논하지 않는다. 주목할 만한 예외의 인물이 있는데, 그는 양자역학의 토대에 관한 중요한 연구로 국제적으로 알려진 고(故) 데이비드 봄(David Bohm)이다. 봄은 다음과 같이 썼다.

> 지금 인류 앞에는 공동의 이익과 생존을 위해 힘을 합치
> 는 데 큰 걸림돌이 가로막혀 있다. 바로 차별이다. 널리 만
> 연해 있고, 깊이 스며들어 있는 차별(인종, 국가, 가족, 직업
> … 등등)의 근저에는 사물들을 본래부터 나누고, 분리하
> 고, 작은 구성 부분들로 '쪼개지는' 것으로 취급하는 사고
> 방식이 자리잡고 있다. 그리고 각각의 부분은 본질적으로
> 독립적이고, 스스로 존재하는 것으로 여긴다.[54]

여기에서 나는 양자물리학의 견해가 "각자의 부분은 본질적으로 독
립적이고, 스스로 존재하는 것으로 여기는" 고전물리학의 신념과 어
떻게 다른지를 상세하게 보여 줄 예정이다. 우리는 고전물리학에서
어떤 모델을 사용하여 상상할 수 있는 것보다 훨씬 더 깊게 우리와
관련된 신비한 차원의 상호 연결을 갖고 있다.

중관사상의 권위 있는 교리는 공(空) 그 자체도 독립적인 본질
없이 비어 있다고 이야기한다. 나는 이 내용이 어디에서도 이야기되
는 것을 듣지 못했지만, 이것은 분명히 다른 전통들과 중관사상의 관
계가 그것을 가장 심오한 차원에서 규정함을 의미한다. 바꾸어 말하
면, 공은 중관사상이 다른 세계관들과 어떻게 관계하는가에 의해서
규정된다는 것을 의미한다. 그래서 중관사상의 토대 안에 비교철학

---

[54]   David Bohm, *Wholeness and the Implicate Order* (London: Routledge &
        Kegan Paul, 1983), xi.

이 수립된다. 과학에 크게 지배 받고 있는 오늘날, 중관사상은 현대 과학과의 관계 속에서 고찰되어야 한다. 그러므로 내적 세계와 외적 세계를 조화로운 구조로 조직하려는 나의 개인적인 필요와 함께 중관사상과 물리학의 비교 연구는 중관사상의 가장 심오한 실재를 관계적인 것으로, 독립적인 본질의 비었음으로 표현한다.

양자 비국소성을 가장 잘 통찰한 이해는 그 유명한 '벨 부등식의 실험상의 위반(experimental violation of Bell's Inequalities)'으로부터 나왔다. 양자역학의 적절한 해석을 둘러싸고 많은 논쟁이 있지만, 우리는 실험적, 이론적으로 폭넓게 지지받는 이 부등식들에 주목함으로써 이러한 논쟁을 피할 수 있다.55 앞으로 설명하겠지만, 이 분석은 양자역학에 대한 현재의 공식화에 의존하지 않는다. 그러므로 언젠가는 반드시 양자역학으로의 대체가 비국소성을 구체화할 것이다. 다행히도 이 모든 것을 물리학이나 수학 속에 있는 어떤 기술적인 배경 없이 보여 줄 수 있다. 단지 약간의 추론과 계산이 필요할 뿐이다.

여기에는 현대물리학의 가장 심오한 수준에서 공의 교설을 입증하려는 어떤 시도도 없다. 그런 시도는 물리학이 더 심오한 견해이고,

---

55   J. S. Bell, "On the Einstein Podolsky Rosen Paradox", *Physics* 1, no. 195-200 (1964); Alain Aspect, Jean Dalibard, and Gérard Roger, "Experimental Test of Bell's Inequalities Using Time Varying Analyzers", *Physical Review Letters* 49, no. 1804-1807 (1982); W. Tittel, H. Brendel, J. Zbinden, and N. Gisin, "Violation of Bell Inequalities by Photons More Than 10km Apart", *Physical Review Letters* 81 (1998): 3563-66; M. A. Rowe, D. Kielpinski, V. Meyer, C. A. Sackett, W. M. Itano, C. Monroe and D. J. Wineland. "Experimental Violation of a Bell's Inequality with Efficient Detection", *Nature* 409 (2001): 791-94.

물리학으로 더 작은 실재, 즉 중도를 추론하는 데 사용하고 있다는 것을 의미한다. 그보다도 나는 그것을 상호 간의 대화와 의존을 통하여 가장 근본적으로 명백해지는, 매우 다른 두 전통 사이의 대담이라고 생각하고 싶다.

그 대화는 내가 코넬대학의 대학원생이었던 40여 년 전에 시작되었다. 그 무렵 나는 아인슈타인(Einstein), 포돌스키(Podolsky), 로젠(Rosen) (이 세 사람이 주장한 역설을 이들의 머리글자를 합쳐 'EPR'이라고 함)[56] 가운데서 양자역학의 개념적 토대들에 대한 아인슈타인의 주요한 도전을 찾아보았다. 40여 년의 세월이 흘렀지만, 나는 아직도 짙은 녹색 제본의 『물리학 리뷰(Physical Review)』를 생생하게 기억한다. 내가 도서관에서 보았을 때 사람들이 손가락으로 셀 수 없이 넘겨서 그 책장의 가장자리가 얼마나 더러워졌는지 알 수 없을 정도였다. 나는 아직도 이렇게 닳아빠진 물리학 잡지를 본 적이 없다. 왜 그렇게 많은 사람들이 EPR을 찾았고, 그렇게 하지 않을 수 없었을까? 이 질문에 답을 해야만 비로소 우리는 물리적 실재의 본성에 관한 가장 근본적인 통찰이 갈릴레오 이래로 개인과 세계 모두의 평화에 어떻게 연결되는지에 대해 이해할 수 있다.

---

56 Albert Einstein, B. Podolsky, and N. Rosen, "Can Quantum-mechanical Descriptions of Physical Reality be Considered Complete?", *Physical Review* 47, no. 777-780 (1935).

EPR의 도전

아인슈타인은 양자역학에 많은 초석을 놓았음에도 불구하고 그 이론을 썩 좋아하지 않았다. EPR이 출간된 1920년대 후반부터 1935년까지, 그는 양자역학의 개념적 토대에 관하여 닐스 보어(Niels Bohr) 등과 많은 논쟁을 벌였다.[57] 많은 물리학자들은 이 논쟁들을 태양계 구조에 대해 갈릴레오를 둘러싸고 불붙었던 논쟁과 맞먹는, 과학계에서 가장 스릴 있고 중요한 논쟁으로 여긴다. 이 거장들의 충돌을 감상하면서, 우선 양자역학의 핵심인 상보성 원리를 개관해 보기로 한다.

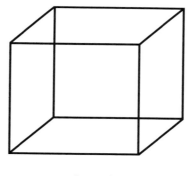

그림 4.3. 상보성

---

57 John A. Wheeler and Wojciech H. Zurek (*Quantum Theory and Measurement* [Princeton, NJ: Princeton University Press, 1983]). 이 책은 모든 핵심 논문들을 발췌하여 이들 논쟁을 상세하게 설명하고 있다.

상보성 원리의 유사물을 시각적으로 보기 위해서 눈의 긴장을 풀고 그림 4.3을 보자. 처음에는 한 면이 여러분에게 더 가깝게 보인다. 잠시 보고 나면, 다른 면이 더 가깝게 보일 것이다. 더 오래 보면, 그 두 모습이 번갈아 나타난다. 하지만 결코 동시에 나타나지는 않는다. 이것이 상보성 원리의 간단한 예이다. 두 모습은 동등하게 실재하며 중요하지만, 그것들은 상호 간에 배타적이다.

　　상보성 원리에 관한 세 가지 요점이 있다. 첫째, 상보적인 속성(파동과 입자 같은)을 연구하기 위해서는 상호 간에 배타적인 실험 조건이 요구된다. 양자 시스템의 파동성을 연구하기 위해서는 동시에 입자성을 연구하지 못하게 하는 실험 장치의 배치가 요구된다. 이러한 상호 배타적인 실험 조건은 종류가 다른 속성들 사이의 어떤 갈등이나 부조화를 예방한다. 둘째, 상보적인 짝의 양극은 동등하게 실재하며, 양자 시스템을 특징짓는 데 중요하다. 이것은 상보적 속성을 이해하기 위해서 환원주의적인 전략을 제거한다. 예를 들면, 입자는 단지 엄격하게 국소화된 파동이라고 말할 수 없다. 셋째, 단일 실재는 나타나기 위한 가능성의 형태로 모든 상보적 속성을 내포한다. 이 단일 실재는 파동 작용과 그것의 전개를 결정하는 방정식으로 추상적이고, 수학적으로 표현된다. 그 단일 실재는 상보적 속성의 수준에 있지 않다. 그래서 그것은 상보적 특성들의 차이를 통일하지도 않고 없애지도 않는다.

　　양자역학에는 셀 수 없이 많은 상보적 속성들의 짝이 있지만, 나는 잘 알려진 파동과 입자 사이의 상보적 속성에 초점을 맞추고자 한다. 어떤 양자역학 시스템에서도 그것의 파동성을 연구할 것인지, 입자성을 연구할 것인지를 선택할 수 있다. 그러나 그것들을 연구하기 위해서는 상호 간에 배타적인 실험 장치의 배치가 요구되기 때문에 우리는 파동성과 입자성 양쪽을 동시에 보여 줄 수 없다. 우리가 전자의 입자성을 실험하고 있을 때는 전자의 파동성을 연구할 수 없음에도 불구하고, 그 파동성은 분명하게 여전히 존재한다는 견해를 나는 실재론자의 유혹이라고 부른다. 즉, 우리는 전자가 실험상황과 무관한 고유의 속성을 가지고 있다고 믿고 싶어 한다. 그와는 반대로 파동성을 연구할 때는, 입자성은 단지 관찰할 수 없을 뿐이지, 여전히 독립적으로 존재한다고 생각한다. 불교적인 언어로 표현하면, 전자는 고유하거나 독립적인 존재를 지니고 있다. 앞으로 보게 되겠지만, 이것은 사실이 아니다. 우리는 가장 심오한 차원에서 이 독립적 존재를 자연에 투사하고 있다. 앞 장 끝부분에서 라마 예셰가 이야기한 것처럼, 우리는 거짓 "분장(makeup)"을 만들어내는 것이다.

실재론자의 유혹은 관습적인 실재의 일상적인 경험에 기초한 자연스러운 기대이다. 그러나 관습적인 실재에 대한 경험, 즉 돌, 기둥, 꽃들의 세계는 자연의 근본적 구조를 고찰할 때, 우리를 잘못된 방향으로 이끈다. 그 대신 양자역학은 우리에게 "상보적인 짝의 한 부분을 밝혀내는 것은 다른 부분은 명백하게 존재하지 않는다는 것을 의미한다'라고 주장하는 실재론자의 유혹에 넘어가지 말라"고 말한다. 상보적인 짝을 이루는 구성 요소들이 반드시 상호 배타적인 실험 조건을 요구하는 것은 아니다. 불분명한 것은 그 단어의 어떤 합리적인 의미로도 존재하지 않는다. 그것은 분명히 본래적으로 존재하지 않는다.

아인슈타인은 이것이 양자역학의 곤란한 면임을 발견하고 자연은 실제로 이런 방식이 아니기 때문에 양자역학은 불완전하다는 것을 EPR에서 보여 주려고 노력했다. 양자역학의 불완전성을 보여 주려는 EPR 계획의 진수를 알기 위해서 우리는 상호 관계라는 개념을 이해할 필요가 있다. 물리학자들은 유사한 속성을 공유하는 널리 분산되고 상호 관련된 분자들의 측정에 관하여 자주 이야기한다. 눈으로 볼 수 있는 예가 있다. 내 장갑 한 짝을 생각해 보자. 친구가 내 집을 방문해서 실수로 내 장갑 한 짝을 집으로 가져갔다고 하자. 그 사실을 알았을 때 친구에게 있는 장갑이 어느 쪽인지를 알기 위해서 내가 해야 할 일은 갖고 있는 장갑이 왼쪽 손의 장갑인지 오른쪽 손의 장갑인지를 아는 것이다. 예를 들어 내가 왼손 장갑을 가지고 있다면, 내 친구는 분명히 오른손 장갑을 가지고 있다. 우리가 이것을 알 수 있는 것은 장갑이 하나는 오른쪽, 하나는 왼쪽으로 상호 연관된 짝이기 때문이다. 물론 이 상호 관계는 두 장갑의 거리와는 무관하다.

EPR이 다루는 것과 내 장갑 사이에는 몇 가지 큰 차이가 있다. 첫째, EPR에서는 상호 관련된 각각의 입자가 상보적 성질을 갖는다. 즉, EPR에서는 그 짝의 각 요소가 파동과 입자의 속성을 둘 다 나타낼 수 있다. (짝을 이루는 장갑과 같은 것을 관찰하는 방식에 따라서 오른손 장갑이나 왼손 장갑이 될 수 있다고 볼 수도 있다. 그런 생각이 때로는 편리할지 모르지만, 그것이 장갑의 본성은 아니지 않은가!) 둘째, 우리가 곧 알게 되겠지만, EPR 유형의 실험에서 입자들 사이에서 발견되는 상호 관계의 종류는 약간 불가사의한 것을 내포하고 있는 것처럼 보인다. 즉, 두 입자 사이의 거리를 빛보다 빨리 움직이는 것처럼 보인다. 셋째, 그 상호 관계는 대부분의 양자 현상이 그러하듯이 통계적인 것이다. 그것들은 완전한 상호 관계가 아니라, 어느 정도 확실한 횟수의 비율(확률)을 유지한다.

EPR은 중요한 정의를 한다. "만약에 물리량의 값을 정확히 측정할 수 있는 시스템을 어떤 식으로든 방해하지 않는다면, 이 물리량에 상응하는 물리적 실재의 요소가 존재한다." (이 정의는 아무 문제 없이 보일 수 있다. 그러나 그것은 사실 그 시스템을 방해하지 않으면, 우리가 정확히 예측할 수 있는 물리량이 독립적으로 존재한다는 것을 주장하고 있다. 치열한 근본적인 논쟁을 하면서 우리가 바로 그랬지 않은가!) 그래서 EPR은 한 짝을 이루는 상호 연관된 입자들 중 하나는 왼쪽으로 움직이고 있고, 다른 하나는 오른쪽으로 움직이고 있다고 생각한다. 우리가 왼쪽에 있는 입자의 위치를 측정할 경우를 생각해 보자. 그러면 입자들은 상호 연관되어 있기 때문에, 우리는 오른쪽 입자를 조금도 방해하지 않고, 왼쪽에 있는 입자의 위치를 정확히 예측할 수 있다는 것이다.

왼쪽에 있는 입자의 측정이 오른쪽 입자에 영향을 미치지 않는다는 것을 보증하는 전형적 방법은 입자들을 분리하는 것이다. 그러면 어떤 측정을 하든, 측정하는 동안에 그들 사이에 어떤 정보도 이동할 수 없다. (국소성 원리에 따르면, 어떠한 정보나 에너지도 빛의 속도보다 빠르게 움직이지 못한다는 것을 명심하라.) 예를 들어 입자들이 빛의 1분 속도의 거리(광분光分)만큼 떨어져 있고(태양과 지구의 거리는 8광분이다), 우리가 왼쪽에 있는 입자를 측정한 후 몇 초 지나서 오른쪽 입자를 측정한다고 가정해 보자. 여기에서 우리는 국소성 원리에 의해서 한 입자의 측정이 다른 것을 방해하지 않는다는 것을 보증한다. 빛의 속도보다 빠르게 이동하는 정보는 없기 때문이다.

국소성의 관념은 그만큼 중요하기 때문에 적절한 또 다른 예가 있다. 부도덕한 한 쌍의 쌍둥이를 시험하는 것을 상상해 보자. 그들은 영리한 사기꾼들이기 때문에 우리는 확실하게 그들이 누구도 속일 수 없고, 어떤 영향도 미칠 수 없도록 하고 싶다. 우리가 진짜로 속일 수 없도록 보장하는 유일한 방법은 그들을 시험하는 동안 멀리 세심하게 떼어놓는 것이다. 예를 들면, 그 시험은 1분이 걸리고, 쌍둥이 하나는 화성에 두고, 하나는 지구에 둔다고 가정해 보자. 각각을 정확하게 동시에 시험한다. 그들은 대략 20광분 떨어져 있고, 그들의 시험은 동시에 이루어진다. 그 시험은 1분이 걸리기 때문에 속일 목적으로 한 쌍둥이가 다른 쌍둥이와 연락을 취할 방법은 없다.

왼쪽에서 입자의 위치를 측정할 때 EPR의 실험으로 돌아가 보자. 적절한 분리와 측정 시간 조절에 의해서, 우리는 입자들 사이에 어떤 방해도 없음을 확신할 수 있다. 그런데 입자들 사이에는 상호 관계가 있기 때문에 오른쪽 입자의 위치는, EPR의 정의에 의하면, '실재를 구성하는 요소'이다. 그렇지만, 우리는 마찬가지로 분명히 왼쪽 입자의 파동성을 측정할 수도 있었다. 그렇다면, 그것들은 상호 관련되어 있기 때문에, 우리는 오른쪽 입자의 파동성을 어떤 방해도 없이 정확하게 예측할 수 있다. 따라서 오른쪽에 있는 입자는 입자성과 파동성이라는 실재의 두 가지 요소를 가지고 있는 것이 틀림없다. 그러나 이것은 파동성과 입자성을 동시에 갖는 입자는 없다고 말하는 상보성 원리에 어긋난다. 이것이 EPR로 하여금 양자역학은 실재에 대하여 완전한 설명을 하지 못하며, 따라서 불완전한 것이라고 믿게 하였다.

그다음에 발간된 『물리학 리뷰』에서 닐스 보어는 EPR이 제기한 심각한 도전에 응답한다.[58] 그의 조교는 이 논쟁에 대해서 다음과 같

---

58   Niels Bohr, "Can Quantum-mechanical Descriptions of Physical Reality Be Considered Complete?", *Physical Review* 48 (1935): 696-702.

은 말을 남겼을 정도다. "청천벽력 같은 맹공격이 우리에게 퍼부어졌다. 그것은 보어에게 큰 영향을 주었다. … 문제가 된 사안의 근본적인 성격이 무엇인지를 알면, 보어가 이 작업을 완수하고 나서 왜 그렇게 의기양양했는지 더 쉽게 이해할 수 있을 것이다."**59** 단순한 논쟁이 양자역학의 토대에 그런 엄청난 폭발력을 일으킬 수 있었다는 것은 상상조차 하기 어렵다. 양자역학의 개념적 토대와 명성이 더럽혀진 EPR의 위기에 관한 열띤 논쟁이 보여 주듯이, 어떤 사람은 70년 이상이 지난 후에도 여전히 반발하고 있다. 그러나 상보성 원리는 양자역학에 내재하는 가장 심오한 수학적 구조들의 한 표현이다. 수학적으로 그리고 동시에 개념적으로 전체 이론에 큰 수정이 없는 한, 그 아이디어는 결코 변경될 수 없다.

보어는 다음과 같이 이야기한다. (밑줄은 보어의 것이고 괄호 안의 것은 내가 삽입한 것이다.)

'어떤 식으로도 시스템을 방해하지 않는다'는 표현의 의미에는 EPR 고유의 모호함이 포함되어 있다. 물론, (국소성 때문에) 방금 고찰한 것 같은 경우에는 측정 절차의 결정적인 기간에 조사 중에 있는 시스템의 물리적인 방해에 대해 의심할 여지가 없다. 그러나 이 상태에서조차도, 본질적으로 <u>그 시스템의 향후 반응에 관해 예측 가능한 유</u>

---

59   L. Rosenfeld, "Niels Bohr in the Thirties: Consolidation and Extension of the Conception of Complementarity". Wheeler and Zurek, *Quantum Theory and Measurement*, 142–43에서 재인용됨.

형을 한정하는 바로 그 (실험) 조건들에 영향을 주는 것에 대해서는 의문이 존재한다. 이 조건들이 '물리적 실재'라는 용어가 적절하게 붙여질 수 있는 어떤 현상을 기술하는 본래적 요소를 구성하기 때문에 양자역학의 설명이 본질적으로 불완전하다는 그들의 결론은 정당하지 않다는 것을 알 수 있다.**60**

만약 여러분이 보어의 이야기가 이해하기 힘들다는 것을 깨달았다면 여러분은 훌륭한 사람에 속한다. 그것이 양자역학 속에 있는 아주 미묘한 점이다. 측정할 수 있는 실험 조건들을 실제로 측정하지 않을 때조차도 여러분은 결코 무시할 수 없다고 그는 말한다. 바꾸어 말하면, 여러분은 실험 장비의 영향을 받지 않는 양자의 속성을 생각할 수 없다는 것이다.

　"원자물리학에 내재하는 인식론적 문제에 관한 아인슈타인과의 토론"은 보어가 아인슈타인과 벌였던 숨 막히는 논쟁에 관한 그의 가장 훌륭한 에세이로서, EPR 이후 30년 이상이 지나서 저술되었다. 그 저술에 보어는 이렇게 적었다.

　　우리는 여기에서 상호 배타적인 실험 장치로 상보적 현상은 어떻게 나타나는지, 그리고 양자 효과들을 분석할 때 어떻게 원자적 물체들의 독립적인 성질과 그 현상이 일어

나는 조건들을 한정하는 역할을 하는 측정 도구는 어째서 원자적 물체들의 상호 관계 사이를 뚜렷하게 구분 짓는 일의 불가능성에 반드시 직면하게 되는지에 대한 전형적인 예를 다루지 않을 수 없다.[61]

여기에서 보어가 강조하는 것은 어떤 현상이 일어날 수 있도록 한정하는 모든 측정 상황과 독립적인 양자의 속성들을 다루는 것은 불가능하다는 것이다. 우리는 불교의 관점에서, 그가 양자의 속성들에 대하여 본래적이거나 독립적인 존재를 명백히 부인하고 있다고 말할 수 있다. 그는 양자의 속성들이 어떻게 모든 실험 장치의 관계 속에서만 한정되는지를 강조하고 있다. 그 속성들은 독립적으로 존재하지 않으며, 바로 실험 장치의 구성에 의존하고 있다는 것이다.

보어와 아인슈타인은 수십 년간 기본 원리들에 대하여 의견의 일치를 보지 못했지만, 그들은 항상 서로에게 깊은 존경과 애정을 가졌다. 예를 들면, 그들이 1920년 4월에 처음 만나고 나서 아인슈타인은 보어에게 "내 인생에서 당신처럼 나에게 기쁨을 주는 사람은 많지 않았습니다. 나는 지금 당신의 훌륭한 논문들을 공부하고 있습니다. 그리고 그렇게 하는 동안, 특히 어딘가에 막힐 때, 내 앞에서 웃으며 설명하는 당신의 활기찬 얼굴을 떠올리며 즐거움을 느낍니다. 나는 당신에게, 특히 과학적 문제에 대한 당신의 마음가짐에 대해서도

61　Niels Bohr, "Discussion with Einstein on Epistemological Problems in Atomic Physics", in P. A. Schilpp, *Albert Einstein: Philosopher-Scientist*, Library of Living Philosophers (Evanston, IL: Open Court Publishing, 1949), 218.

많은 것을 배웠습니다"라고 편지를 썼다. 그러자 보어는 "저에게 당신과 만나 이야기하는 것은 항상 최고의 경험 가운데 하나였습니다. 제가 베를린을 방문했을 때 당신이 나를 만나 베풀어 준 모든 호의에 저는 표현할 수 없는 감사를 느꼈습니다. 제 마음속에 자리하고 있던 의문들에 대해 당신의 의견을 듣는 기회를 오랫동안 갈망해 온 저에게 그것이 얼마나 큰 흥분이었는지 당신은 알 수 없을 것입니다. 저는 결코 우리의 대화를 잊지 못할 것입니다"[62]라고 답장했다.

과학자들은 35년 동안 지식의 적대자로 지내오면서 우정을 유지하는 것이 얼마나 어려운 일인지를 알기에 아인슈타인이 죽고 난 6년 뒤인 1961년 보어의 인터뷰 기사를 읽었을 때 매우 감동했다. 죽음을 불과 1년 앞뒀을 때 "아인슈타인은 믿을 수 없을 정도로 상냥했다. 나는 아인슈타인이 죽은 후 몇 년이 지난 지금도 멋있고, 인간적이면서 친절한 그를 떠올린다. 여전히 내 마음속에서 독특한 아인슈타인의 그 미소를 볼 수 있다"[63]고 보어는 말했다.

보어만큼 양자역학의 발전을 좌우한 사람은 이전에도 이후에도 없다. 물리학계가 보여 준 그에 대한 높은 존경에도 불구하고, 많은 사람들은 그의 EPR에 대한 응답과 양자역학에 대한 전체적인 해석에 만족하지 못했다. 아인슈타인과 몇몇 다른 이들은 분명히 그의 입장을 찬성하지 않았고, 그래서 그 논쟁은 이후 수십 년간 비등했다. 양자물리학이 불완전하다는 EPR의 주장은 소위 "숨은 변수 이론

---

62   Abraham Pais, *Einstein Lived Here* (New York: Oxford University Press, 1994), 40.

63   Ibid., 41-42.

들"**64**을 연구하도록 많은 사람들을 부추겼다. 양자역학에 대한 이 대안들은 실험 장치와 독립적인 양자역학적 대상들의 속성을 완벽하게 기술하는 이론을 수립하려고 했다. 바꾸어 말하면, 그들은 양자적 대상들이 숨은 변수에 의해 완전히 설명되는, 고유하고 본래적인 본성을 가진다는 이론을 수립하려고 한 것이다.

양자역학은 비상한 적용의 범위와 예측의 정밀도에서 전례가 없다. 그것은 실험적인 테스트에 결코 실패하지 않았고, 엄청나게 다양하고 훌륭한 실험들은 정교한 정밀도를 가지고 그 예측들을 확인한다. 범위, 정밀도, 수학적 정확성(물리학자들에게 중요한 기준)에서, 그것은 의심의 여지 없이 물리학 역사에서 최고의 이론이다. 이러한 놀라운 성공에도 불구하고, 그 이론의 해석은 여전히 결말이 나지 않고 있고, EPR은 반세기 동안이나 보어의 견해에 반대하는 사람들이 주목하는 대상이 되고 있다. 많은 점에서 양자역학에 여전히 논란이 있지만, EPR이 제기한 이슈들은 50년 후인 지금은 '벨 부등식의 실험상의 위반'으로 알려진 정교한 이론과 정확한 측정의 결합을 통해 해결되었다. EPR은 비록 유력한 논문이지만, 오늘날 물리학계는 그것이 틀렸음을 의심하지 않는다. 어찌하여 그러한지를 이해하는 것은 양자역학과 공(空)에 대한 우리의 올바른 인식을 심화시킬 것이다.

---

64   David Bohm, "A Suggested Interpretation of the Quantum Theory in Terms of 'Hidden' Variables, Ⅰ and Ⅱ", *Physical Review* 85, no. 166- 193 (1952).

비국소성과 벨 부등식의 실험상의 위반

EPR 논문은 양자역학의 개념적 토대를 검토하도록 자극했다. 1964년 존 벨(John Bell)[65]은 '숨겨진 변수 이론'과 양자역학 사이의 갈등을 분명히 보여 주기 위해서 이전에 데이비드 봄(David Bohm)[66]이 했던 작업에 의지하여 EPR이 제기한 이슈를 다시 공식화했다. 결국 (우리가 곧 보게 될, 의존적 존재라는 믿음에 근거한) 그의 부등식은 많은 연구실에서 실험되었으며, 분명히 위반되는 것으로 나타났다. 그 결과 '숨겨진 변수 가설'의 가능성을 제거하였다. 오늘날은 현대 기술의 발전 덕분에 학부 3-4학년생이 실험실에서 이들 예측을 확인할 수 있다. 내가 콜게이트대학에서 가르치는 양자역학 과정에서 학생들은 그렇게 하고 있다. 그래서 우리는 자연이 본래 비국소적이라는 것을 안다. 비국소성이란 일정한 시간과 공간 영역 안에 어떤 시스템을 국한시키는 일은 불가능하다는 뜻이다. 긍정적으로 기술하면, 잘 고안된 물리적 시스템은 그것들의 구성 요소들 사이에서 동시적인 상호 연결과 상호 관계를 보여 준다. 떨어져 있어도 어김없이 동시적으로 동작한다.

예를 들어, 멀리 떨어진 두 개의 지역 A와 B를 생각해 보자. 비국소적 현상에서는 A 지역에서 발생한 것이 B 지역에서 발생한 것에 동시적으로 영향을 주고, 그 반대도 역시 영향을 준다. 놀랍게도

---

65   Bell, "On the Einstein Podolsky Rosen Paradox".

66   David Bohm, *Quantum Theory* (Englewood Cliffs, NJ: Prentice-Hall, 1951), chap. 22.

이 동시적 상호 작용이나 의존은 A 지역과 B 지역 사이의 어떤 정보나 에너지 교환 없이 일어난다. 그러나 영향은 강력해서 A와 B 지역 사이의 거리로 인해 약해지지 않는다. 이 장에서 논의되는 실험들은 에너지의 교환이 없는 상호 연결을 보여 준다. 이 비국소성은 고전적 관념으로 설명할 수 있는 것이 아니다. 이것은 신비한 영역이다. 닐스 보어의 말을 바꾸어 말한다면, 만일 당신이 그것을 공부하고도 신비함을 발견하지 못한다면, 당신은 그것을 이해한 것이 아니다.

구성 요소들 사이의 상호연결성과 비분리성, 비국소성, 또는 엉킴(모두 거의 동의어)은 너무 완전해서 구성 요소들을 분리 가능하다고 보는 관점은 시스템의 분리 불가능한 본성보다 그다지 근본적이지 않고, 중요하지 않다. 이것이 위에서 "만일 양자 입자가 말을 할 수 있다면, 그것들은 '나는 다른 입자들과 나와의 관계 때문에 윤곽이 분명한 방식으로 존재한다. 나는 결코 독립적인 존재가 아니다'라고 말할 것이다"라고 한 말의 의미이다. 이것들은 물리학과 철학에서 참으로 혁명적인 아이디어들이다. 우리는 이러한 아이디어들을 전적으로 이해할 수도 없고 융합할 수도 없지만, 분명한 것은 상호 연관된 양자 시스템은 명백하게 비국소적이라는 사실이다.

비국소성 원리를 엄밀하게 확립하기 위해서는 지역 A와 B 사이에 정보나 힘의 교환이 절대로 불가능하며, 어떤 인과적 상호 작용도 없어야 한다. 물리학자들은 빠른 전자들을 가지고 중요한 벨의 부등식 실험에서 양자 시스템들의 부분들을 고립시키기 위하여, 부도덕한 쌍둥이들 사이에 속임수가 없음을 보증했던 것처럼, 국소성 원리를 사용한다. 실험실에 관한 이야기보다는 티베트의 사원으로 그 실험을 옮겨 보자. 그 거시적 영역에는 세 가지 이점이 있는데, 그것은 사물들을 더 쉽게 이해할 수 있고, 우리가 품고 있는 어떤 철학적 전제들(고유한 실재의 투사) 속으로 파고들 수 있으며, 이어지는 비국소성과 티베트불교의 공(空)의 비교에 길을 마련해 주는 것이다. 이어서 나는 이전의 분석을 나의 현재의 목적에 더 어울리도록 순화하고 확장했다.[67]

총카빠(Tsongkhapa)의 종(鐘) 실험

총카빠는 저명한 14세기 중관사상의 대가이며, 티베트불교 겔룩빠(Gelukba)파의 창시자이다. 그는 분명히 티베트불교 히말라야 라마들 가운데서 초몰랑마(Chomolangma; 에베레스트산)와 같은 존재이다. 우리가 들은 이야기에 의하면, 어느 날 종을 파는 행상(行商)이 총카빠의 사원에 찾아와서 그의 모든 사원들을 장엄하기에 충분한 수량의 의식용 종들을 헐값에 내놓았다. 그러나 싼값에 사기 위해서는 도매로 많은 종들을 사야만 했다. 사진 4.1은 그 종들의 본보기를 보여 준다. 각각의 종은 연결 끈에 매달린 한 쌍의 공명기(共鳴器)로 이루어져 있다. 그 공명기를 함께 부딪치면 아름답고 긴 여운의 종소리가 나며, 우리는 그 소리를 따라 명상과 기도에 몰입할 수 있다.

그 종들을 쳐 보니 황홀한 소리가 났지만, 가격이 너무 쌌기 때문에 총카빠는 당연히 의심이 들었다. 대부분의 종 모양은 최고의 티

---

67 Victor Mansfield, *Synchronicity, Science, and Soul-Making* (Chicago: Open Court Publications, 1995).

사진 4.1. 티베트 종

베트불교 예술인데, 이 종들은 전통적인 불교 도형을 새겼음에도 불구하고, 중요한 부분은 토속신앙인 뵌(Bön)교 변형에 가까웠다. 총카빠는 어떤 종들은 청동보다 값싼 합금으로 만들어진 것도 눈치챘다. 시험 삼아 종을 쳐보자 어떤 종들은 조악하게 만들어졌기 때문에 깨져버렸다. 총카빠는 질 나쁜 종들을 가려내기 위해 그 종들의 예술적 가치, 청동 함유량, 종의 강도 등을 알고 싶었다. 그는 그 종들의 예술적 가치를 알기 위해서는 눈으로 볼 수 있어야 했고, 청동 함유량을 분석하기 위해서는 용해(溶解)해야 했고, 강도를 측정하기 위해서는 총체적인 변형에 필요한 힘을 알아야 했다. 그러나 그는 하나의 공명기로 오직 하나만을 실험할 수 있는 만큼, 이 실험들은 상호 배타적이었다. 재료 실험(용해)을 하면 강도 실험(총체적인 변형)을 할 수 없고, 용해와 변형을 가하면 형태가 변하기 때문에 예술적 평가를 할 수 없기 때문이다.

나라면 의도적으로 먼저 예술적 가치를 확정하는 가능성들을 배제하고, 그다음에는 용해하거나 변형하는 것과 같은 가능성들을 배제할 것이다. 이렇게 강압적으로 할 때, 그 실험들은 양자역학적 의미에서 상보적(相補的)이다. 이 실험들은 상호 배타적인 과정을 요구하기 때문에 우리는 동일한 공명기를 가지고 그 실험들을 동시에 수행할 수 없다. 그것들은 위에서 언급한 빛의 파동·입자 속성과 같이 상보적이다. 이 상보성(相補性)은 거시적인 세계 속에서 우리가 일상적으로 경험하는 범위를 벗어난 매우 중요한 일탈이다. 그리고 만약에 거시적인 예가 유효하다면, 그것은 매우 중요한 가설이다. 이러한 상보성은 양자역학에 비일비재하다. 그러나 우리는 일상에서 그것을 마주칠 일은 거의 없다.

청동 함유량을 알았을 때, 그 공명기의 강도는 어느 정도일까? 실험실의 실험과 양자 이론은 여기에서 한결같이 우리에게 청동 함유량을 알았을 때 그 강도는 명확하지 않다고 말한다. 그것은 사실 우리가 강도를 확정하기 위해서는(총체적 변형) 청동 함유량(용해)에 대하여 상호 배타적인 실험 절차가 필요하기 때문만은 아니다. 그것은 바로 인식론적인 한계, 즉 앎의 한계일 것이다. 그 주제는 그것의 실재에 관한 것으로, 존재론적인 것이다. 측량할 수 있는 것이든 측량할 수 없는 것이든, 그 시스템은 명확한 상보적 특성들을 동시에 함께 지니지 않는다. 양자역학 초창기에는 측정 과정이 제아무리 정교하고 정밀하다 할지라도 불가피하게 그 시스템의 상태를 교란했다고 믿었다는 사실을 아는 것이 중요하다. 이것이 사실이기는 하지만, 이 견해는 그 시스템이 측정과 무관한 어떤 명확한 본성을 가지고 있는데, 측정이 그것을 교란한다고 하는 전적으로 잘못된 생각을 암시한다. 사실 우리는 이제 그 시스템은 본질적으로 측정 이전에는 결정되지 않는다는 것을 이해하고 있다. 그것은 측정된 값으로 '교란되는' 명확한 본성을 가지고 있지 않다.

'벨 부등식의 실험상의 위반'이 보여 주겠지만, 청동 함유량을 측정한다고 하면 특정된 측정 상황 속에서 우리는 오직 상보적 속성들 가운데 하나(청동 함유량)만이 명확한 값을 가지는 것으로 간주할 수 있다. 다른 속성들(예술적 가치와 강도)은 특정되지 않으며, 특정될 수 없다. 물론 EPR은 이 상보성의 압박을 피해 보려고 했지만 성공하지 못했다.

그러므로 예술적 형태, 청동 함유량, 구성 강도와 같은 상보적 본성을 마음속에 간직하고 총카빠의 종으로 돌아가도록 하자. 비록 예비 실험은 그 공명기들이 항상 짝을 이루는 것(한 쌍의 공명기는 항상 같은 실험에서 둘이 함께 통과하거나 탈락함)처럼 보이지만, 그 실험들의 상호 배타적 본성은 그 종들을 보다 면밀히 분석하려는 총카빠의 의지를 좌절시켰다. 예를 들면, 상보성은 그가 주어진 공명기의 청동 함유량과 강도를 동시에 아는 방법을 가로막았다. 위에서 강조했듯이, 사실상 하나를 아는 것은 다른 것이 명확한 값을 갖는 것을 방해한다. 그럼에도 불구하고, 비록 상호 배타적인 실험 조건들이 우리가 이들 속성들을 동시에 아는 것을 가로막는다고 할지라도, 그 속성들은 동시에 명백해진다는 자연스럽지만 옳지 않은 가설을 계속해 보기로 하자. (물론 이것은 허용되지 않는 실재론자의 유혹이다.) 표준이 되는 양자역학에 저항하는 몇몇 신비한 가변적인 이론들도 이런 가설을 세운다. 그러나 여기에서 논의한 것과 같은 최근의 실험들은 그들이 틀렸다는 것을 입증했다.

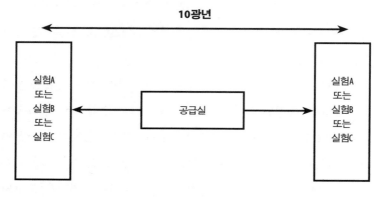

그림 4.4. 총카빠의 종 실험

　여기에서 우리가 하고 있는 것은 중관사상의 철학적 논증 속에 있는 표준적인 접근법이다. 그 논증은 우선 그들의 주장이 진리라고 간주한 다음, 그들이 사실과 모순에 봉착하는 것을 보여줌으로써 (실재론자의 유혹의 한 표현인) 신비한 가변적인 이론들을 논파한다.

　상보성을 극복해 보기 위해서 그 종 장사꾼은 다음과 같은 멋진 실험을 제안한다. 사원 중앙에 있는 공급실(供給室)에서 짝을 이루는 한 쌍의 공명기 가운데 하나는 그 사원의 왼쪽 맨 끝에 있는 실험용 방에 가져다 놓고, 다른 하나는 오른쪽 끝에 있는 실험용 방에 가져다 놓는다. (그림 4.4를 보라. 광년 규모로 보아 엄청난 크기의 사원이 아닌가!) 왼쪽 방안에서 종 공명기 하나로 A(예술적 형태)나 B(청동 함유량)나 C(구성 강도) 실험을 한다. 어떤 실험을 할 것이지는 무작위로 결정된다. 그리고 그 실험들을 모두 통과하지 않으면 탈락이다. 예술

　　　　　　　　　　　　　　　　　　　　　　　불교와 양자역학

적인 실험을 통과한다는 것은 그 공명기의 형태가 티베트불교 양식이라는 것을 의미하고, 청동 함유량을 통과한다는 것은 순수한 청동이라는 것을 의미하며, 구성 강도 실험을 통과한다는 것은 강하다는 것을 의미한다. 독립적으로, 그리고 무작위로 오른쪽 방에서는 왼쪽 방에서 실험하는 것과는 다른 짝의 종 공명기를 가지고 그 세 가지 상호 배타적 통과 혹은 탈락 실험 가운데 하나(A나 B 또는 C)의 실험을 한다.

종 장사꾼을 포함하여 그 사원 안의 많은 사람들은 마력 또는 신통력을 가지고 있다. 따라서 실험 도중에 극도로 세심한 관리를 해야 한다. 속이거나 공모할 수 없도록 멀리 떨어진 방 속에서 A, B, C 실험 가운데 전적으로 무작위적이고 독립적으로 선택한 실험을 하면, 어떤 속임수에 사용될 수 있는 실험의 선택과 측정 결과에 관한 정보가 방 사이에 전해질 수 없다. 모든 종류의 물리학자들은 양측이 완전히 상호 작용에서 벗어나 있음을 보장하기 위하여 빛의 속도보다 빨리 운동할 수 있는 에너지나 정보는 없다고 하는 신성화된 국소성 원리(locality principle)를 사용한다. 예를 들어 그 방들이 10광년 떨어져 있고, 그 실험들은 단지 1초밖에 걸리지 않으며, 그 실험을 실행하기 바로 1초 전에 독립적이고 무작위적인 실험의 선택을 각 방에서 동시에 한다고 가정해 보자. 그렇다면, 왼쪽 방에 있는 장사의 조수가 그곳에서 본 실험의 선택이나 측정의 결과를 오른쪽 방에 있는 누군가에게 신호로 연락을 했다고 할지라도, 10광년은 너무 멀기 때문에 이 정보가 이동하여 속임수에 사용될 수 없다. 이처럼 국소성 원리는 양측 사이의 정보교환이나 영향을 가로막는다. 그 두 실험용 방은 완전히 고립된다. (여기에서 나는 그 국소성이 신통력을 억제한다고 가정하고 있다. 아마 그렇지는 않을 것이다.)

그 실험들의 상보적 본성 때문에 주어진 한 쌍의 공명기로 할 수 있는 다른 실험은 오직 두 가지뿐이다. 예를 들면, 왼쪽에서 A 실험을 하면서 오른쪽에서 B 실험을 하거나, 왼쪽에서 C 실험을 하면서 오른쪽에서 B 실험을 하거나이다. 이제 계획된 실험을 위하여 무제약적으로 종들을 공급하면서 그 승려들이 이 상호 배타적인 통과, 또는 탈락 실험을 여러 차례 실시하면서 데이터를 모은다. 나는 다음과 같은 편리한 개념을 사용한다. A-B는 왼쪽에서 A(예술적 형태) 실험을 하고 오른쪽에서 B(청동 함유량) 실험을 하는 것을 의미하고, C-B는 왼쪽에서 C(구성 강도) 실험을 하고 오른쪽에서 B(청동 함유량) 실험을 하는 것을 의미한다. 수집된 데이터는 당연히 두 케이스로 나뉜다. 무작위로 실험을 선택하여 왼쪽과 오른쪽에서 그 실험을 했을 때, 같은 실험(A-A, B-B, C-C)을 한 케이스 1이거나, 다른 실험(A-B, A-C, B-A, B-C, C-A, C-B)을 한 케이스 2이다. 먼저 케이스 1의 데이터를 살펴보자.

케이스 1의 데이터

양쪽의 실험이 같은 것일 경우, 우리는 두 공명기가 항상 동일한 예술적 형태나 청동 함유량이나 구성 강도를 지닌다는 것을 발견한다. 그리고 그 둘은 한결같이 어떤 실험을 해도 함께 통과하거나 탈락할 것이다. 예를 들어, 하나는 청동인데 다른 하나는 합금이거나, 하나는 강하게 만들어졌는데 다른 하나는 약하게 만들어진 것은 결코 발견하지 못한다.

　만약에 그 공명기들이 진정으로 짝을 이루는 쌍들이라면, 우리는 케이스 1에서 드러난 양쪽에서의 실험 결과들 사이에 완전한 상호관계가 있음을 충분히 예상한다. 그렇지만 몇몇 이론적 가정들이 없다면, 케이스 1의 데이터는 각각의 방향에서 서로 다른 실험을 한 케이스 2에서 우리가 예상할 수 있는 것에 대해서는 아무것도 알려 주지 않는다.

실험에 대한 아인슈타인의 해석

여기에서 나는 아인슈타인이 그토록 역설(力說)하면서 방어했던 가정들에 기초하여 그 데이터의 해석을 전개하려고 한다. 물론, 그가 이 해석을 실제로 하지는 않았다. 왜냐하면, 여기에서 기술된 그 작업은 그의 사후 여러 해 뒤에 행해졌기 때문이다. 그럼에도 불구하고 확실하게 말할 수 있는 것은 양자역학의 개념적 토대들에 대한 아인슈타인의 필생의 비판은 많은 사람들이 벨의 부등식을 분석한 동기가 되었다는 것이다. 사실 실험하기 위하여 상호 연관된 시스템들을 분리하는 아이디어는 EPR에서 나왔다. 아인슈타인이 참여함으로써 양자역학의 토대들에 관한 이 모든 논의들은 고양(高揚)되었다.

　아인슈타인이 초기에 쓴 양자역학의 비평은 철학적 이슈에 대한 그의 명확한 설명을 담고 있지 않다. 그의 철학적 입장에 대한 최고의 진술은 1948년에 발표한 논문 「디알렉티카(Dialectica)」에 나온다. 아

래의 인용문은 놀라우리만큼 문제의 핵심에 다가가 있다. 이것은 도
널드 하워드(Donald Howard)의 해석과 논평이다. 여기서 아인슈타인
은 나중에 '아인슈타인 분리 가능성(separability)'으로 알려진 사상을
전개한다.

> 만약 누군가 양자 이론과 무관하게 물리학적 관념들의 영
> 역의 특징이 무엇이냐고 묻는다면, 무엇보다 우리의 관심
> 을 끄는 것은 다음과 같은 답이다. 물리학의 개념들은 실
> 제의 외부세계를 언급한다. 즉 관념들은 지각하는 주관
> (신체, 시야 등)으로부터 독립된 '실제의 존재'라고 주장하
> 는 사물들을 가정한다. … 이 사물들의 특징은 그것들이
> 공간·시간 연속체에 배열되어 있는 것으로 여겨진다는
> 점이다. 더구나 그것은 물리학에 소개된 이 사물들의 배
> 열에 없어서는 안 되는 것처럼 보인다. 이 사물들은 특정
> 한 때에 '공간의 다른 부분에 놓여 있는' 한 다른 것에 독
> 립적인 존재라고 주장한다. 공간적으로 멀리 있는 사물들
> 은 상호 독립적 존재라는 가정, 즉 일상의 생각에서 유래
> 하는 가정이 없이는 우리에게 익숙한 의미에서 물리학적
> 사고는 불가능하다. 또한, 어떻게 물리법칙이 그러한 명
> 확한 분리 없이 공식화되고 실험될 수 있는지는 아무도
> 알 수 없다. 장이론(예를 들면, 전자기장이나 중력장 이론)은 그
> 것이 다른 것으로부터 독립적으로 존재하는 근본적인 사
> 물을 무한히 작은 (4차원의) 공간·요소 안에 배치한다는
> 점에서 이 원리를 철저하게 따랐다.

불교와 양자역학

공간적으로 떨어져 있는 사물들(A와 B)은 서로 독립적이기 때문에 이 관념이 특징이다. A에 미치는 외적인 영향은 B에 직접적인 효력이 없다. 이것은 '국소작용의 원리'로 알려져 있는데, 오직 장이론 안에서만 변함없이 적용된다.**68**

'국소작용의 원리'는 빛의 속도가 어떤 정보나 물리적 영향의 최대 전달 속도라는 생각을 구체화했다. 빛의 속도는 한계가 있기 때문에 직접적인 영향은 있을 수 없다. 종 실험들(총카빠와 존 벨의 실험 둘 다)은 국소성 원리를 이용해서 양쪽을 격리해 왼쪽과 오른쪽 실험의 선택이나 결과들 사이의 어떤 공모나 속임수를 방지한다.

우리 논의에서 국소성보다 중요한 것은 "일상의 생각에서 유래하는 가정, 즉 공간적으로 떨어진 사물들은 상호 독립적 존재(이렇게 있는 것; being-thus)"라는 가정이다. 오늘날 우리는 이것을 '아인슈타인 분리 가능성'이라고 부른다. 공간 속에 분리되어 있는, 그래서 상호 작용이 없는 객관들은 독립적으로 존재하는 것으로, 그리고 본래 명확한 특성을 가진 것으로 간주된다. 이러한 근본적으로 독립적인 존재의 기반 위에서 관계들이 수립된다. 그러나 그 관계들은 관계를 맺고 있는 실재물의 '상호 독립적 존재'보다 실재적이거나 본질적이지 못한 것으로 여겨진다. 아인슈타인은 일상생활에 기인하는 이러

---

68   Albert Einstein, "Einstein on Locality and Separability", (1949) trans. Donald Howard, *Studies in History and Philosophy of Science* 16, no. 3 (1985): 187–88.

한 가정 없이 물리학을 하는 것은 가능하지 않다고 굳게 믿었다.

분명하게 해 보자. 아인슈타인은 분명히 "일상의 생각에서 유래하는" 원리를 정식화하고 있다. 우리는 일반적으로 객체들은 상호 작용을 하지 않고, 그것들은 상호 독립적으로 존재한다고 믿는다. 이것은 아인슈타인에게 (그리고 우리 대부분에게) "이렇게 있는 것"이 없다면 "우리에게 친숙한 의미에서 물리학적인 사고는 불가능할 것이다"라고 할 만큼 분명한 진리이다. 상호 독립적 존재를 가정하는 것에 덧붙여 아인슈타인은 "사물들은 지각하는 주관에 독립적인 '실제 존재'를 갖는다"라고 주장했다. 이처럼 아인슈타인에게 객관들은 두 개의 본질적인 속성을 갖는다. 첫째, 그들은 상호 독립적인 존재이고, 둘째, 그것들은 우리의 앎으로부터 독립적이다. 물론 이 두 가지 가정은 분명히 독립적이거나 본래적인 존재, 또는 (공이 엄중하게 부정하는) 그 자체로부터의 존재에 대한 믿음이다. 전통적인 중관사상의 관점에서 보면, 아인슈타인은 존재하지 않는 본래적이고 독립적인 객체를 용의주도하게 정의함으로써 우리에게 엄청난 호의를 베풀고 있다. 중관사상은 항상 그러한 용의주도한 정의를 하지 않고, 우리는 쉽게 공의 원리를 오해할 수 있으며, 사악한 단견(斷見; nihilism)이나 상견(常見; eternalism)에 빠질 수 있다는 것을 강조한다.

지금까지 일상적인 의미와 전문적인 의미의 많은 개념들을 소개했기 때문에, 그 개념들이 어떻게 사용되는지를 간단하게 요약할 필요가 있다. 아래의 표 4.1이 그것이다.

이러한 벨 분석은 속성들의 값이나 가치를 규정하기보다는 오직 확률을 가정하는 이론들의 혼란을 처리하기 위해 일반화되었다. 나

개 념	정 의
국소성 또는 국소작용의 원리	모든 물리적 영향들은 빛의 속도나 그보다 낮은 속도로 이동한다. [양쪽 실험의 격리를 보증한다.]
아인슈타인 분리 가능성	"공간적으로 떨어져 있는 사물들은 상호 독립적 존재(being-thus)다." [불교도들에게는 본래적인 존재]
비국소성, 비분리성, 얽힘, 상호 의존, 상호 연결 (여기에서는 모두 같은 뜻으로 쓰인다.)	아인슈타인 분리 가능성이나 상호 독립적 존재의 위배. 국소성에 따르면, A 지역에서의 사건은 B 지역에서의 사건과 공간적으로 분리된다. 그러나 강력하게 동시에 일어나는 상호 관계는 A에서의 사건을 B에서의 사건과 연결시킨다. 하지만 그 지역들을 연결하는 정보나 힘은 없다.

표 4.1. 개념들의 정의

는 그것을 다른 경우에 다룬다.[69] 현재의 목적을 위해서는 그러한 이론들을 고려할 필요가 없다.

아래 음영이 깔린 배경 글 속에서 나는 단지 계산을 이용해 '벨의 부등식'의 특별한 해석을 끌어냈다. 그것은 약간의 정밀한 추론이 요구되기는 하지만, 여러분이 철저하게 해 볼 가치는 있다. 그러나 만약 당신이 그러한 논증을 즐기지 않는다면, 이 부분을 뛰어넘어도 결론에는 별 지장이 없다.

---

[69] V. Mansfield, "Madhyamika Buddhism and Modern Physics: Beginning a Dialogue", *International Philosophical Quarterly* 29 (1989): 371-92.

이전의 표기법과 아인슈타인의 가설들을 이용해 우리는 그 실험의 해석을 발전시킬 수 있다. 케이스 1에서 왼쪽과 오른쪽 실험은 두 공명기가 같이 통과하거나 탈락하는 것으로서 일치한다. 그리고 그것들은 3가지 실험 모두에서 똑같이 기록된다. 이 완전한 상호 관계로부터 우리는 적어도 양쪽의 실험들이 같을 때는 공명기들이 같은 특성을 갖는다고 확신하고 추론할 수 있다. 그 종들은 쌍으로 짝지어진 공명기들이기 때문에 이 상호 관계는 놀랄 것이 못 된다. 총카빠 시대에는 품질관리가 잘 안 되었다. 그럼에도 불구하고 그 공명기들은 쌍을 이루었다. 적어도 그 실험들이 케이스 1의 데이터와 같았을 때 우리는 이보다 더 많은 것을 추론할 수 있다. 왜냐하면, 그 공명기들은 그들이 똑같은 실험을 받고 있는지 아닌지를 결코 '알지' 못하며, 알았을 때는 너무 늦어서 쓸모없어지기 때문이다. (우리는 국소성을 한 쪽에서 행해진 어떤 독립적인, 그리고 무작위적인 실험 선택을 다른 쪽에서 행해진 실험으로부터 완전하게 분리했음을 확증하기 위해 이용했다.) 다음으로 "공간적으로 떨어진 사물들은 상호 독립적 존재"라는 비판적인 '아인슈타인 분리 가능성' 가설을 사용하라. 분리 가능성은 단순하고 타당하지만, 그것은 핵심 가설이다. 분리 가능성이나 상호 독립적 존재는 공명기들의 분리와 A-A, B-B, C-C의 실험 조합을 위한 완전한 상호 관계에 의해서 우리가 단지 공명기 하나로 한 번의 실험만을 할 수밖에 없음에도 불구하고, 그 공명기들이 예술적 형태, 청동 함유량, 구성 강도에 있어서 언제나 동일한 속성을 가질 수밖에 없다는 것을 의미한다. 우리는 만약에 짝이 항상 동일한 속성을 갖지 않는다면 한 공명기는 예술성 실험에 통과하는데 다른 하나는 탈락하는 결코 일어날 수 없는 일이 종종 발생할 것이라는 점에 주의하면서 케이스 1의 데이터와 가설들로부터 이것을 추론한다.

이제 그 공명기들은 항상 동일한 속성을 가지고 있으므로, 만약 우리가 왼쪽과 오른쪽 방에서 서로 다른 측정을 한다면, 그 공명기들은 두 개의 서로 다른 속성을 동시에 측정하는 효과가 있다고 할 수 있다. 양자역학이 주장하는 어떤 기준은 불가능하다. (아마 종 장사꾼은 실제로 상보성을 극복하고 보다 정밀한 분석을 원하는 총카빠의 요구를 만족시키는 현명한 계획을 가지고 있을 것이다.)

나는 그 공명기들의 적절한 속성 세트에 다음의 간략한 표기법을 이용한다. : a+ b+ c+는 하나의 공명기가 3개의 실험 모두를 통과하는 것을 의미한다(예술성, 순도, 강도). a+ b- c+는 공명기가 예술성 실험은 통과하고, 순도 실험은 탈락하고, 강도 실험은 통과하는 것을 의미한다. (대문자 A-B나 C-C는 왼쪽과 오른쪽 방들의 실험 선택을 표시한 것이다. 반면 소문자는 주어진 공명기의 속성을 표시한 것이다.) 그러면 8가지 가능한 속성 세트가 있게 된다. a+ b+ c+, a+ b+ c-, a+ b- c+, a- b+ c+, a- b- c-, a- b- c+, a- b+ c-, a+ b- c-. 국소성과 아인슈타인 분리 가능성(상호 독립적 존재)을 가정하면, 쌍을 이루는 각각의 공명기들은 두 짝이 항상 같은 속성 세트를 가진다는 것을 케이스 1의 데이터 분석을 통해 알 수 있다. 이렇게 가정하면, 그들은 완전하게 짝지어진 쌍들임에 틀림없다. 이제 케이스 2의 데이터를 살펴보자.

케이스 2의 데이터

여기에서는 각 방의 실험들이 다르다. 그러면 실험 결합은 A-B, A-C, B-C, B-A, C-A 그리고 C-B이다. 우리는 경험적으로 실험의 (양쪽이 통과하든 실패하든) 1/4은 같은 결과를 준다는 것을 발견한다.

우리의 과제는 이 자료를 가지고 케이스 2를 가정함으로써 어떤 결과들이 따르는지 추론하는 것이다. 나는 첫 번째로 실험에서 가능한 결과 도출을 분석하고 거기서 데이터를 평가하는 프레임 작업을 제공한다. 표 4.2의 상호 관련은 7개의 열을 보여준다. 왼쪽 첫 번째 열은 가능한 속성 세트를 기재한다. 반면 다음 6개 열은 케이스 2의 6개의 가능한 실험 조합의 상호 관련 결과들을 보여 준다. 표에 기입된 'S'나 'D'는 속성 세트로 실험 조합의 결과가 같으면 S(둘 다 통과 또는 탈락), 다르면 D이다.

예를 들면, 표 속에 기입된 밑줄 그어진 대문자는 그 공명기들의 속성 세트가 a+b+c-이고 실험 조합이 A-C일 때 그 실험들의 결과가 서로 다른 것을 가리킨다. (왼쪽 공명기는 통과하는데 오른쪽 것은 탈락한다.) 나는 여러분이 다소의 기입들이 과연 정확한지

속성들	A-B	A-C	B-C	B-A	C-A	C-B
a + b + c +	S	S	S	S	S	S
a + b + c −	S	**D**	D	S	D	D
a + b − c +	D	S	D	D	S	D
a − b + c +	D	D	S	D	D	S
a − b − c −	S	S	S	S	S	S
a − b − c +	S	D	D	S	D	D
a − b + c −	D	S	D	D	S	D
a + b − c −	D	D	S	D	D	S

표 4.2. 상호 관계 (실험 조합)

확인하기를 권한다.

표 속에 많은 중복이 있다는 것을 알아차린다면, 우리는 이제 더욱 쉽게 계산할 수 있다. 중복은 단지 실험 결과가 양쪽에서 각각 같은지 다른지에 관심을 가지고 있기 때문에 나온 것이다. 따라서 우리는 ++와 − −를 얻은 것 사이를 구별하지 않는다. 그들은 둘 다 S가 된다. +−와 −+도 구별하지 않는다. 그들은 둘 다 D가 된다. 이렇게 하면 전체 표의 1/4이 3개씩 복제된다. 예를 들면, 왼쪽 위 4분면은 오른쪽 아래 4분면과 동일하다.

표 4.2를 펼쳐놓고 우리는 간단한 계산을 할 수 있다. 나는 크게 흥미를 줄 수 있는 케이스들을 괄호에 넣기 위하여 두 케이스를 취한다. 그 실험 선택들은 독립적이고 무작위적이기 때

문에, 주어진 속성 세트에서 6가지 실험 조합은 균등하게 자주 일어날 수밖에 없다. 무엇보다도 이것은 실험 조합의 무작위적인 선택이 의도하는 것이다.

첫째, 종들이 동일한 집단, 즉 각각의 속성 세트가 균등하게 같다고 가정하자. 바꾸어 말하면, 그것은 바로 동일한 집단 속에서 하나의 종이 a+b−c− 와 a+b+c+ 또는 어떤 다른 속성 세트를 갖게 될 것이다. 이렇게 동일한 집단이기 때문에 그 표 속의 기입은 각각 동일한 통계적 가중치를 갖는다. 우리가 그 표에서 볼 수 있듯이, 그 표의 어떤 1/4 안에서도 D의 개수는 S의 개수와 같은 수로 나타난다. 이렇게 하여 만약 우리가 동일한 집단으로 많은 무리의 종을 실험한다면, 그 종들은 정확히 두 번에 한 번 같은 실험 결과를 낳을 것이다.

둘째, 그 분석을 완결하기 위해 어떤 공명기도 a+b+c+나 a−b−c− 속성 세트를 가지고 있지 않은, 즉 동일하지 않은 어느 한 집단을 가정해 보자. 그러나 그 밖의 다른 세트들은 동일하게 나타난다. 이것은 모든 실험 조합에서 항상 S를 주는 그러한 속성 세트들을 제거한다. 나머지 모든 속성 세트들의 경우, 그 표의 어떤 특정의 1/4 속에도 S 1개와 D 2개가 있다. 이처럼 이러한 속성 세트를 가진 공명기들(동일하지 않은 집단)은 항상 단지 세 번에 한 번꼴로 같은 결과를 기록할 것이다. 만약 여러분이 그것에 대하여 잠시만 생각한다면, 이 동일하지 않은 집단은 가장 적은 수의 '같음', 즉 'S'를 준다는 것을 알게 될 것이다.

어떤 다른 집단은 반드시 이들 양극단 사이에 놓일 것이기 때문에, 그 실험들이 다를 경우, 속성 세트의 어떤 조합도 최소한 세 번에 한 번은 같은 결과를 낳는다. 바꾸어 말하면, 서로 다른 실험을 했을 때 상호 관련이 1/3보다 적게 될 수는 없다.

국소성, 상호 독립적 존재, 그리고 케이스 1의 데이터만을 가정해 보자. 종들의 어떤 가능한 집단도 실험들이 양쪽에서 각각 다르게 주어지면(케이스 2) 최소한 세 번에 한 번은 같은 결과를 산출할 수밖에 없다. 이것이 벨 부등식 특유의 설명이다.

이러한 이론적 분석 결과를 가지고 그 사원으로 돌아가 보자. 그곳에서 케이스 2의 측정들(실험 조합이 다를 때)은 공명기들이 정확히 네 번에 한 번 같은 결과를 기록하는 것을 보여 준다. 총카빠와 그를 보조하는 사람들은 신중하게 수많은 공명기들을 실험함으로써 훌륭한 통계를 얻었다. 분명히 그들이 측정한 실험 결과는 양쪽의 실험이 각각 다를 때 결과가 같은 경우는 정확히 네 번에 한 번이었다. 잠깐! 이것은 불가능하다! 우리가 실행했던 숫자 세기에 따르면, 종들의 어떤 가능한 집단도 실험 조합이 다를 때는 최소한 1/3의 상호 관계를 나타내야만 한다. 이러한 '벨 부등식의 실험상의 위반'은 국소성과 상호 독립적 존재(아인슈타인 분리 가능성)라는 중요한 가설 가운데 분명히 어느 하나가 틀렸거나 둘 다 틀렸다는 것을 의미한다. 이것은 또한 그 종 장사꾼도 상보성을 극복하지 못했다는 것을 의미하는데, 그 까닭은 무엇보다도 이러한 계획으로는 한 번에 두 속성을 확실하게 측정할 수 없었기 때문이다.

만약 우리가 공명기 쌍들을 상호 관련된 광자(光子) 쌍들로 바꾸고, 무작위로 선택된 편광을 대상으로 통과 혹은 탈락 실험을 하여, 광자들이 날아가는 경로와 수직인 양을 측정한다면, 우리는 벨의 부등식을 위반하고 표준적인 양자역학의 예상과 일치하는 실제 실험을 하는 것이 된다.[70] 그 상호 관계들은 거리에 의존하지 않는다. 그것들은 왼쪽 측정과 오른쪽 측정을 분리해도 강해지거나 약해지지 않는다.

물리학자들은 이 분석이 몇 가지 이유 때문에 어쩔 수 없다는 것을 깨달았다. 첫째, 국소성과 상호 독립적 존재 또는 '아인슈타인 분리 가능성'의 가설들은 지극히 지당한 가설들이다. 아인슈타인은 "이처럼 일상적인 사고에 근원을 둔 공간적으로 떨어져 있는 사물들은 상호 독립적 존재(이렇게 있는 것; being-thus)라는 가설이 없이는 우리에게 익숙한 의미에서의 물리학적 사고는 가능하지 않을 것이다"라고까지 말하고 있다. 둘째, 그 분석의 논리와 수학은 잘 이해되어 비판할 수가 없다. 셋째, 물리학자들은 같은 효과를 내는 다양한 형식의 기발하고 훌륭한, 그리고 힘든 실험들을 되풀이했다. 위에서 언급했듯이, 그 실험들은 콜게이트대학에서 대학생들에 의해 실행되기도 한다. 간단히 말해서, 추리를 최소화한 매우 기본적 원칙으로부터 벨의 부등식은 신중하게 얻어졌는데, 매우 확실한 실험들은 그 부등식이 어긋나는 것을 반복적으로 보여 주었다.

---

70   Aspect, Dalibard, and Roger, "Experimental Test of Bell's Inequalities".

'벨 부등식의 실험상의 위반'으로 이끄는 단계들이 매우 많으므로, 어떻게 우리가 여기에 이르렀는지 가장 짧막한 개요를 말해 주고자 한다. 그 이야기는 1935년 아인슈타인에 의해 EPR 논문에서 시작된다. 그 논문은 상보적 속성들이 "실재의 구성 요소들(elements of reality)"임에도 불구하고, 양자역학은 그 상보적 속성들의 전 항목을 고려하지 않았기 때문에 불완전하다고 주장한다. 보어는 "여러분은 모든 측정 상황으로부터 독립적인 사물들의 명확한 속성들을 단정할 수 없을 것이다"라는 말로써 신속하게 응대하였다. 아인슈타인과 다른 사람들은 납득하지 않았으며, 그 논쟁은 계속되었다. 1964년 존 벨이 상호 관계가 있는 입자 쌍들에 대한 통계학적 부등식을 전개하기 위해서 국소성 원리와 아인슈타인 분리 가능성(중관사상의 언어로는 본래적 존재)을 이용했을 때, 그것은 획기적인 사건이었다. (나는 앞에서 벨 부등식의 간단한 설명을 했다.) 그 후 20년 동안 벨 부등식에 대하여 점진적으로 보다 설득력 있는 실험적 논박들이 실행되었으며, 그러는 가운데 양자역학의 예언은 정확하게 일치되었다. 지난 10년간 비국소성은 정교한 암호 배열을 구성하는 데 차용되었다. 비국소성은 또한 양자 측정의 핵심에 있는 측정 능력에 있어서 최근의 가장 큰 도약이다.

무엇이 틀렸는가

만약 실험상의 잠정 협약과 이론적 분석이 모두 정상이라면, 어떤 가설들이 틀린 것일까? 모든 물리학에 국소성이 고루 퍼져 있기 때문에 일반적인 견해는 국소성을 신뢰한다. 그러나 특히 양자역학이 이 가설을 피하지만 적절한 상호 관계를 정확하게 예언하기 때문에 일반적인 견해는 아인슈타인 분리 가능성이나 '상호 독립적 존재'에 대한 필요성은 약화한다. 그래서 나의 영웅인 아인슈타인이 "그러나 내 생각에는 하나의 가설 위에서 우리는 절대적으로 확고하게 다음과 같이 생각할 것이다. 시스템 S2의 실제 상황은 이것과 공간적으로 분리된 시스템 S1에 의해 행해진 것으로부터 독립적이다"[71]라고 말했을 때, 그는 분명히 틀렸다. 우리는 상호 관계에 있는 광자(光子)나 종 공명기와 같은 물체들이, 몇 광년이나 멀리 떨어져서 실행된 실험들로부터 독립적인 명확한 본질들을 가지고 있다고 가정하지 않아도 된다. 국소성 원리 때문에 왼쪽과 오른쪽 사이에 빛보다 빠른 왕래가 있다고 믿는 것도 역시 옳지 않다.

한편, 만약에 우리가 국소성 가설을 완화하여, 멀리 떨어진 곳에서 작용하는 동시적인 활동을 인정하게 된다면, 그럼에도 불구하고 "시스템 S2의 실제 상황이 공간적으로 분리된 시스템 S1에 의해 행해진 것으로부터 독립적이다"라고 말할 수는 없을 것이다. 떨어진 곳에서 작용하는 동시적인 활동으로 인해서 그 '실제 상황'은 무의미하게 된다. 왜냐하면, 무한하게 멀리 떨어진 어떤 것이 동시에 그 '실제 상황'에 영향을 줄 수 있기 때문이다. 즉 우리는 독립적인 존재를 가지고 있다고 할 수가 없다. 표준 양자역학에는 떨어진 곳에서 작용하는 동시적인 활동은 없다. 왜냐하면, 빛을 초월하여, 즉 빛의 속도보다 빨리 통신하는, 독립적으로 존재하는 물체들은 없기 때문이다. 그

---

71   Einstein, "Einstein on Locality and Separability", 186.

럼에도 불구하고, 임의로 분리된 상호 관계에 있는 양자들의 시스템은 어떤 고전적인 시스템보다도 더 단일 시스템에 가깝게 작동한다.

고전적인 시스템의 한쪽 끝에서 다른 쪽 끝까지의 왕래는 광속 이하로만 가능하다. 이런 형식의 왕래는 우리의 실험에 알맞은 상호 관계를 제공할 수 없을 것이다. 우리는 실험에서 우리가 상상할 수 있는 것 이상으로 상호 의존적이고, 깊게 연관된 신비한 수준의 상호 연결을 보고 있다.

간단히 말해서, 비국소성은 물체들에 대한 우리의 생각을 전적으로 교정하여, 자연에 대하여 우리가 가지고 있는 왜곡된 투사를 제거하도록 우리에게 요구하고 있다. 우리는 더 이상 물체들을 명확한 시간·공간의 영역 속에 자리잡고 있는 독립적으로 존재하는 실체로 생각할 수 없다. 비국소성은, 어떤 한 곳에 있는 속성들은 임의로 멀리 떨어진 곳에서 발견된 속성들에 동시적으로 의존하고 있다는 것을 우리에게 가르쳐 준다. 점선으로 이루어진 물체들과 실선으로 된 관계들로 이루어진 그림 4.2의 설명 부분에서 언급했듯이, 만약 양자 입자들이 말을 할 수 있다면, "나는 다른 입자들과 나와의 관계 때문에 윤곽이 분명한 방식으로 존재한다. 나는 결코 독립적인 존재가 아니다"라고 말할 것이다. 중관사상의 공(空)이 양자 비국소성보다 더 포괄적인 원리이기는 하지만, 독립적이거나 본래적인 존재에 대한 중관사상의 부정은 양자 비국소성을 확립한 물리학의 논법과 매우 유사하다.

상호 관계에 있는 입자들은 우리의 일상적이고 거시적인 감각 작용으로부터 추정되고 정제된 고전물리학의 관념을 사용해서는 상상조차 할 수 없는 방식으로 서로 연결되어 있다. 여기에서 말한 상호 연결들은 빛의 속도에 의해 제한된 고전물리학의 그것들과는 같지 않다는 점을 강조할 필요가 있다. 이들은 동시적인 상호 연결들이다. 이러한 양자의 상호 관계들이 알려 주는 것은 자연이 우리가 어렴풋이 이해할 수밖에 없는 비인과적(非因果的)인 방식으로 통합되어 있다는 사실이다. 우리는 고립되어 독립적으로 존재하는 물체들의 세계를 상상하는 데 익숙하다. 그래서 그 실험들이 자연에 대하여 우리에게 이야기하는 것을 이해하기가 매우 어렵다. 그것들은 실로 과학과 철학의 토대에 이르는 커다란 패러다임의 전환을 요구하면서 우리와 직면하고 있다. 암호나 양자 계산과 같은 것들에 비국소성이 기술적으로 적용되고 있음에도 불구하고, 비국소성이 함축하는 자연관이 완전히 이해되고, 집단적인 정신에 스며들기까지는 시간이 걸릴 것이다.

비국소성이 평화에 이바지하는 의미들로 주제를 전환하기 전에 몇 가지 강조되어야 할 점이 있다. 첫째, 모든 양자 시스템이 이러한 심오한 상호연결성을 보여 주지 않는다는 점이다. 그럼에도 불구하고, 비국소성은 양자역학 속에 널리 퍼져 있다.

둘째, 양자역학은 우리에게 실체들을 관찰 조건들과 관계없이 고유한 속성을 지닌 것으로 보아서는 안 된다는 것을 가르쳐 준다. 그래서 보어는 "나는 현상(phenomenon)이라는 단어의 적용은 모든 실험 장치들을 포함하여, 조건으로서 지정된 상황들 아래에서 획득된 관찰들에 한정적으로 적용된다고 주장한다"[72]고 이야기했다. 중관사상의 언어로 이야기하면, 보어는 우리에게 양자 물체들은 '모든 실험

---

72   Bohr, "Discussion with Einstein", in Schilpp, *Albert Einstein*, 237-38.

장치'와 무관하게 분리하여 이해될 수 없다는 것을 이야기하고 있다. 바꾸어 말하면, 그것들은 독립적으로 존재하지 않으며, 실제로는 비록 우리가 결코 그 측정을 실행하지 않을지라도 우리의 측정 장치들의 세세한 부분들에 의존적으로 관련되어 있다.

셋째, 내가 여기에서 그것을 논의하지 않는다 할지라도 이러한 빛보다 빠른 상호 연결들은 광속보다 빨리 정보를 보내는 데 사용될 수 없다. 이것은 본질적으로 양자역학의 통계상의 본성 때문이다. 따라서 여러분은 이 아이디어를 미국 국방성에 팔아 부자가 될 수는 없다.

넷째, 비록 여러분이 그 논증 각각의 단계를 따른다 할지라도 거기에는 골치 아픈 성질이 있다. 본질에 있어서 그 논증은 '아인슈타인 분리 가능성'이나 상호 독립적인 존재가 주장하지 않는 것을 간단하게 보여 준다. 그렇지만 그것은 그 상호 연결의 성질이나 본성을 보다 완전하게 특징 지우지 않는다. 바꾸어 말하면, 이것은 전형적인 중관사상의 논쟁과 전적으로 유사한 부정 논증이다. 처음에 조심스럽게 여기에서 그 '부정의 대상'을 '아인슈타인 분리 가능성'이나 상호 간에 독립적인 존재, 또는 본래적 존재로 규정지었다. 그다음에 우리는 세심한 추론을 통해 벨 부등식이라고 하는 특별한 형태를 이끌어냈다. 마지막으로, 엄격하게 통제된 실험들의 도움을 청하자 그 부등식은 적용되지 않았다. 그래서 '아인슈타인 분리 가능성', 또는 중관사상에서 본래적이거나 독립적인 존재라고 부르는 것을 파기하였다. 그렇지만 중요한 것은 그 논증과 실험들이 "이렇게 있는 것(being-thus)"이거나 상호 간에 독립적인 존재라고 하는 물체에 대한 기존의 견해를 어떤 긍정적인 관점에서 대신하지 않는다는 것을 알아차리는 일이다. 전통적인 중관사상의 공(空)에 대한 논증의 경우와 마찬가지로 견고한 반증이 있을 뿐, 어떤 새로운 긍정적인 원리, 즉 비국소성을 초월하는 보다 심오한 진리로 치환하지 않는다. 대부분의 우리가 무의식적으로 찾고 있는 것은 그 상호 관계에 대한 어떤 기계론적인 설명이다. 그렇지만, 이것은 단지 본래적으로 존재하는 일종의 실체들에 의해 만들어진 일련의 바르지 못한 견해로의 복귀일 뿐이다.

독립적이거나 본래적인 존재와 같은 근본적으로 중요한 철학적인 원리가 존재하지 않는 것으로 신중하게 정의되고, 양적으로 분석되고, 실험적으로 증명되었다면, 그것은 물리학에서 선례가 없는 사건이다. 그것은 진실로 일종의 실험에 의거한 형이상학이다. 여기에서 우리가 분명하게 알 수 있는 것은, 마음이 독립적 존재를 입자들 속에 투사한다는 것, 그렇지만 '벨 부등식의 실험상의 위반'이 자연은 그 투사를 받아들이지 않았다는 것이다. 또한, 벨의 분석은 단지 국소성과 '아인슈타인 분리 가능성'(상호 간에 독립적인 존재)에만 의존하고 있으며, 양자역학의 구조와는 무관하다는 것을 알아차리는 것 역시 중요하다. 그래서 오늘날 양자역학의 해석을 대신할 어떤 미래의 해석일지라도 반드시 새로운 해석 속에 비국소성을 구체화해야 할 것이다. 바꾸어 말하면, 이 분석은 비국소성이 우리의 현재의 양자역학 이론으로부터 독립적인 자연의 진면목이라는 것을 보여 준다. 이러한 실험에 의거한 형이상학이 티베트불교의 철학적 핵심과 매우 밀접하게 연결된다는 것은 놀랍기조차 한 일이다.

그럼에도 불구하고, 상호 관련된 양자 입자들의 짝들은 공(空)의 원리가 적용되는 일상생활의 현실로부터 멀리 떨어져 있다. 따라서 다음 절에서는 양자역학 속에 강하게 드러난 공의 지적인 논의에

서 자비와 일상생활에 있는 공의 실천적 표현으로 논의를 옮기고자
한다.

공(空)과 자비(慈悲)

이 장 첫 부분에 내가 인용한 물리학자 데이비드 봄은 "사물들을 본
래부터 분리되고 … 단절된 것으로 생각하는 그런 종류의 사상인데,
거기에서 각각의 부분은 본질적으로 독립적이며, 스스로 존재하는
(self-exist) 것으로 간주된다"라는 말을 통해 그것이 사람들과 국가들
사이에 충돌을 일으키는 주된 요인들 가운데 하나임을 암시했다. 양
자 비국소성은 우리에게 이런 견해와 정반대의 내용을 가르쳐 주기
때문에 그것은 진실로 평화의 물리학이다. 나는 중관사상으로 돌아
가서 이 아이디어를 심화하고자 한다.
　　중관사상은 공과 자비라는 두 개의 큰 기둥 위에 놓여 있다. 공
의 실현, 즉 우리를 에워싸고 있는 세계, 그리고 다른 사람들과 우리
가 맺고 있는 뿌리 깊은 상호 의존의 실현은 자기중심을 줄이고, 모든
생명에 대한 관심을 늘릴 것이다. 만약에 내가 진정으로 독립적인 존
재가 아니며, 나의 가장 깊은 곳에 있는 실상(實相)이 다른 생명과 나
의 환경에 대한 상호 의존 중 하나라면, 어떻게 나만 관심을 가질 수
있겠는가? 어떻게 모든 사람과 사물들을 규정하는 수많은 의존 관계
중 단 하나의 교차점에만 초점을 맞출 수 있겠는가? 만약에 각각의
사람이 인간의 신체 속에 있는 상호 의존적인 하나의 세포라면, 어떻
게 단지 하나의 세포만을 위해 욕구를 채우려 하고, 그리하여 전체를

해칠 수 있겠는가? 물론, 우리는 자기중심과 자기애에 대한 합리적인 정당성을 입증하지 못하고 있다. 그런데도 견고하게 뿌리내린 저 경향은 뿌리 뽑기가 고통스러울 정도로 어렵다.

공(空)의 원리는 그것이 전통적인 중관사상의 논증에서 나온 것이든, 아니면 양자역학의 이해에서 나온 것이든 "당신이 있기 때문에 내가 있다"라는 고대 남아프리카의 우분투(Ubuntu)[73] 정신과 깊이 동조한다. 나의 진정한 존재는 당신의 존재를 필요로 한다. 입자건 사람이건 고립적이거나 독립적인 존재는 없다. 우리는 스스로 존재하는 개인들이라기보다는, 다른 사람, 공동체, 그리고 커다란 환경과 우리와의 상호 연결의 표현이다. 그래서 결국은 여러분이 아프면 내가 아프고, 여러분이 행복해야 내가 행복해진다.

데스몬드 투투(Desmond Tutu) 대주교는 우분투 운동을 사악한 인종차별과 깊은 원한에 의해 오랫동안 분열된 나라에서 화해와 치유를 가져다주는 수단으로 개정했다. 그는 "자기 충족적인 인간 존재는 덜 성숙한 인간(subhuman)입니다. 저는 여러분에게 없는 선물이 있습니다. 그렇기 때문에 저는 유일한 존재입니다. 여러분은 저에게 없는 선물이 있습니다. 그렇기 때문에 여러분도 유일한 존재입니다. 신은 우리를 그렇게 만들었습니다. 따라서 우리는 서로를 필요로 합니다. 우리는 오묘한 상호 의존의 그물망을 꼭 닮았습니다"[74]라고 말했다. 신을 언급하는 것이 불교도들을 불편하게 할지 모르지만, 우리

---

73 남아프리카의 공동체 정신에 바탕을 둔 인간애. (역자 주)

74 Michael Battle, *Reconciliation: The Ubuntu Theory of Desmond Tutu* (Cleveland, OH: Pilgrim Press, 1997). 35.

를 "오묘한 상호 의존의 그물망"이라고 이야기한 것은, 아직도 우리의 인습적인 수준에서 유일성을 고집하고 있기는 하지만, 분명히 공의 원리와 같은 말이다.

우분투나 공의 지혜를 완전히 이해하는 데 가장 큰 장애물은 우리 자신의 자아가 독립적이거나 본래적으로 존재한다고 뿌리 깊게 믿는 무의식적인 신념이다. 그래서 만약 우리가 참되게 자비를 실천하고, 인간들이 살고 있는 환경에 대하여 깊고 진정한 관심을 보여 줄 수 있다면, 멀리 미치는 상호 의존과 공에 대한 우리의 이해는 틀림없이 증가할 것이다. 이렇게 하여, 중관사상의 두 기둥은 모든 유정(有情)들의 복리(福利)와 개인적으로든 세계적으로든, 평화를 위한 모든 일의 진정한 토대를 위하여 더 많은 책임을 갖도록 우리를 고무하면서 동반 상승하는 관계를 맺고 있다. 나는 이전 장에서 다음과 같은 달라이 라마의 말씀을 인용했었다.

"어리석은 이기적인 사람들은 항상 그들 자신만을 생각하고, 결과도 부정적입니다. 현명한 이기적인 사람들은 타인을 생각하며, 능력껏 타인을 돕습니다. 그리고 그 결과는 그들 역시 이익을 얻는다는 것입니다."

부분적으로 달라이 라마께서 자비에 초점을 맞추기 때문에 나는 항상 자비와 공의 관계를 보다 깊이 이해하고 싶었다. 나는 정말로 공으로부터 자비를 논리적으로 도출하고 싶었다. 물리학에서 본래적인 존재가 없다는 이해로부터 나온 결론처럼, 어떻게 그것이 논리적으로 도출되는지를 알고 싶었다. 아마 내가 수년 동안 이론물리학을 하고 있었기 때문에 이런 접근 방법을 생각했을 것이다. 공은 분명히 자비의 필요를 암시한다. 그리고 앞 장 끝부분에서 논의했듯이, 사람들이 어떻게 본래적인 존재를 투사하는 과정에 휘말려 드는지를 이해하는 것은 우리를 보편적 자비의 길로 들어서게 한다. 그렇게 지식은 자비와 사랑으로 인도한다. 하지만 나는 결코 지적인 분석만으로 공에서 자비를 도출하는 일을 할 수 없다. 아마도 공으로부터 자비를 도출하려는 나의 갈망은, 공은 더 우월한 원리로서 보다 낮은 단계의 자비가 도출된다고 가정하는 데 있는 것 같다. 이것은 분명히 중관사상의 두 기둥에 대한 올바른 견해가 아니다.

다행히 삶이 나에게 가슴으로 공에 접근하는 방법, 즉 다른 사람의 고통으로 들어가서 그들과 연결되어 있음을 깊이 느끼는 방법에 대하여 조금 가르쳐 주었다. 그래서 나는 타인이 겪는 괴로운 현실에 더 마음을 열게 되었다. 이렇게 평화의 물리학으로 자비에 접근하기보다는 다른 사람들의 괴로움에 마음을 엶으로써 우리가 깊게 서로 연결되어 있음을 받아들이려고 노력했다. 그 목표는 나와 비슷한 고통을 지닌 모든 사람에게 마음을 여는 것이며, 나아가서 모든 고통 받는 존재들에게 마음을 여는 것이다. 이처럼 타인의 괴로움에 마음을 엶으로써, 나의 자아(ego)와 자아의 욕망에 집중하는 마음은 약해졌다. 그 연결은 가슴에 의한 것이지, 머리에 의한 것이 아니다. 이런 식의 개방이 공의 실현을 느끼게 하고, 어떻게 다른 사람들과의 연결이 나의 정체성을 확립하는지를 이해하게 했다. 어찌하여 이런 관계가 없으면 '나'라고 할 만한 것이 아무것도 없는지를 알게 하고, 어찌하여 "나는 여러분이 있기 때문에 존재한다"라고 하는지를 알게 한다. 여기, 공이나 상호 연결에 대하여 보다 깊이 이해하게 하는 자비, 즉 앎으로 인도하는 사랑이 드러난 사례가 하나 있다. 나는 2년 전에 있었던 조그마한 개인적인 경험을 통해서 어떻게 사랑이 앎으로 인도

하는 일이 일어날 수 있는지를 보여 주고자 한다.

도둑도 스승이 될 수 있다

나는 강의와 워크숍을 하면서 몇 주일 동안 유럽을 여행하고 있었다. 이런 활동 중에도 여행이 주는 고독과 내적 성찰을 즐기고 있었다. 나는 집에서 가져온 책들을 다 읽어버렸기 때문에 런던 공항에서 달라이 라마의 『새천년을 위한 윤리』를 샀다. 그 생각들은 모두 이전에 책을 읽거나 많은 티베트 스승들로부터 강의를 들어서 이미 들은 바가 있지만, 그 책의 직설적이며 명쾌하고 간결한 메시지는 나에게 영감을 주었다. 전문적인 언어는 되도록 적게 사용하면서 달라이 라마께서는 우리의 행복과 진정한 윤리는 괴로움을 줄이려는 노력으로부터 나온다는 것을 보여 주셨다. 모든 윤리적 행위의 근본은 괴로움을 줄이려는 우리의 진지한 노력일 수밖에 없다. 이 누구나 알고 있는 생각들이 지난 이틀 동안 나를 감동케 했다.

바르셀로나 공항에서 한 시간쯤 책을 읽은 후에 나는 자리에서 일어나 면세점 사이를 걷다가 출발 탑승구로 돌아오면서 끊임없이 이 생각들을 숙고했다. 출발선으로 가면서 보다 열심히 자비를 실천하겠다고 다짐하며, 스스로 "나는 분명히 더 잘할 수 있어!"라고 굳게 말했다.

그런데 우연히 출발선에서 20여 미터 떨어진 곳에서 무서운 주먹 다툼을 목격하게 되었다. 경찰관 한 사람과 어떤 남자가 격렬하게 상대방에게 주먹을 휘두르고 있었다. 상황은 경찰관이 바닥에 깔려서 지고 있었다. 나는 보는 즉시 그 남자가 다른 사람도 아닌 경찰관을 해치려는 것으로 판단했다. 그래서 싸움판으로 달려가 남자의 어깨를 붙잡고 강하게 잡아당겼다. 나는 필사적으로 그 남자를 내 오른팔로 감싸 안고 그를 내 가슴 쪽으로 끌어당기면서 강하게 들어 올렸다. 두 사람이 떨어지자 내 가슴에 안겨서 옴짝달싹 못 하는 그 남자는 강하게 두 발을 내질러 경찰관의 가슴을 걷어차 경찰관은 바닥에 등을 대고 넘어졌다. 그 남자와 나도 많은 사람들 속으로 나뒹굴어 떨어졌다.

나와 그 남자가 서로 뒤엉켜 버둥거리고 있는 동안에도 나는 그를 꼭 붙잡고 있었다. 그는 경주마처럼 숨을 쉬고 있었다. 그의 심장이 두근거리고 있었다. 남자의 짧게 깎은 수염이 내 왼쪽 턱을 찌르는 것을 느꼈다. 다행히도 쓰러졌던 경찰관은 벌떡 일어나 터미널 끝으로 달려가서 전화로 도움을 요청했다. 나는 그 싸우던 사람을 꼭 껴안은 채로 남겨져 있어서 매우 불쾌했다. 그러나 곧 다른 사람이 와서 그를 제압했다. 나는 남자를 제압한 사람에게 정중하게 말했다. "내버려 두십시오. 그럴 가치도 없습니다." 이 말은 무엇보다도 그가 영어를 알아들을 것 같지 않았기 때문에 쓸데없는 말처럼 생각되었다. 내가 보기에 그는 내 큰아들과 동년배인 서른 살쯤 되어 보였다.

몇 분이 지나서, 더 많은 경찰관이 도착하여 그 남자에게 수갑을 채웠다. 나는 바닥에서 일어나 출발선으로 돌아갔다. 나의 꽁무니뼈가 바닥에 떨어질 때의 충격으로 욱신거렸다. 어떤 사람이 싸움 초기에 바닥에 떨어졌던 달라이 라마의 책을 나에게 건네주었다. 나는 출발선으로 돌아가면서 그 경찰관이 '고맙다'는 말조차 하지 않았다는 사실을 깨달았다.

불교와 양자역학

출발선에 서 있는 동안 깊은 슬픔이 나를 엄습했다. 억제할 수 없이 흐느껴 울고 싶은 욕망을 애써 참아야 했다. 출발선에서 울기가 난처해서 나는 스스로 물었다. '이 강력한 슬픔은 무엇일까?' 출발선에서 내 앞에 있던 어떤 사람이 나에게 경찰이 소매치기를 잡았다고 말해 주었다.

그 엄습하던 슬픔을 나는 오랫동안 이해할 수 없었다. 처음에는 슬펐던 이유가 그 경찰관이 나의 노고를 알아주지 않고, 이해해 주지 않았기 때문이라고 생각했다. 나는 최소한 고맙다는 말을 원했다. 더군다나 인정하기 난처하지만, 나는 영웅으로 떠받들어지기를 바랐다. 나의 동기가 전적으로 순수하지 않았다는 깨달음이 나를 슬프게 했다. 특히 나를 감동케 했던 그 책 속에서 달라이 라마는 "만약 명성을 얻으려는 마음으로 타인에게 무언가를 베푼다면, 그 행동은 스스로 베풂을 더럽히는 것입니다. 그러한 마음은 고결함이 아니라 자기 과시에 불과합니다"[75]라고 말씀하셨기 때문이다.

나의 동기가 전적으로 순수한 것은 아니었다. 그러나 나에게 슬픔이 엄습한 데는 분명히 그것보다 더 큰 이유가 있다. 내가 거칠게 뛰는 그의 심장과 헐떡이는 숨, 그리고 그의 수염에 긁히는 것을 느끼면서 그 남자를 내 팔로 껴안았을 때, 나는 그의 고통도 느꼈었다. 내 안에서 그에 대한 진정한 동정심이 솟아올랐었다. 신체적인 친밀함을 넘어서 나는 그 사건이 가져다준 망가진 인생을 직접 접촉했다. 아마 그 망가진 인생은 감옥에서 나온 후에도 계속되었을 것이다. 틀림

---

75   Tenzin Gyatso the Dalai Lama, *Ancient Wisdom, Modern World: Ethics for the New Millennium* (London: Little, Brown and Company, 2001), 118.

없이 계속되었을 것이다. 책을 읽으면서 조용히 괴로움에 대하여 생각하는 것과 온몸으로 그것을 느끼는 것은 별개의 일이다. 내가 이 사람과 관계를 맺기 위해 양자역학의 비국소성에 대하여 생각해야 하는 것은 아니다. 나는 단지 그의 괴로움을 향해 마음을 열지 않을 수 없었을 뿐이다. 달라이 라마께서는 다음과 같이 말씀하셨다.

> 우리가 타인의 괴로움에 의도적으로 마음을 열고 그 괴로움을 느끼는 감수성을 기를 때, 점진적으로 우리의 자비심은 타인의 조그마한 괴로움에도 움직여서, 다른 사람들에 대하여 저항할 수 없는 책임감을 느끼게 되는 지점까지 확장할 수 있습니다. 이것이 자비로운 사람을 타인의 괴로움과 괴로움의 원인을 극복하도록 돕는 일에 헌신하도록 만듭니다. 티베트어로, 이 자비심의 궁극적인 성취를 닝 제 첸모(nying je chenmo), 즉 '동체대비(同體大悲)'라고 부릅니다.[76]

나는 분명히 높은 수준의 '닝 제 첸모'에는 크게 미치지 못했지만, 부지불식간일지라도 타인들의 괴로움을 향해서 마음을 여는 일을 체험했다. 이는 우리 모두 깊게 맺어진 상호 연결을 이해하게 만드는 체험이기도 했다. 이러한 가슴을 통한 이해가 양자 비국소성과 공에 의한 지적인 이해를 보완한다. 공항에서 체포된 소매치기가 내 아들이었

---

76   Ibid., 28.

을 수도 있다. 아인슈타인과 보어가 나의 지적인 이해를 키워 준 것만큼이나 그는 나의 마음을 키워 주었고, 나를 사랑과 지식의 합일에 조금 더 가까이 가도록 움직였던 것이다.

5

불교에 도전하는
양자역학

일치에서 도전으로

앞 장에서 우리는 양자역학과 중관사상의 공(空)이 놀랄 만큼 가까운 관계라는 것을 확인했다. 우리는 어떻게 마음이 사물 속에 독립적 존재를 투사하는지, 그리고 수많은 다양한 실험으로 드러난 바와 같이, 자연은 어떻게 그 투사를 거부하는지를 볼 기회를 얻었다. 바로 중관사상에서 그러하듯이, 우리가 지금까지 당연하다고 그릇되게 믿어왔던 독립적인 존재를 대신할 것은 아무것도 없다. (공空은 확언確言하지 않는 부정否定이라는 것을 상기하기 바란다.) 비국소성에 상응하는 기계론적 모델은 없다. 기계론적 모델은 필연적으로 우리가 지금까지 그렇게 강하게 제거하려고 했던 바로 그 독립적인 실체들을 상정하는 일을 수반한다. 우리는 상호 연관되어 짝을 이룬 양자 입자들의 깊은 상호 의존과 상호 연결의 진실을 물려받았을 뿐이다. 양자역학은 사람들의 본성을 직접 언급하지 않는 반면, 중관사상은 우주의 다른 것들과 마찬가지로 사람들이 독립적인 존재라는 것을 부정한다.

지금까지 이야기했듯이, 다른 사람, 그리고 우리의 환경과 우리의 심원한 상호 연결은 공에 대한 또 다른 표현 방법으로써 보편적 자비의 불가피성을 함축한다. 불교에서 철학적 원리는 언제나 도덕적 결론을 갖는다.

공과 양자 비국소성은 가까운 친구처럼 껴안고 있는 것같이 보이는 반면, 이 장에서 보여 주려는 것은 인과율에 관해서 물리학과 불교가 심각한 불일치를 지닌 친구처럼 보인다는 것이다. 나는 진정한 우정은 불일치를 인정하고, 대립하는 견해를 수용하여 종국에는 조화할 수 있다고 믿는다. 만약에 우리가 일치할 때만 친구가 될 수 있다면, 우리의 동맹은 일치하지 않을 때 쉽게 깨질 것이다. 그런 우정은 얄팍한 것이다. 두터운 우정이란 불일치와 견해의 차이를 극복하여, 상대방이 대립적인 견해를 가지고 있을 때조차도 우정을 유지하는 것이다.

지금까지 이야기한 양자역학과 중관사상의 두터운 우정은 불일치들을, 그것들이 근본적인 것이라 할지라도, 수용할 수 있다고 나는 확신한다. 내가 바라는 것은 불일치가 우정 속에서 상대방을 더 깊이 생각하도록 하고, 대립적인 견해를 충분히 이해하도록 하는 것이며, 이러한 이해가 화쟁(和諍)의 관점을 증대할 수 있는 바탕을 제공하게 된다.

불교와 과학 사이에 있는 깊은 관련을 많이 이해하는 것도 분명히 중요하지만, 우리에게 더 중요한 것은 불교와 과학 모두가 갈등하는 곳이 어디인지를 정확하게 이해하는 일일 것이다. 왜냐하면, 우리는 갈등 속에서 대립하는 지점들을, 그것이 개인 사이에서든 국가 사이에서든 세계관 사이에서든, 보다 분명하게 이해하는 경우가 비일

비재하기 때문이다. 따라서 이 장에서는 불교와 물리학 사이의 갈등을 심도 있게 탐색할 것이다. 이제 인과율이 어떻게 그 불일치의 중심에 자리하는지 살펴보도록 하자.

인과율

인과율(인과응보의 법칙)은 모든 불교의 핵심이다. 과거의 행위들은 현재 상태의 원인이다. 지금 우리가 지닌 장단점은 모두 전생과 현생에 행한 이전 행동들의 결과이다. 인과율은 보편적이기 때문에 우리는 누구나 현재 바른 행위를 할 수 있고, 미래에는 무한한 지혜와 자비를 지닌 완전히 깨달은 붓다가 될 수 있다. 한마디로 우리의 현재 상태는 과거 행위의 결과이며, 인과율 덕분에 우리는 미래에 긍정적으로 영향을 미칠 수 있다. 티베트불교에서 인과의 보편성은 궁극적 진리인 공(空)을 정립하는 주된 논증 가운데 하나이다. 앞 장에서 살펴보았듯이 공은 보편적 자비의 지적인 버팀목이 된다. 이렇게 인과는 티베트불교의 이론과 실천의 중심을 이룬다.

마음과 생명 시리즈 협의회 가운데 하나로 1997년 달라이 라마께서 물리학자들과 장기간에 걸친 회합을 가졌는데, 그때의 내용을 묶어 『새로운 물리학과 우주론: 달라이 라마와의 대화』[77]라는 책이 나왔다. 그 책의 편집자인 아서 자이언스(Arthur Zajonc)가 나에게 달

---

[77] Arthur Zajonc, *The New Physics and Cosmology: Dialogues with the Dalai Lama* (New York: Oxford University Press, 2004).

라이 라마께서는 양자역학 가운데 특히 비인과성(非因果性)의 개념을 언짢아하셨다고 말했다. 불교에서 인과율의 중요성을 생각할 때, 이것은 놀랄 일이 아니다.

보다 최근의 책 『하나의 원자 속에 있는 우주: 과학과 영성의 통합』 속에서 우리는 달라이 라마께서는 인과율이 조금만 부정되어도 언짢아하신다는 것을 직접 볼 수 있다. 그것은 특히 그가 크게 지지하는 다윈 진화론에 대한 토론에서 현저하다.

왜 달라이 라마께서 다윈 진화론의 몇 가지 특징들에 대하여 언짢아하시는지 이해하기 위해서는 우선 진화가 두 단계 과정이라는 것을 이해해야 한다. 첫째로, 진화의 과정에 DNA 분자들의 우연적인 돌연변이들이 있다. 이 돌연변이들은 새로운 DNA를 생산하는 대규모의 전사오류(轉寫誤謬; transcription errors)로서, 양자역학의 지배를 받는다. 그 돌연변이들은, 이처럼 개개의 사건에 명확한 원인이 없는, 실로 우연적인 것들이다. 둘째로, 이 돌연변이들은 전임자들과 단지 미세한 차이가 있는 DNA를 생산할 수도 있는데, 그런 DNA의 생산에 성공하면, 환경 속에서 생존경쟁을 한다. 대부분의 새로운 형태들은 전임자들보다 생식에 성공하지 못하지만, 어떤 것들은 경쟁에 유리한 점을 가지고 있어서 생식에 성공한다. 이러한 느리고, 비능률적이고, 고통스러운 지극히 작은 변화들을 통해서 종의 진화가 일어난다. 중요한 것은 다윈 진화론이 어떻게 우연성에 깊이 뿌리내리고 있는지를 이해하는 것이다. 나는 이 장에서 그 우연성의 종류를 더 철저하게 살펴볼 것이다. 달라이 라마께서는 첫 번째의 우연한 단계를 가장 수용하기 어렵다고 생각하신 것이다. 달라이 라마께서는 "불교의 관점에서 볼 때, 이들 돌연변이가 순전히 우연적인 사건이라는 생각은 소위 생명의 기원을 설명한다는 이론으로서는 크게 만족스럽지 못하다"**78**라고 말씀하신다.

　다윈 진화론에 대하여 가장 광범위한 토론을 하는 '마음과 생명 시리즈(Mind and Life Series)'에 참석하는 학자·통역가들 가운데 한 사람인 앨런 월리스(Alan Wallace)가 나에게 사적인 자리에서, "달라이 라마께서 가장 관심 있는 것은 오직 물리학적인 인과율을 수용하는 과학이다"라고 말했다.**79** 물론, 실험실에서 일어난 인위적인 효과들만을 내포할 수밖에 없는 물리학적인 인과율은 과학이 허용해야 할 유일한 인과율이다. 그렇지만, 모든 불교 학파들은 많은 과정들, 특히 인간의 진화를 이해하는 데 업(業)과 같은 비물리학적인 영향력들이 필수적이라고 주장한다. 비물리학적인 영향력들은 실험실 안에서 측정될 수 없으므로, 여기에 근본적인 불일치가 있다. (첫 장에서 언급한 리처드 파인먼의 정의, 즉 "과학의 원리는 거의 모두가 다음과 같다. 모든 지식을 검증하는 것은 실험이다. 실험은 과학적 진리를 판단하는 유일한 심판관이다"**80**라는 말을 상기하기 바란다.) 현재 과학과 불교의 공식화를 고려해 볼 때, 우리는 이 근본적인 불일치를 해결할 수 없다. 그럼에도 불구하고, 우리는 그 불일치를 명확하게 함으로써 해결을 향해 첫발을 내디딜 수 있다. 나는 불교의 인과율에 대하여 논의하고, 중관사상 속에 있는 비물리학적인 영향들의 예를 보여 주고, 양자역학 안에 있는 물리학적

78　The Dalai Lama, *The Universe in a Single Atom: The Convergence of Science and Spirituality* (New York: Morgan Road Books, 2005), 112.

79　Alan Wallace, private communication, June 2006.

80　Richard Feynman, *The Feynman Lectures in physics*, vol. 1 (New York: Addison-Wesley Publications, 1989), 1.

비인과성에 대하여 논의한 다음, 다윈 진화론의 물음으로 되돌아감으로써 첫발을 내딛고자 한다.

양자역학 속에 인과율이 없다는 불만은 티베트불교와 광범위하게 공유한다. 예를 들면, 2년 전에 나는 뉴욕의 이타카(Ithaca)에 있는 남걀(Namgyal) 사원에서 세 명의 티베트 고승들과 양자역학의 인과율이라는 주제로 한 시간에 걸친 매우 활기찬 토론을 벌였다. 대체로 언어적인 어려움 때문에 우리의 토론은 진도가 나가지 않았다. 그러나 우리가 물리학과 불교의 근본 문제들을 다루고 있었다는 것은 분명했다.

그 주제에 대한 달라이 라마의 관심과 그 고승들과의 흥미진진한 대화 때문에, 남걀 사원에서의 불교와 과학의 대화를 창시한 우리는 코넬대학에서 2005년 10월에 개최되는 학술회의 주제를 "인과관(因果觀)의 비교연구"로 결정했다. 이 장은 그 학술회의에서 내가 발표한 발표문의 현저하게 확장된 버전이다.

그 학회에서 우리의 목적은, 지금 나의 목적도 마찬가지지만, 그 근본 문제들을 주의 깊게 다루면서 초심자들도 이해할 수 있을 정도로 여러 학문에 걸치는 범위에 도달하는 것이었다. 여기에서 나는 뉴턴적 물리학 맥락에 속하는 중관사상의 인과론에 대한 논의로 시작하고자 한다. 비록 모든 형태의 불교에서 인과율이 특히 두드러진 역할을 하지만, 양자역학의 인과율과 가장 엄밀하게 집중적인 비교를 하기 위하여, 나는 티베트불교학의 결론인, 내가 이 책에서 일관되게 '중관사상(Middle Way)'이라고 줄여서 표기한, 중관사상의 견해에 한정하고자 한다. 그런 다음에 나는 양자역학의 보다 신비로운 인과율의 결여로 이동하여 그것의 의미 몇 가지를 간단히 서술하려고 한다. 앞 장에서와 마찬가지로, 약간 더 전문적인 자료들을 배치하고자 한다. 그것은 배경에 음영을 넣은 부분으로 그 논증에 필수적인 것은 아니다. 우리는 그것을 읽음으로써 시작할 수 있다. 만약 여러분이 괜찮다면 계속 읽고, 그렇지 않으면 건너뛰어 핵심으로 갈 수도 있다.

중관사상과 뉴턴적 인과율

중관사상은 인과율을 주된 원인(substantial causes; 因)과 보조 조건(cooperative conditions; 緣)으로 분석한다. 대학생들의 물리학 실험실로 가서 이것이 작용하는 법을 보기로 하자. 그림 5.1은 콜게이트대학의 입문 코스에 있는 가장 간단한 실험실 실습 가운데 하나를 도식화한 것이다. 이 실험실에는 H 높이의 테이블 위에 용수철 총이 놓여 있다. 학생이 쇠구슬을 용수철 총 속으로 밀어 넣고 용수철을 뒤로 끌어 당긴 후에 그 공을 쏜다. 그 쇠구슬은 점선으로 표시된 것과 같이 공기를 뚫고 날아가 바닥에 붙여진 커다란 먼지 조각을 맞힌다. 이 종이 위에 찍힌 쇠구슬 자국이 그 바닥에 떨어지기 전까지 그 구슬이 운동한 거리 D를 세심하게 측정할 수 있게 한다. 우리는 이 실험실에서 물리학에 대하여 토론할 필요 없이, 그것이 뉴턴 물리학의 몇 가지 법칙들을 검증하기에 충분하며, 중력에 의한 가속을 측정할 수 있도록 한다($g = 9.8m/sec^2$)고 이야기만 하면 된다.

고속 카메라로 비행 중인 구슬을 찍었다고 가정해 보자. 그림 5.2의 다섯 개의 영상은 1초의 아주 작은 부분만을 취한 것이다. 시간 t_3에 찍힌 쇠구슬 사진 3을 살펴보자. 나는 거기에 음영을 주어 논의에 기준점이 될 수 있도록 했다. 구슬 사진 2는 t_3보다 조금 앞 시간인 t_2

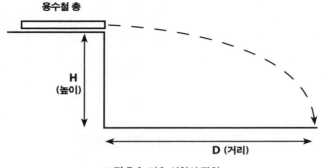

그림 5.1. 기초 실험실 장치

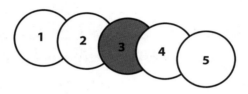

그림 5.2. 비행 중인 구슬

에 찍힌 것이고, 구슬 사진 4는 t_3보다 조금 뒤 시간인 t_4에 찍힌 것이다. 구슬 사진 3을 현재의 순간인 시간 t_3에 있는 쇠구슬이라고 하자. 중관사상에서 시간 t_3에 있는 쇠구슬의 주된 원인[因]은 시간 t_2에 있는 쇠구슬이다. 왜냐하면, 시간 t_3에 있는 쇠구슬은 시간 t_2에 있는 쇠구슬의 근본적인 성질의 연속이기 때문이다. 여기에서 근본성은 분명한 성질과 형태를 가지고 있다는 것을 의미한다. 그래서 구슬 2는 주된 원인이고, 구슬 3은 결과이다. 쇠구슬은 매 순간 끊임없이 변하고 있다. 그것은 쇠구슬이 공기를 뚫고 움직여서도 아니고, 쇠구슬의 공(空)한 본성이 존재의 상태가 되었다가 바로 다음 순간 존재의 상

불교와 양자역학

태에서 벗어남을 의미하는 것도 아니다. 매 순간 모든 주관과 객관은 생기고[生], 머물고[住], 소멸하는[滅] 과정을 겪고 있다. (게쉐 툽뗀 꾼켄 Geshe Thupten Kunkhen에 의하면, 중관사상에서 한 찰나는 손가락 튕기는 시간의 1/360 시간 길이에 속한다.[81] 10^{-4}초쯤 되는 이 정도의 시간은 전형적인 시간의 규모가 10^{-8}초인 원자시계 표준으로는 매우 긴 시간이며, 10^{-22}초 규모의 원자핵 시간에 비하면 훨씬 더 긴 시간이다.)

중관사상의 관점에서 보면, 대상을 구성하고 있는 상호 의존과 상호 연결은 크고 작은 의미에서 무상(無常)을 보증한다. 그림 5.2는 조금 다른 시간에 찍힌 구슬 사진들을 통해 이것을 보여 주고자 한 것이다. 구슬은 끊임없이 그 자체를 변형하고 있다는 이러한 생각은 그 구슬의 성분을 역동적인 상태로 보는 현재 우리의 과학적 이해와 일치한다. 비록 쇠구슬은 매 순간 같은 구슬인 것처럼 보일지라도, 구성 성분은 끊임없이 변모하고 있다는 것을 우리는 안다. 그 쇠구슬이 항구적이라는 그릇된 믿음이 생기는 것은 단지 감각 기능의 조잡함 때문이다.

t_2에 있는 쇠구슬이 t_3에 있는 쇠구슬의 주된 원인이듯이, 구슬 4는 구슬 3의 근본적 연속이라고 할 수 있다. 보다 정곡을 찌르는 예를 살펴보는 것이 도움이 될 것 같다. 현재 여러분 의식의 주된 원인은 바로 이전 순간 여러분의 의식상태다. 그와 마찬가지로, 여러분의 현재 의식은 다음 순간 의식상태의 주된 원인이 될 것이다. 중관사상의 입장에서 보면, 다양한 형태의 의식들과 소립자나 은하에 이르기까지, 모든 작용하고 있는 사물(결과를 산출하는 것)들은 주된 원인을 가

---

81   Geshe Thupten Kunkhen, private communication, August 2005.

지고 있다. 이런 용어들은 주된 원인을 '비슷한 유형의 연속체인 주된 결과(작용하고 있는 사물)의 주된 생산자'라고 공식적으로 정의할 수 있다.[82] 여기에서 주안점은 생산자나 원인과 비슷한 성질(또는 비슷한 유형의 연속체)의 결과를 생산하는 데 있다.

쇠구슬로 돌아가서, 쇠구슬을 이루고 있는 강철도 주된 원인이라고 할 수 있다.

이제 '보조 조건(cooprative conditions; 緣)'에 대하여 생각해 보자. 어떤 사람들은 그것을 '부수적 원인(circumstantial causes)'이라고 부르기도 한다. 쇠구슬을 만들면서 깎거나 연마하는 과정은 그 쇠구슬의 보조 조건, 또는 부수적 원인이라고 부를 수 있다. 분명히 그 쇠구슬이 본질적으로 연관을 맺고 있는 것은 깎고 연마하는 것이 아니라, 재료가 되는 강철, 또는 그 구슬의 바로 이전 단계이다. 그렇지만, 보조 조건인 깎는 과정이 없다면 쇠구슬은 있을 수 없다. 어떤 사람들은 물리학 법칙이 그 구슬의 궤적을 결정하므로, 시간과 공간 속에서는 구슬의 회전이 보조 조건이나 부수적 원인이라고 생각할 것이다. 나도 분명히 이러한 비물질적인 물리학 법칙들은 그 구슬과 본질적으로 연관을 맺고 있는 것이 아니라는 점에 동의한다. 그렇지만 나는 그 운동 방정식들이 구슬의 역학적인 모델이나 설명이라고 생각할 뿐, 구슬의 궤적을 결정하거나 영향을 주는 원인이라고는 생각하지 않는다.

이제 우리는 주된 원인과 보조 조건에 '직접(direct)'과 간접(indirect)'이라는 관념을 추가할 준비가 되었다. 그림 5.2에서 t_2에 있

---

82   D. E. Perdue, *Debate in Tibetan Buddhism* (Ithaca, NY: Snow Lion Publications, 1992), 544-49.

는 구슬 2는 t_3에 있는 구슬 3의 직접적인 주된 원인이다. 그렇지만 t_1에 있는 구슬 1은 구슬 3의 간접적인 주된 원인이다. 같은 방식으로, 구슬 2는 t_4의 있는 구슬 4의 간접적인 주된 원인이다. 또한 구슬 3을 구슬 1의 간접적인 주된 결과로 간주하거나, 구슬 4를 구슬 2의 간접적인 주된 결과로 간주할 수 있다. 그래서 간접적이라는 말은 바로 현재의 결과로부터 적어도 한 단계 떨어진 것을 의미한다.

그리고 공장에 쇠구슬을 주문하는 것은 그 구슬의 간접적 보조 조건이라고 이야기할 수 있을 것이다. 누군가가 공장에 정식으로 쇠구슬을 주문하고, 재료(주된 원인)가 모이고, 그다음에 쇠구슬이 깎아진다. 이렇게 공장에 쇠구슬 주문(간접적인 보조 조건), 재료 수집(수집은 간접적인 보조 조건, 재료는 간접적인 주된 원인), 쇠구슬 깎기(더 최근이지만 아직은 간접적인 보조 조건), 완성된 쇠구슬(대학 연구실에 있는 쇠구슬의 간접적인 주된 원인) 등의 순서를 갖는다.

우리는 수많은 직간접의 주된 원인과 보조 조건들이 있다는 것을 쉽게 알 수 있다. 실제로 실험실의 실험을 착상하는 것은 공장에 주문하는 일의 간접적인 보조 조건이고, 물리학 교수의 박사학위는 그가 교수가 되기 위한 간접적인 보조 조건이고, 그가 교수인 것이 그에게 실험실의 실험을 계획하는 책임을 준다고 이야기할 수 있을 것이다. 그리고 이런 식으로 계속 생각해 볼 수 있다. 이렇게 우리는 무한히 큰 상호 연결된 직간접의 주된 원인과 보조 조건들의 그물망을 갖는다. 이러한 원인과 조건들의 복잡한 그물망으로 인해서 그 쇠구슬은, 그것에 대한 우리의 소박한 견해에도 불구하고, 독립적이거나 본래적인 존재가 결코 아니다. 바꾸어 말하면, 구슬의 무수히 많은 의존상태가 그 구슬의 공(空)과 무상(無常)을 보증한다.

중요한 것은 인과율에 대한 중관사상의 해석은 모든 원인과 결과가 전적으로 본래적 존재의 비어 있음을 강조한다는 점을 이해하는 것이다. 이 조건을 위반하면 인과율의 개념이 얼마나 구제 불능의 두서없는 개념이 되는지를 간단히 살펴보겠다. 그림 5.2에 본래적으로 또는 독립적으로 존재하는 것으로 그려진 주된 원인·결과 가운데 어느 하나를 살펴보자. 현재 순간에 있는 구슬 3을 가지고 시작하자. 만약에 그 구슬이 본래적으로 존재한다면, 그것의 본성은 그 자체로 완전하고, 전적으로 자족적일 것이다. 그것의 본질이나 가장 깊은 본성은 그것이 존재하기 위하여 그 자신의 외부로부터 어떤 것도 필요로 하지 않고 본래적으로 있는 무엇일 것이다. 그것은 그 자체가 개념적인 명칭과는 별도로 존재할 것이다. 그러면 바로 이런 본성에 의해, 그것은 다른 실체들(구슬 4와 같은)에게 영향을 줄 수도 없고, 외부의 작인(作因)들(구슬 2와 같은)에 의해 영향을 받을 수도 없을 것이다. 그러면 그것은 원인이나 결과가 아니라 자신의 고립과 불변과 무기력으로 인해 동결된 실체일 것이다. 본래적 존재의 공성(空性)을 통해서만 오직 효력이 있는 보조 조건에도 같은 논리가 적용된다.

중관사상이 인과율에 접근하는 독특하고도 중요한 측면 중 하나는 소멸(消滅)을 작용하는 사물로, 즉 소멸되고 있는 상태로 이해하는 것이다.[83] 중관사상의 이러한 이해는 경전에 대한 세심한 분석과 엄밀한 논증에 근거를 둔 것이다. 비록 소멸이 본성상 무상한 모든 현상 속에서 어떤 역할을 하지만, 그것은 특히 한 생에서의 행위의 효과가

---

[83]   Daniel Cozort, *Unique Tenets of the Middle Way Consequence School* (Ithaca, NY: Snow Lion Publications, 1998).

어떻게 다른 생으로 넘어가는지를 설명하는 데 가장 중요하다. 우리는 지금 과학의 범위를 벗어난 비물리적인 인과관계의 영역으로 이동하고 있다. 하나의 예를 들어 보겠다.

소멸에 관한 글을 쓰기 위해 집중할 때였다. 그런데 귀찮은 파리 한 마리가 내 주변을 윙윙거리고 있었다. 때로는 내 위에서 기어 다니기도 했다. 화가 치솟아 키보드에서 오른손을 휘둘러 내 왼쪽 어깨 위에 있는 파리를 찰싹 내리쳤다. 매 순간 무상한 현상들이, 그것이 동작이든 물체든 의식상태이든, 동시에 생기고[生] 머물고[住] 소멸[滅]한다. 내가 파리를 내리치게 한 원인들은 내리치는 동안에 곧 소멸한다. 중관사상의 문제는 '만약에 본래적으로 존재하는 사람이 없다면, 즉 미래로 이어지고, 다음 생으로 이어지는 빅 맨스필드의 독립적으로 존재하는 핵심이 없다면, 어떻게 그 파리를 죽인 업(業)이 미래, 즉 다음 생으로 이어지는 것일까?'이다. 바꾸어 말하면, 나는 본래적으로 존재하지 않으며 무상한 마음과 신체에 주어진, 끊임없이 변화하고 있는 정신적 호칭에 지나지 않는다면, 어떻게 나의 행동들이, 훌륭한 것이든 사악한 것이든, 미래로 전해지는 것일까?

중관사상은 이야기한다. 내리치고 나서 즉시 그 행동은 소멸의 상태, 즉 소멸되고 있는 상태에 있게 된다. 여기에는 순서가 있다. 파리를 내려치는 행위의 마지막 단계에 생성[生], 머묾[住], 소멸[滅]이 있다. 즉 다음 찰나에 그 사건의 소멸이 뒤따른다. 그다음 찰나에 원래의 소멸은 다른 소멸을 일으키면서 소멸한다. 그 소멸은 다시 소멸하면서 새로운 소멸을 일으킨다. 각각의 소멸은 다음 찰나에 일어나는 소멸의 주된 원인이다. 각각의 소멸 상태는 찰나에서 찰나로 진행되는 생성, 머묾, 소멸의 과정에 참여한다. 원래의 행위에 연결된 새

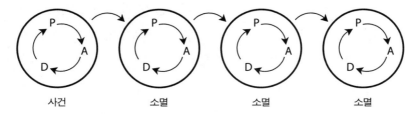

| 사건 | 소멸 | 소멸 | 소멸 |

그림 5.3. 소멸

로운 단계의 소멸을 계속해서 생산하는 이 과정은 주된 원인과 보조 조건들이 내가 파리를 죽인 업(業)으로 인해 적절한 과보(果報)를 초래할 때까지 계속된다. 소멸은 원인이며, 결과이다. 따라서 소멸은 원래의 파리를 내리치는 행위를 그 뒤의 업의 과보로 연결하는 작용이다. 중관사상의 핵심인 이 미묘한 개념은, 게쉐 툽뗀 꾼켄(Geshe Thupten Kunkhen)에 의하면, 겔룩빠(Gelukba) 전통에서 상급반의 토론 주제다.**84** 지금까지의 간단한 논의를 도표로 요약하겠다.

그림 5.3에서 각각의 원은 한 찰나다. 왼쪽의 첫 번째 원은 한 사건의 마지막 찰나, 즉 내가 파리를 내리치는 행위를 나타낸다. 각각의 찰나 안에 있는 글자 P, A, D는 동시에 발생하는 생성[生], 머묾[住], 소멸[滅]을 나타낸다. 두 번째 원은 그 사건의 소멸을 나타내며, 다른 소멸, 또 다른 소멸이 계속해서 뒤따른다. 각각의 찰나는 뒤따르는 찰나의 주된 원인[因]이다. 이러한 계속되는 소멸의 과정이 업(業)을 전

---

84   Geshe Thupten Kunkhen, private communication, June 23, 2006.

불교와 양자역학

달하기 위한 어떤 본래적인 매체나 실체를 상정하지 않고 업의 지속을 설명한다. 파리를 내리친 업의 경우, 그것은 분명히 한 생에서 다음 생으로 건너갈 수 있으므로, 이것은 비물리적인 과정이다. 이것이 비물리적인 과보의 예이다. 달라이 라마께서 믿고 있는 그 예는 인간 진화의 이해에 필수적이다. 하지만 그것들은 비물리적이기 때문에 실험실에서 측정할 수 있는 대상이 아니다. 그래서 과학적 분석을 할 수 없다. 과학과 불교는 이 점에서, 그들의 가장 깊은 의무의 본성 때문에, 불가피하게 갈릴 수밖에 없다.

그렇지만, 이 이월(移越)되는 소멸의 동일한 과정이 물질적인 변화에도 적용될 수 있다. 예를 들면, 등불이 기름과 심지가 닳아서 꺼지는 것이 이 과정에 대한 (불교의) 전통적인 예이다. 물론 이것은 소멸의 작용에 대한 물리적인 표현일 것이다.

등불의 예에서 여러분은 어떤 현상도, 그 본성상 끊임없이 변화를 겪을 수밖에 없으므로, 계속되는 소멸의 과정에 참가한다는 것을 알 수 있다. 이러한 접근에 의해서 우리가 발견하게 된 매우 멋진 것은 어떤 근원적인 본래적 주체성 없이 지속을 설명하는 방법이다. 다음에 살펴보겠지만, 양자역학이 근본적으로 요구하는 것은, 본래적으로 존재하는 어떤 물질적 실체를 상정하지 않고, 양자 시스템의 지속적인 전개를 이해하는 것이다.

3장에서 나는 공(空)을 확립하는 세 가지 접근법이 있다는 것을 언급했다. 즉 원인[因]과 조건[緣]에 의존함, 전체와 부분, 그리고 생각에 의한 전가(轉嫁)이다. 앞 페이지들은 바로 주된 원인과 보조 조건들이 어떻게 독립적인 존재가 전혀 없는 공을 함축하는지에 대하여 상세하게 설명한 것이다. 이 철저한 공 안에서, 소멸의 원리는 물리적인 업과 비물리적인 업의 지속을 설명할 수 있다.

모든 대상에 대한 원인과 보조 조건들의 복잡한 그물은 공의 교리뿐만 아니라 티베트불교인들이 식사하기 전에 올리는 기도에도 표현된다. 기도의 내용은 생명을 유지시키고 정신적인 수행을 허용하는 음식에 감사한다기보다 각 음식 품목에 대한 인과적 그물망을 예상하게 한다. 예를 들면, "나는 나의 아침 식사 시리얼을 만든 오트밀에 감사하고, 그 오트밀이 자란 흙과 물에 감사하고, 오트밀을 가꾼 모든 사람, 운송한 모든 사람, 사우디아라비아에서 가스와 기름을 채굴한 모든 사람, 그 오트밀의 거름이 된 것들, 그리고 오트밀을 운송한 연료, 오트밀을 경작하기 위해 밭을 간 트랙터 등에 감사한다"라는 식이다. 물론 그릇에 대해서도 고려할 수 있으므로, 이것이 끝이 아니다. 이제 나는 시리얼이 식을 때까지 시리얼을 담은 그릇과 숟가락, 그것을 판매한 점원 등 한없이 큰 그물과도 같은 아침 식사의 여러 원인에 계속해서 감사해야 한다.

빛의 파동·입자 성질

양자역학의 인과율을 논의하기 위해서는 빛의 성질에 관한 약간의 기초적인 양자 개념들을 이해할 필요가 있다. 이 책을 통해서 오로지 세계적인 대학과 산업에서 교육되고 검증된 양자 이론만 설명할 것이다. 나는 수많은 이견이나 공인되지 않은 해석들은 피할 것이다. 공인된 이론과 그것의 코펜하겐 해석이 자주 도전받았지만, 일반적으로 합의된 대안은 없다. 내가 글을 쓰는 데 사용하고 있는 이 컴퓨터와

사진 5.1. 엔리케 (키코) 갈베즈 교수

같이 양자역학은 우리가 일상생활에 사용하는 많은 기술들의 기초일 뿐만 아니라, 물리학의 역사에서 가장 정교하게 확증된 이론이라는 것을 인정하는 것이 중요하다. 양자역학의 결과에 대하여 해석상 의견의 차이는 있을 수 있지만, 그것을 적용하는 방법과 그것의 모든 예측은 광범위하고 정확하다는 것에 대해서는 의심의 여지가 없다. 여기에서 내가 제시하는 양자역학에 대한 해석들은 모두 양자역학을 가르치는 현대의 물리학 교과서들 속에 나오는 공인된 것들이다.

　콜게이트대학의 물리학과 3-4학년 수준의 양자역학 과정에서 시작하는 것이 좋겠다. 그 과정은 전 세계의 물리학 교과 과정에서 표준이다. 그렇지만, 콜게이트의 동료들, 특히 엔리케 갈베즈(Enrique Galvez) 교수 덕분에 양자역학과 관련된 훌륭하고 매우 효과적인 실험 장비를 갖추게 되어 우리 대학은 표준 이상의 독특한 실험 과정도 진행할 수 있다.[85] 키코(Kiko; 엔리케 교수의 애칭)의 재능과 창의력 덕택에, 우리는 실제로 단일 광자(光子)들을 측정하는 굉장히 훌륭한 실험실 세트를 구축하게 되었다.

단일 광자들을 가지고 작업할 수 있다는 것은 커다란 강점이다. 왜냐하면, 우리는 기본적인 양자 사건들(quantum events)과 그 사건들이 구현하는 모든 스트레인지니스(strangeness; 소립자 상태를 규정하는 양자의 수)를 직접 연구할 수 있기 때문이다. 이들 단일 광자 측정들을 이해하려면 맑게 갠 밤에 밖으로 나가 별이 총총한 하늘을 쳐다보는 것을 상상해 보라. 그리고 눈으로 식별 가능한 한계에 가까운 흐릿한 별 하나를 선택하라. 만약에 여러분이 딱 1초 동안 그 별을 본다면, 여러분의 각막은 약 100,000개의 광자들을 흡수한다. 이들 개개의 광자들은 그 1초 사이에 예측할 수 없는 시간에 도달한다. 그렇지만 우리는 일상적으로 초당 그렇게 많은 광자들을 보기 때문에 단일 광자들의 양자역학적 특성들은 평균화된다. 바꾸어 말하면, 우리의 눈은 그야말로 너무 조악하기 때문에 개개의 광자들의 양자역학적 특징을 볼 수 없다. 그렇지만 이 실험실은 개별적인 광자를 연구할 수 있으므로 양자역학에서 가장 심오한 몇 가지 쟁점을 훌륭하게 볼 수 있다. 이 실험실 가운데 한 곳의 비전문적인 토론을 통해 빛의 양자적 특성 몇 가지를 설명하겠다.

---

85   E. J. Galvez, C. H. Holbrow, M. J. Pysher, J. W. Martin, N. Cour-
      temanche, L. Heilig, and J. Spencer, "Interference with Correlated
      Photons: Five Quantum Machanics Experiments for Undergraduates",
      American Journal of Physics 73, no. 2 (February 2005): 127-40.

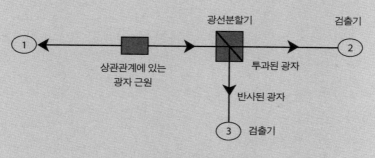

그림 5.4. 광선분할기

빛과 물질의 가장 커다란 미스터리 가운데 하나는 그것들이 파동과 입자의 성질을 모두 지닌다는 것이다. 이것을 실험실 장비로 확실히 증명할 수 있다. 그림 5.4에 보이는 광선분할기(光線分割機; beam splitter)라는 것을 가지고 시작해 보자.

왼쪽의 상관관계에 있는 광자 근원(correlated source of photons)에서 출발하자. 그것은 동일한, '꼬인(entangled)' 광자들을 반대쪽으로 발사한다. 그 광자의 쌍들을 우리는 앞 장의 '벨부등식의 실험상 위반'에서 경험했다. 꼬인 광자들의 쌍은 일란성 쌍둥이나 한 벌의 티베트 종처럼 모든 점에서 상관관계에 있다. 그런데 광자는 상보적인 파동과 입자의 성질을 가진 빛 양자(a quantum of light), 즉 총량이 고정된 에너지(a fixed amount of energy)이다. 그래서 그것은 내가 억지로 티베트 종에 부과했던 상보성을 지닌다. (그 종의 예술적 가치는 청동 함량과 구성 강도와 상보적이었음을 상기하기 바란다.) 왼쪽으로 향한 광자는 검출기 1로 들어가고, 오른쪽으로 향한 동일한 광자는 광선분할기 속으로 들어간다.

그 광선분할기는 들어온 빛의 절반은 투과시키고, 다른 절반은 반사 코팅된 선글라스처럼 반사시킨다. 들어온 빛의 절반은 검출기 2로 투과되고, 다른 절반은 검출기 3으로 반사된다. 만약 빛이 전적으로 파동 현상이라면, 검출기 2에서 하나의 신호를 포착할 때마다 검출기 3에서도 하나를 포착하는 현상을 보게 될 것이다. 일부가 물에 잠긴 방파제가 있는 해변을 생각하면 이해하기 쉽다. 파도가 방파제를 치면, 그 파동 에너지의 일부는 방파제에 굴러떨어지고, 일부는 반사될 것이다. 다시 검출기 2와 3을 보면, 일정한 시간 동안 각각의 검출기가 같은 횟수(개개의 광자들을 포착한 만큼의 동일한 예리한 진동들)를 기록한 것을 볼 수 있다. 이것은 그 광선분할기가 반사하고 투과한 에너지의 양이 같다는 것을 의미한다. 비록 광자들이 예리한 진동(sharp pulse)을 만들어내고 있지만, 그 광자들은 동시에 파동의 성질을 드러내고 있다는 것을 보여 주는 것 같다.

그러나 우리는 두 검출기의 출력 데이터를 보다 주의해서 살펴볼 필요가 있다. 현대 기술 덕택에 우리는 예리한 진동들이 도달한 정확한 횟수를 측정할 수 있다. 그 결과 진동이 결코 검출기 2와 3에 동시에 기록되지 않는다는 것을 발견할 수 있다. 바꾸어 말하면, 진동이 검출기 2에 도달한 시간은 결코 진동이 검출기 3에 도달한 시간과 연관성 없다는 것이다. 이것은 광자가 입자처럼 행동한다는 것을 의미한다. 즉 광자는 광선분할기에서 분할되는 것이 아니라 투과되고, 마찬가지로 반사된다. (평균적으로 반사되는 횟수와 투과하는 횟수가 같음을 발견한다는 사실을 상기하라.) 분할되는 파동이라면 검출기 2와 3에 동시에 도달하겠지만, 입자이기 때문에 투과되는 입자와 반사되는 입자가 동시에 두 검출기에 도달할 수 없다는 의미이다. 그렇지만 광자 포착 비율이 높다. 그래서 일치들(coincidences)을 놓칠 수도 있고, 어떤 다른 감지하기 힘든 영향들이 그 일치들을 가릴 수도 있다.

　여기에서 우리가 도움을 청할 수 있는 곳이 검출기 1의 데이터다. 그림 5.4에 나오는 장치의 진가는 광자 쌍이 완벽하게 연관되어 있음을 보여 준다는 것이다. 이러한 특성을 이용하기 위하여, 광자 근원으로부터 동일한 거리에 각각의 검출기들을 배치한다. (이것은 그림 5.4에는 보이지 않는다. 그곳에서는 검출기 1의 거리가 2나 3의 거리보다 짧아 보인다.) 검출기를 이렇게 배치함으로써 검출기 1의 모든 진동은 2나 3에서 검출된 결과와 동일한 검출 결과를 보여 주지만, 결코 2와 3 두 검출기와 동시적이지 않다는 것을 발견한다. 바꾸어 말하면, 우리는 결코 세 개의 검출기에서 세 개의 일치(triple coincidences)를 얻을 수 없고, 오직 검출기 1과 2, 또는 1과 3에서 두 개의 일치(double coincidences)를 얻을 수밖에 없다. 이 장치를 통해서, 우리는 개개의 광자들을 관찰하고 있으며, 절반은 투과하고 절반은 반사되고 있지만, 단일한 광자는 결코 분할되지 않는다는 사실을 알게 된다. 이 데이터를 통해서 보면, 광자들은 지극히 작은 쇠구슬처럼 행동하고 있는 것 같다. 20년 전에는 이런 측정이 불가능했으나, 이제는 현대의 기술적 발전과 갈베즈 같은 창의적인 과학자 덕분에, 우리는 대학 실험실에서 개별적인 광자를 측정할 수 있다. 앞으로 보게 되겠지만, 단일 광자 실험은 매우 확실하고 강력하게 중요한 양자적 속성을 보여 준다.

지금까지 광자들이 입자처럼 행동한다는 것을 살펴보았다. 이제 광자가 명백하게 보여 주는 파동적 성질에 대하여 살펴 보자. 그림 5.5는 간섭계(干涉計)를 보여 주는데, 그것은 이전의 그림에 있는 것과 같은 장치에 또 다른 광선분할기와 두 개의 거울을 붙인 것이다. 오른쪽 위에 있는 거울은 매우 예민한 장치를 내장하고 있는데, 공급되는 전압에 따라 화살표의 양쪽 끝이 가리키는 방향으로 거울이 작동한다. 여기에서 그 거울들은 첫 번째 광선분할기에서 투과된 광선과 반사된 광선들을 빠짐없이 완벽하게 두 번째 광선분할기 속으로 반사하며, 이 과정에서 다시 검출기 2와 3 속으로 반사한다. 오른쪽 아래에 있는 광선분할기는 위에서 내려오는 광선과 왼쪽에서 오른쪽으로 이동하는 광선을 모두 분할한다는 점을 유념하기 바란다.

이전의 실험과 마찬가지로 결코 세 개의 검출기 모두에서

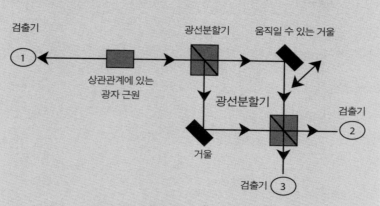

그림 5.5. 간섭계(干涉計, Interferometer)

세 개의 일치를 얻을 수 없고, 오직 검출기 1과 2, 또는 1과 3에서 두 개의 일치를 얻을 수밖에 없다. 먼저 움직이는 거울을 조정하여, 첫 번째 광선분할기에서 두 번째 분할기에 광선이 도달하는 경로의 길이를 동일하게 한다. 그러면 검출기 1과 2 사이의 모든 상호 관계는 가장 강한 상태가 된다. 다음으로, 움직이는 거울에 전압을 공급하여 두 광선분할기 사이의 경로의 길이를 다르게 한다. 그리고 검출기 1과 2 사이의 상호 관계, 즉 일치의 횟수를 빠짐없이 수집한다. 그림 5.6은 20초 동안 움직이는 거울에 전압을 공급하여 그동안 수집한 검출기 1과 2 사이의 일치한 횟수를 보여 준다. 키코 갈베즈는 다음과 같이 추정했다. 우리는 그 간섭기 속에 한 시점에 단지 하나의 광자만 있다고

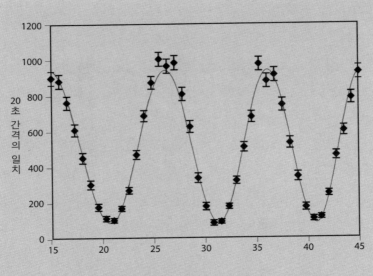

그림 5.6. 검출기 1과 2 사이의 일치

확신할 수 있다. 그러므로 다음과 같은 의문이 생긴다. 그림 5.6
에 나타난 일치들의 거의 완벽한 사인곡선(sinusoidal)과 같은 행
동을 일으키는 것은 무엇인가?

　여기에 파동들 사이의 위상(位相; phase) 관계에 따라 증가
하는 파동들의 능력인 파동 중첩, 또는 파동 간섭(두 용어는 동의
어)의 훌륭한 예가 있다. 위에서 언급한 방파제가 있는 상상 속
해변으로 돌아가서 간섭을 설명해 보겠다. 이번에는 각기 다른
방향에서 같은 장소로 움직이는 똑같은 두 개의 파도를 상상해
보자. 진폭이 같은 두 파도가 특정한 장소에 도달한다면, (완전

　　　　　　　　　　　　　　　　　　　불교와 양자역학

히 같은 모습으로 사람들이 보조를 맞추어 걷듯이) 두 파도의 물마루가 동시에 도달한다면, 그 결과 발생한 파도가 원래의 두 파도의 중첩 또는 간섭인데, 전체 파도의 높이는 원래 파도의 두 배가 된다.

다른 한편으로, 한 파도의 파곡(波谷)이 도달하는 바로 그때 다른 파도의 물마루가 도달하는 경우를 생각해 보자. 이 경우에는 마치 내가 오른발을 들어 올릴 때 당신은 왼발을 들어 올리며 행진하듯이 두 파도는 전혀 동조(同調)하지 않는다. 그러니까 두 파도는 교차한 지점에서 겹치면서 상쇄되어 어떤 동요도 없이 물은 완전히 수평이 된다. 물론 이들 양극단(파도와 수평) 사이에는 중간 상태들이 있다. 해변에서 약간만 주의해서 보면, 파도의 이러한 전형적인 모습을 관찰할 수 있다.

간섭계(그림 5.5)에서 움직일 수 있는 거울에 반사되는 광선이 통과하는 경로의 길이와 고정된 거울에 반사되는 광선이 통과하는 경로의 길이를 구분하면, 이 두 경로의 길이가 같을 때는 두 광선이 같은 모습으로 두 번째 광선분할기에 들어가며, 두 광선이 합쳐지는 모습을 볼 수 있다. 두 경로의 길이가 그 빛의 파동 길이의 절반 크기로 길거나 짧아서 서로 다를 때 그 두 광선은 전혀 동조하지 않고 두 번째 광선분할기에 도달한다. 그러면 우리는 총체적인 파괴적 간섭을 관찰하게 된다. 즉 두 광선은 상쇄한다. 더 나아가 두 경로의 길이의 차이가 0이거나 한 파동의 정수 배일 때 두 파동은 두 번째 광선분할기에 어김없이 동조하여 도달하며, 그 결과 우리는 그림 5.6에 보이는 최고치를 얻는다. 그 경로의 길이가 파동 절반의 홀수 배일 때, 그래서 그 파동들이 전혀 동조하지 않고 도달할 때, 우리는 그 그림에서 최저치를 얻는다.

광자들은 탐지된 예리한 진동들처럼, 분명히 입자의 속성을 보여 주지만, 이러한 중첩과 간섭 현상은 광자들이 파동처럼 행동한다는 명백하고 확실한 증거이다. 이 모든 실험에서 확실한 것은 그 시스템 속에는 한 번에 오직 하나의 광자만 있다는 사실이다. 비록 그 광자는 마치 단일한 입자로부터 나온 것처럼 예리한 진동으로 기록되지만, 그것은 간섭무늬를 나타내도록 스스로 간섭하고 있는 것처럼 보인다. 그러나 자신을 간섭하는 입자가 무엇을 의미할 수 있을까? 주목할 것은 그들의 파동성을 드러내는 데는 수 초 동안 많은 광자 수의 집적이 필요하다는 것이다. 여러분은 내가 주의해서 상세하게 설명하려고 하는 양자역학의 가장 중요한 미스터리에 접근하고 있다.

우리는 간섭계를 조정함으로써 파동과 입자의 미스터리한 관계 속으로 조금 더 깊이 들어갈 수 있으며, 그리하여 그 광자가 검출기 2에 수신되기까지 어떤 경로를 따라 이동했는지를 이야기할 수 있다. 어떤 결과가 나오는지에 대해서 검출기 3을 고려할 필요는 없다. 고정된 거울을 매우 정교하게 균형 잡힌 거울로 교체하여 단 하나의 반사된 광자가 그것을 흔들었다고 상상해 보자. 흔들림이 일어날 때 측정을 하면, 그것이 우리에게 그 광자가 어떤 경로로 들어가서 검출기 2에 수신되는지를 알려 줄 것이다. 물론, 검출기 2가 거울의 흔들림이 없는 수치를 기록한다면, 우리는 광자가 다른 경로로 갔다는 것을 알게 된다. 광자가 어떤 경로로 갔는지를 아는 것이 우리에게 광자가 입자라는 정보를 제공한다. 왜냐하면, 입자의 주요한 특징은 명확한 궤적을 갖는다는 것이기 때문이다. 이제 언제 거울이 흔들리는지를 감시하면서 움직이는 거울에 전압을 공급하여 경로의 길이를 다르게 변화시키면, 결코 간섭무늬를 얻을 수 없다는 사실을 발견하게 된다.

실험들은 광자가 어떤 경로로 갔는지(입자 정보) 알 경우, 결코 간섭무늬(파동 정보)를 얻을 수 없다는 것을 분명하게 보여 준다.

흔들리는 거울 아이디어는 개념적으로는 간단하지만, 기술적으로는 실현 가능한 것이 아니다. (단 하나의 광자에 의해서 흔들리는 거울은 만들 수 없다는 의미; 역자 주) 그렇지만, 기술적으로 광자가 이동하는 경로를 알아내는 훌륭한 방법들은 많다. 방법이야 어떤 것이든, 우리가 경로 정보를 알 때, 우리는 결코 간섭무늬를 얻을 수 없다. 보다 일반적으로, 광자가 이동하는 경로와 같은, 광자의 입자적 성질을 알 때 광자는 결코 간섭무늬를 만드는 파동의 성질을 드러내지 않는다. 반대로, 광자가 이동하는 경로를 알지 못하여 광자의 입자적 성질을 모르면 간섭무늬를 볼 수 있다. 이러한 광자의 파동·입자 작용은 양자역학의 핵심인 상보성 원리의 표출이다.

　　지금까지의 분석은 앞 장에서 논의한 상보성의 좋은 예이다. 거기에서 나는 다른 관점에서 보면 자연스럽게 뒤집히지만, 결코 동시에 두 모습은 보이지 않는 선으로 된 육면체를 보여 줌으로써 상보성의 시각적 유사체를 보여 주려고 했다. 여기에서 중요한 점을 상기하면 다음과 같다.

> 1. 상보적 속성(파동과 입자 같은)은 그것을 연구하기 위하여 상호 배타적인 실험 조건을 요구한다.
> 2. 상보적인 짝의 양극(兩極)은 동등하게 실재하며, 양자 시스템을 특징짓는 데 중요하다.
> 3. 단일한 실재(unitary reality)는 표현 가능한 형태로 모든 상보적 속성들을 아우른다.

양자 이론 속으로 가는 짧은 여행

지금까지 광자의 성질을 논하면서 실제 실험 결과에 관해 설명했다. 잠시 양자 이론의 몇몇 일반적 특징으로 옮겨 보자. 그것은 다음 물음에 답을 줄 수 있다. 광자가 파동의 성질을 가지고 있다면, 어떤 종류의 파동일까? 예를 들어, 수파(水波)의 경우, 그것은 파동을 겪고 있는 물이며, 음파(音波)는 공기의 압축파로 이루어져 있다. 그렇다면, 양자역학에서는 무엇이 흔들리고 있는 것일까? 이 중요한 물음에 답하기 위하여 수학을 약간 언급하지 않을 수 없다. 그것들 가운데 몇 가지는 여러분이 이미 학교에서 배운 것이다.

어떤 수의 제곱근을 구하는 연산으로 시작하자. 어떤 수의 제곱근을 구하면, 그 수의 제곱이 되는 수(자신을 곱한 수)는 원래의 수가 된다. 예를 들면, 100의 제곱근은 10이다. 10의 제곱(10×10)은 100, 즉 원래의 수가 된다. 하나의 예가 더 있는데, 이때 제곱근과 제곱 연산에 표준 수학기호가 사용된다. $(4)^{1/2}=2$, $2^2=4$. 아마도 이들 모두가 약간은 친숙할 것이다. 그리고 여러분은 제곱근을 구하기 위하여 연산법을 배우던 일을 상기할지도 모른다. 가장 간단한 계산기조차도 제곱근 기능이 있기 때문에, 우리 대부분은 오래전에 연산법을 잊어버렸다.

그러나 여기에 중요한 문제가 있다. 여러분의 간단한 계산기에 −1의 제곱근을 구하도록 요청하면 어떻게 될까? 만약 그 계산기가 이 컴퓨터 운영체제에서 제공하는 것과 같다면, 계산기는 여러분이 인식 불가능한 입력을 했다고 불평할 것이다. 16세기 초에 수학자들은 복소수(複素數) 개념 'i'를 도입했다. $i = (-1)^{1/2}$이면 $i^2 = -1$이다. 그래서 그것은 제곱근의 성질을 따른다. 그러나 수표장을 결산하거나 목공 일을 하는 일상생활에서 우리는 복소수와 마주치지 않는다. 이런 이유에서 르네 데카르트(René Descartes)는 실수(實數)에 대비(對比)하여 경멸하는 의미에서 이 복소수들을 허수(虛數)라고 불렀다. 허수 개념은 받아들여졌으며, 여전히 광범위하게 사용되고 있다. 나는 여러 해 동안 이들 허수를 여러 분야에 적용하여 작업하고 있음에도 불구하고, 그것들은 여전히 나에게 조금은 신비하다.

여러분이 일단 i를 갖게 되면 모든 종류의 일반화가 가능하다. 예를 들면, $(-4)^{1/2} = 2i$이고 $(2i)^2 = -4$이다. 이제 여러분은 일반적인 복소수 N = a + ib로 정의할 수 있다. 여기에서 a와 b는 실수로서 양수일 수도 있고, 음수일 수도 있다. 일반 복소수는 실수와 마찬가지로 더하기, 빼기, 곱하기, 나누기가 가능하다. 내가 여기에서 복소수를 소개하는 것은 그것이 양자역학에서 중추적인 역할을 하기 때문이다.

양자 이론은 향후의 측정 결과에 대하여 오직 가능성만을 제공한다는 점을 상기하라. 우리는 위에서 정의한 N과 같은 복소수인 확률 진폭이나 파동 함수의 절대 제곱을 만듦으로써 이 가능성을 발견한다. ('절대 제곱'은 보다 일반적인 제곱 연산으로서 복소수를 수용할 수 있다. 복소수의 절대 제곱은 항상 양陽의 실수實數를 제공한다.) 약간 다른 방식으로 말해 보자. 여러분은 파동 함수, 즉 복소수로 시작한다. 그다음 향후의 측정에 예상되는 결과에 대한 확률 수치를 얻기 위하여 그 파동 함수의 절대 제곱을 구해 보자. 양자역학에 적합한 −1의 제곱근이 필요하지만, 그럴 수가 없다는 사실이 이상하게 생각될 것이다. 복소수는 가장 심오한 수준의 이론으로 되어 있다.

이들 확률 진폭, 즉 파동 함수는 파장과 간섭능력 같은 파동의 속성을 지닌다. 양자 이론은 우리에게 주어진 시간에 삼차원 공간의 주어진 지점에서 입자를 탐지할 수 있는 확률을 말해 주지만, 진폭 그 자체는 추상적인 수학적 공간인 '힐베르트 공간(Hilbert Space)'으로 진화한다. 힐베르트 공간에 대하여 두 가지 중요한 것을 알아야 할 필요가 있다. 첫째, 힐베르트 공간은 복합적 공간이다. 둘째, 힐베르트 공간은 무수한 차원을 갖는다. 이제 이 둘째 속성이 심각한 문제를 제공한다. 우리는 이 페이지의 표면은 2차원 공간이며, 여러분의 신체는 3차원 공간을 점유하고 있다는 것을 쉽게 이해할 수 있다. 그러나 무수한 차원의 복합 공간은 고사하고, 어떻게 4차원 공간을 시각화할 수 있겠는가? 우리는 그런 공간을 시각화할 수 없다. 우리는 그런 공간

불교와 양자역학

을 현대 수학을 이용하여 완전한 일반론으로 분석할 수 있을지라도, 그것을 그릴 수는 없다.

실제 측정에 앞서서, 우리가 말할 수 있는 모든 것은 그 시스템이 무수한 차원의 복합적인 힐베르트 공간으로 진화하는 확률 진폭에 의해서 표현된다는 것이 전부다. 우리는 파동 함수나 확률 진폭이 그 개념의 합리적인 의미에서의 물리적 상태가 아니라는 것을 명확히 하기 위해 복소수와 힐베르트 공간에 대해 논의해야 할 필요가 있었다. 절대 제곱을 구함으로써 우리는 이들 확률 진폭을 향후 탐지에 관한 예측으로 바꾸었다.

그 탐지에 앞서서, 확률 진폭이나 파동 함수는 음파나 수파와 같은 물질이나 에너지로 이루어지지 않았다. 이 개념은 고전물리학에는 그 어떤 유사체도 없는 어려운 관념이다. 확률 진폭이 수학적으로는 명쾌하고 엄밀하게 기술되지만, 측정 이전의 상태에 대하여 그 어떤 정확한 심상(心象)도 만들 수가 없다. 그렇지만, 분명한 것은 양자역학 속 파동들은 비물질적인 확률 진폭으로서, 그것의 절대 제곱이 그 시간과 장소에서 입자를 측정할 가능성이나 확률을 제공한다는 것이다. 예를 들어, 어떤 시간과 장소에서 확률 진폭이 큰 경우를 생각해 보자. 만약 그 상태를 측정하면, 그 시간과 장소에서 입자가 발견될 가능성이 있다는 것을 의미한다.

이 장에는 확률에 관한 많은 언급이 있기 때문에 확률에 대하여 조금 살펴보는 것이 좋겠다. 나는 객관적 사실에 대한 무지를 표현하는 확률과 객관적 불확정성을 묘사하는 확률의 차이를 설명하고자 한다. 객관적 사실에 대한 무지를 표현하는 확률은 고전물리학, 즉 뉴턴물리학과 일반적인 언어에서 나타난다. 객관적 불확정성을 묘사하는 확률은 양자역학에 진정으로 새롭고도 중요한 방식으로 나타난다.

간단한 예를 생각해 보자. 나는 내 연구실에서 나와 교실로 향한다. 그런데 연구실을 나올 때 전등을 껐는지 기억나지 않는다. 나는 연구실 전등이 켜져 있을 확률은 1/3이라고 추정한다. 물론 전등이 꺼져 있을 확률은 2/3다. 여기에서 확률은, 전등이 실제로 켜져 있는지, 꺼져 있는지 알지 못하는 나의 객관적인 상태에 대한 무지의 정도다. 누구든지 내 연구실로 가서 전등의 상태를 점검할 수는 있지만, 그들이 점검하는 일이 전등의 상태를 바꾸지는 못할 것이다.

대조적으로, 양자역학에서 확률은 객관적인 상태에 대한 무지를 표현하지 않는다. 오히려 그 이론은 측정에 따르는 잠재적인 결과를 추정하는 확률만을 제공한다. 예를 들어, 그 이론이 어떤 시간과 장소에서 광자가 측정될 확률이 1/3이라고 이야기한다면, 그것은 객관적인 사실을 이야기하고 있는 것이 아니라, 단지 향후의 측정에서 기대하는 것을 이야기하고 있을 뿐이다. 측정 이전부터 분명한 속성을 지닌 객관적 상태는 없다. 측정 이전 자연은 객관적으로 불확정적이며, 순수한 가능성의 상태에 있다. 이것은 만약에 내가 양자역학적인 연구실을 가지고 있고, 그 안에 양자역학적인 전등이 있다면, 측정하기 전에는 그 전등은 켜지기도 하고 꺼지기도 하는 중첩이나 간섭의 상태에 있게 된다는 것을 의미한다. 이렇게 되면 명확한 의미에서 실제로 존재하는 상태는 없을 뿐만 아니라, 점등과 소등은 모두 측정의 잠재적인 결과들이다. 양자 연구실 전등의 상태를 점검(측정)하면, 각각의 선택에 상응하는 적절한 가능성을 지닌 상태(점등과 소등) 가운데 하나가 나타난다.

내 연구실에 대한 양자적 묘사의 타당성을 확인할 수 있는 유일

불교와 양자역학

한 방법은 매우 많은 수의 동일한 상태(점등 확률 1/3)의 연구실을 준비하는 것이다. 그리고 나서 나는 각각의 연구실을 점검하여 점등된 연구실과 소등된 연구실을 확인한다. 그렇지만 내가 충분히 많은 방을 점검할 때 그 결과는 점등된 방이 정확히 1/3로 수렴된다. 이것은 객관적인 상태에 대한 무지를 표현하는 확률을 사용하고 있는 것이 아니라, 객관적 불확정성, 또는 무작위성을 표현한다는 것을 알아주기 바란다. 이 객관적 불확정성은 양자역학의 핵심으로서, 근본적으로 새로운 특징이다. 그것은 어쩌면 우리가 세상을 이해할 때 양자 이론이 이바지한 가장 중요한 공헌일 것이다.

확률은 자연의 근본적인 불확정성의 표현이라는 점이 매우 중요하기 때문에 이를 명확하게 하는 다른 예를 들어 보겠다. 나는 미국 최초의 한국 사찰인 캘리포니아 카멜에 있는 삼보사 금강선원에서 양자역학에 관한 발표를 한 적이 있다. 내용은 양자역학에서 확률의 역할에 관한 몇 가지 아이디어에 관한 것이었는데, 그 발표를 듣고 한 여성 법우가 그것이 의학에서 사용되는 확률과 어떻게 다른가를 물었다. 예를 들어, 수많은 골초들이 있고, 우리는 20년 후에 특정한 흡연자가 폐암에 걸릴 확률이 높다는 것을 안다고 하자. 우리는 어떤 특정한 흡연자가 폐암에 걸릴지 안 걸릴지는 말할 수 없지만, 확률로 추정할 수는 있다. 여기까지는 이것이 양자 의학적 사례처럼 보인다.

그러나 거기에는 중요한 차이가 있다. 어떤 사람이 결국에 폐암에 걸릴 것인지 아닌지는 어떤 측정이나 진단에 의해 결정되지 않는다. 우리는 의사의 진단이 질병을 촉진한다고 믿지 않는다. (만약 그렇게 믿는다면, 그 사람은 극소수의 환자에 속할 것이다.) 그보다는 모르고 있었지만, 객관적인 상태로 진찰 이전에 이미 존재하고 있었으나 드러나지 않고 있던 암을 발견한 것이라고 믿는다. 바꾸어 말하면, 환자에 대한 진단이나 진찰은 진단 이전부터 존재했던 객관적 사실을 밝혀낸다. 그와는 반대로, 양자역학에서는 측정이 실제로 물리적 시공 속에 존재하지 않으면서 진화하고 있는 확률의 중첩으로부터 실제 시공 속의 사건으로 변화를 일으킨다. 의학의 경우 확률은 무지의 표현이지 양자역학처럼 자연의 본질적인 불확정성의 표현이 아니다. 게다가 그것들의 발현 이전에 양자적 확률은 마치 파동처럼 간섭한다. 이들 간섭 효과의 결과는 이미 잘 연구되어 있다. 의학의 경우는 확률 진폭에 기인하는 이러한 어떤 간섭 효과도 없는 것으로 생각된다.

그러나 복잡한 문제가 있다. 어떤 사람이 암에 걸리느냐 걸리지 않느냐는 아마도 세포 속의 양자적 과정에 의해서 결정될 것이다. 이들 과정은 아마도 흡연, 운동, 다이어트 같은 건강 습관에 의존하고 있는 편향된 어떤 방식인 것 같다. 그러니까 양자적 상태들의 중첩이 누구는 암에 걸리고, 누구는 걸리지 않는 핵심인 것 같다. 미생물학자가 질병의 발생을 깊이 연구할 때 양자역학이 중요한 역할을 한다는 것을 발견하게 되는 일은 가능하다. 그러나 현재 의학에서 사용하는 확률은 객관적 정보의 무지를 표현하는 것이지 자연의 근본적인 불확정성을 표현하는 것이 아니라는 나의 주장은 여전히 유지된다.

우리가 간섭계에 대하여 이야기하면서 보았듯이, 확률 진폭은 마치 수파(水波)처럼 간섭한다. 그러나 이미 강조했듯이 비록 확률 진폭들이 간섭하고 파장을 지니고는 있지만, 그것들은 다른 파동들처럼 물리적이거나 물질적인 것이 아니다. 또한, 표준 양자역학은 단연코 물리학 역사상 가장 훌륭한 이론이라는 것을 명심해야 한다. 그 어떤 것도 비교조차 되지 않는다. 물론 물리학의 모든 이론과 마찬가지

불교와 양자역학

로 변화와 개선의 여지는 있다. 그럼에도 불구하고 측정하기 이전부터 힐베르트 공간 속에서 진화하고 있는 확률 진폭이나 파동 함수의 중요한 이론은 양자역학이 최초로 현재의 수학 공식을 갖춘 이래 80여 년 동안 흔들리지 않았다. 물리학적으로 더 그럴듯하게 보이는 이론으로 교체하려는 모든 시도는 실패했다. 비록 어떤 큰 통일체계 속에 자연의 네 가지 힘을 통일하려는 현재의 시도가 지금까지 성공적이지는 못하지만, 내가 알고 있는 한 그 이론들 가운데 어떤 것도 표준 양자역학의 이런 특징을 교체하려고 시도하지 않는다. 물론 현실이 이렇다고 해서 양자역학이 항상 현재의 모습을 지닐 것이라는 보장은 할 수 없다. 하지만 지금까지의 양자역학 이론이 엄연한 현실이므로, 나는 이 장의 남은 부분에서 이것을 가지고 작업을 하고자 한다.

양자역학에서 하는 일은 그 시스템의 세부 사항을 고려해 역학 방정식을 풀어서 이들 확률 진폭들이 시간 속에서 어떻게 전개하는지를 보여 주고, 가능한 실험 결과를 예측하는 것이다. 예를 들어, 우리는 간섭계의 두 부분을 따라 이동하는 광자의 확률 진폭이나 파동 함수를 발견할 수 있다. 이들 확률 진폭이 어떻게 간섭하는지를 앎으로써, 우리는 이제 광자 탐지의 가능성을 예측할 수 있다. 시간이 지남에 따라 광자의 수가 누적되면 확률 진폭의 근본적인 간섭 패턴이 드러난다.

이와는 대조적으로, 이 장을 시작할 때 했던 실험에서 쇠구슬이 어떻게 공간을 통과하여 이동하는지를 알기 위하여, 우리는 뉴턴의 역학 법칙과 중력 법칙을 사용했다. 이들 법칙은 완전히 인과적이다. 쇠구슬에 주어진 힘과 출발 조건들을 고려하면, 그 구슬의 움직임을 정확하게 예측할 수 있다. 즉 뉴턴 물리학은 구슬이 공중을 뚫고 움직이는 상세한 경로와 정확한 궤적을 알려 준다.

양자역학으로 돌아가서, 양자역학에는 두 개의 서로 다른 진화형태가 있다는 것을 반드시 이해해야 한다. 그런데 오직 하나만이 진화된다는 것은 실로 불가사의하다. 첫째, 그 시스템이 마련된 시간과 그것이 측정된 시간 사이에 지속적이고 인과적인 비물리적 확률 진폭이 있다. 양자역학 방정식의 지배를 받는 힐베르트 공간 속에서 이루어지는 이 인과적 진화가 의미하는 것은, 어느 한 시간의 확률 진폭의 상태를 고려하면, 우리는 다른 시간에 어떤 진폭이 있을지 확신을 두고 정확하게 예측할 수 있다는 것이다. 이것은 여러분의 커피잔 속 어느 때의 수면파(水面波) 상태를 구체적으로 기록한 후, 다른 시간에 수면파의 정확한 상태를 알아내기 위하여 그 방정식을 이용하는 것과 전적으로 유사하다.

그러나 확률 진폭은 수파(水波)처럼 3차원 공간 속에 있는 물리적 파동이 아니다. 확률 진폭은 무한차원의 힐베르트 공간 속에서 진화한다. 확률 진폭의 인과적 진화는 어떤 독립적으로 존재하는 물질적 실체를 상정하지 않고, 그 시스템의 장치를 통과하는 본래적으로 존재하는 광자 없이, 양자 시스템의 지속성을 설명해 준다. 따라서 그것은 중관사상의 소멸에 의한 인과율의 지속과 놀랄 만큼 유사성을 지닌다. 우리는 정확하게 말할 수 있다. 양자적 확률이 진화하는 매 순간 그것들은 생성[生], 머묾[住], 소멸[滅]을 겪으며, 끊임없이 다른 순간의 생성, 머묾, 소멸을 낳는다. 중관사상의 소멸과 마찬가지로 모든 것의 근본이 되는 물질적 실체는 없다.

둘째, 측정은 이러한 인과적인 양자 진화를 전혀 예측할 수 없는 방법으로 붕괴시켜 특정한 결과를 드러내 보여 준다. 이와 같은 맥락에서, 측정은 검출기 안의 진동 같은 어떤 물리적 효과의 불가

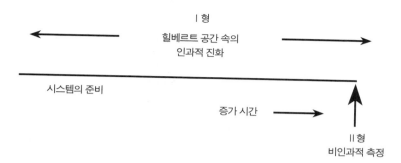

그림 5.7. 양자 진화의 두 가지 형태

역적(不可逆的) 기록을 의미한다. 진동이 불가역적인 것은 결코 그 자신을 다시 광자로 변화시켜 사라질 수 없기 때문이다. 소위 측정에 의해 초래된 이러한 확률 진폭이나 파동 함수의 '붕괴(collapse)'는 비인과적, 또는 확률적 요소가 양자역학으로 들어가는 지점이다. 양자 이론은 가능한 결과에 대한 확률 예측만 할 수 있을 뿐, 결코 어떤 결과가 나올지에 대해서는 정확하게 이야기하지 않을뿐더러, 그 붕괴 과정에 관한 어떤 정보도 주지 않는 불가사의한 현상에 핵심이 있다. 중관사상에 경의를 표하는 의미에서, 우리는 그것을 소멸 과정이라고 부를 수 있으며, 결과로 생긴 상태는 소멸 과정의 하나이다. 편의상 확률 진폭의 인과적 진화를 Ⅰ형 진화라고 부르고, 비인과적 붕괴, 또는 특정한 결과로의 소멸을 Ⅱ형 진화라고 부르기로 한다. 우리는 이론과 실험을 통해 확률 진폭에서 측정된 결과로의 변화가 동시적·즉각적이라는 것을 안다. 바꾸어 말하면, 확률에서 현실로의 붕괴에 시간이 걸리지 않는다는 것이다. 그림 5.7은 이들 두 형태의 진화를 요약한 것이다.

　　상호 관계에 있는 광자 쌍의 생성(시스템의 준비)과 실제 측정하기 바로 이전 사이에는 힐베르트 공간 속에서 Ⅰ형 진화만을 갖는다. 이 시간 동안은 궤적도 없고, 시간과 공간 속에서 지속적으로 경로를 그리는 그 어떤 물리적 실체도 없다. 대체로 그것은 일상적인 경험에 비해 매우 생경한 것이기 때문에 학생과 전문가 모두가 비슷하게 양자역학 속에는 공간 속에서 분명한 궤적을 그리고 있는 그 어떤 물질적이거나 에너지적인 실체는 없다는 것을 이해하기 어렵다. 여기에 그 어떤 본래적인 독자성도 없는 지속성의 근본적인 표현이 있다. 측정에서는, 즉 Ⅱ형 진화에서는 힐베르트 공간 속의 희박한 확률이나 가능성들이 검출계 속 진동 같은 실제의 분명한 결과로 즉각적으로 변화한다. 측정 이전에는 작은 쇠구슬처럼 붙잡을 수 있는 그 어떤 것도 없다. 그렇지만, 우리의 몸, 세계, 그리고 사랑하는 사람의 모습은 Ⅰ형 진화와 Ⅱ형 진화 모두에 의존하고 있다.

　　우리는 많은 실험을 하고 (많은 검출 횟수를 축적하고), 그들의 분포를(예를 들면, 그림 5.7.) 이론적인 예측과 비교함으로써 양자역학의 정당성을 입증한다. 양자역학의 예측 정확성에는 의심이 없지만, 여전히 성가신 근본적인 문제가 있는데, 그것은 양자역학이 물리적 우주관에 대하여 무엇을 의미하는가이다. 위에서 살펴본 최근의 간단한 광자 실험은 양자역학의 몇 가지 심오한 진리와 불가사의한 것들을 인상적이고 설득력 있게 보여 주고 있다. 이제 화제를 바꾸어 양자역학 이론이, 주된 원인과 보조 조건에 대한 티베트불교의 이해와 어떻게 관계가 있는지 이야기하고자 한다.

광자·원인·조건

뉴턴 역학과 중관사상의 인과율로부터 양자역학의 가장 의미 있는 일탈은 Ⅱ형 진화 속에 존재한다. 그것은 확률 진폭에서 실제 측정 결과로의 즉각적이고 동시적인 변화다. 인과적 진화인 Ⅰ형은 아무런 문제가 없으므로, 나는 Ⅱ형에 초점을 맞추고자 한다.

검출기 속에서 하나의 광자로부터 나온 날카로운 진동을 검출했다고 하자. Ⅱ형 진화는 힐베르트 공간 속에 있는 확률 진폭에서 기존의 시간과 공간에 있는 실제 측정된 독립체로의 즉각적인 변화가 있었다는 것을 의미하므로, 어떤 특정한 광자의 검출에 직접적인 주된 원인은 있을 수 없다. 모든 주된 원인을 위해 요구되는 '유사한 연속체'는 없는 것이다. 힐베르트 공간 속에 있는 단순한 가능성으로서의 시스템 상태는 통상적인 시간과 공간 속에 있는 실제로 측정된 결과와 단절되어 있다. 광자의 검출에 간접적인 주된 원인은 있을까? 없다. 힐베르트 공간 속에 있는 확률 진폭과 검출된 광자 사이의 단절로 인해서 특정한 광자 검출에 그 어떤 간접적이거나 직접적인 주된 원인은 있을 수 없다.

특정한 광자의 검출에 보조 조건이나 도움이 되는 원인은 있을까? 내가 이 장을 통해서 강조했듯이, 가능한 측정 결과가 하나 이상 있으면, 양자 이론은 언제나 측정 결과에 대한 확률만을 제공한다. 양자 이론은 결코 Ⅱ형 진화에서 어떤 결과가 나올 것인지에 대하여 확실하게 말하지 않는다. 바꾸어 말하면, 개개의 측정에 양자역학적 원인은 없다. 따라서 개개의 측정에 직접적인 보조 조건이나 도움이 되는 원인은 없다.

간접적인 보조 조건은 있는 것일까? I형 진화에는 직접적이거나 간접적인 주된 원인과 보조 조건이 모두 다 있다는 것을 상기하라. 따라서 I형 진화의 앞 순간은, 양자역학의 역학 방정식에 따라, I형의 다음 상태에 주된 원인과 보조 조건을 제공한다. 그러나 양자 이론은 개개의 측정 결과에 그 어떤 뚜렷한 원인도 제공할 수 없으므로, 특정한 측정에 간접적인 보조 조건이나 도움이 되는 원인이 있을 수 없다. 간단히 말하면, 특별한 측정을 한다고 할 때, 그 측정에 직접적이거나 간접적인 주된 원인도 없고, 보조 조건도 없다는 것이다. 내가 알기로, 물리학계는 II형 진화를 분석하면서 지금까지 결코 티베트 불교의 인과율 범주를 채용하지 않았다. 그러나 그렇게 함으로써 양자역학의 핵심인 개별 사건에 대하여 근본적인 인과율은 없다는 것을 명백하게 드러내고 있다.

인과율 불일치로 보는 뇌와 돌연변이

두 번째 성스러운 진리[集聖諦]는 괴로움의 원인에 대하여 이야기한다. 한편 네 번째 거룩한 진리[道聖諦]는 인과율을 사용하여 괴로움을 소멸하는 방법을 알려 준다. 인과율은 불교철학의 핵심으로서 깨달음과 무량한 자비심 함양의 토대가 되는 공(空)을 확립하기 위하여 사용된 주된 논거 가운데 하나다.

중관사상의 인과관(因果觀)은 고전적인 뉴턴 물리학과 잘 맞아 떨어지기 때문에 뉴턴 물리학의 예를 들어 직간접의 주된 원인과 보조 조건을 살펴보았다. 그러나 중관사상의 인과율과 개개의 사건에 대한 양자역학적인 Ⅱ형 진화 사이에는 중요한 차이가 있다. Ⅱ형 진화를 통해 지속되고 있는 명확한 형태나 성질을 지닌 실체, 즉 독립체는 없다. 따라서 힐베르트 공간 속에 있는 간섭하는 확률 진폭들이 붕괴함과 동시에 경험적인 시공 속의 사건으로 변화하는 데는 직접적인 주된 원인도 없고, 간접적인 주된 원인도 없다. Ⅱ형 진화 속에 있는 개개의 사건을 고려할 때 거기에는 직접적인 보조 조건도 없고, 간접적인 보조 조건도 없다.

개별적인 사건의 수준에서, 양자역학적 인과율은 중관사상의 이해에서 벗어난다. 인과율에 대한 중관사상의 이해를 사용하여 Ⅱ형 진화를 분석하는 일이 몇몇 철학적 주제들을 명확하게 할지라도, 그것이 골치 아픈 양자역학적 문제 해결 방법을 알려 주지는 않는다.

과학의 권세와 외부 영향에 대한 상대적인 무감각을 고려할 때, 중관사상의 인과율과 양자역학의 불일치가 물리학에 이의를 제기할 가능성은 매우 희박하다. 그렇지만 우리는 이 불일치가 불교에 이의를 제기할 것인지는 물어볼 수 있다. 달라이 라마께서는 과학이 불교 교리의 잘못을 분명하게 입증하면, 불교는 마땅히 변해야 한다고 말씀하셨다. 예를 들면, 달라이 라마께서는 "불교도들은 환생을 믿습니다. 그러나 다양한 연구를 통해 어느 날 과학이 환생은 없다는 분명한 결론에 도달했다고 합시다. 만약에 이것이 결정적으로 입증된다면, 불교도는 그것을 기꺼이 받아들여야 합니다. 이것이 보편적인 불교사상입니다"[86]라고 말씀하셨다. 이런 태도를 가지면, 자연스럽게 다

---

[86] Sidney Piburn, *A Policy of Kindness: An Anthology of Writings by and about the Dalai Lama* (Ithaca NY: Snow Lion Publications 1990), 28.

음과 같은 물음이 생긴다. "양자역학의 인과율 결여가 불교에 중대한 영향을 미치는 것일까?"

나는 인과율에 대한 양자역학과 중관사상의 관점의 차이가 불교의 공(空)의 논증을 부정하지 않는다는 점에 주목하면서 이 물음에 대한 답변을 시작하고자 한다. 사실 I형 진화를 그 어떤 근본적인 물리적 실체가 없는 확률 진폭이나 파동 함수의 지속적인 변화로 이해하는 것은 단지 공의 사례, 즉 독립적인 존재가 없음을 강화할 뿐이다. 이것은 또한 II형 진화, 즉 가능성에서 현실로의 즉각적인 변화에도 해당된다. 어떤 가능한 결과가 실현될지 예측할 수 없을 뿐만 아니라, 어떤 결과가 나올지를 측정하는 행위에 의존한다는 것은, 고립되어 있든 앞 장에서처럼 쌍으로 얽혀 있든, 양자적 실체, 즉 소립자는 독립적 존재가 아니라는 것을 확인해 준다. 따라서 공의 사례는 강화되지만, 불교의 다른 부분들은 도전을 받을 것이다.

불교는 인과율을 괴로움의 근원과 소멸을 이해하는 핵심으로 이해하므로, 만약에 양자역학이 효과적으로 인과의 법칙에 이의를 제기한다면, 이것은 불교의 가장 깊은 토대를 뒤흔들 수도 있을 것이다. 아마도 이것이 달라이 라마와 남걀(Namgyal)의 게쉐(geshe)들이 양자역학에 인과율이 결여된 것에 대하여 우려를 표명한 이유일 것이다. 여기에서 나는 잠시 양자역학과 뇌에서 인과율의 붕괴가 불교에 끼칠 수 있는 영향 하나를 생각해 보겠다. 그런 다음에 다윈 진화론의 문제로 돌아가고자 한다.

① 양자역학과 뇌

뇌는 아마도 우리가 알고 있는 가장 복잡한 구조일 것이다. 개개의 양자 사건들이 뇌 속에서 일어난다는 것은 의심의 여지가 없지만, 그것이 정신활동과 상관관계가 있는 뇌 작용에 중요한 것인지는 아직 연구와 논란의 대상이다. 개개의 양자적 사건들이 정신활동에 중요한 역할을 하지 않을 수 있다. 따라서 불교의 가장 중요한 목적이 괴로움을 없애는 것이라는 점을 생각한다면, 그들은 정신활동에 대하여 생각할 때 대체로 양자역학을 도외시할 것이다. 반면에 많은 사람들이 믿고 있듯이, 만약 개개의 양자 사건들이 정신 상태와 상관관계가 있는 뇌 작용에 결정적이라면, 양자역학은 불교에 직접적으로 영향을 줄 것이다. 뇌의 상태와 정신 상태가 상관관계에 있다는 주장이, 정신 상태는 뇌의 상태로 환원될 수 있다고 주장하는 등가관계는 고사하고, 반드시 인과관계를 의미하지도 않는다는 점을 주목하자. 그러므로 이러한 상호 관계를 고려하는 것이 우리를 의식에 환원주의적으로 접근하는 유물론자에 결부시키지 않는다.

양자역학의 의식 속에서의 역할은 대단히 전문적인 주제로서 아직 초기 발전단계에 있다. (스탠퍼드 철학 백과사전은 양자역학의 배경을 추정하는 훌륭한 최근의 개관을 보여 준다.)[87] 현재의 이론들은 충분히 발전되지도 않았고, 실험적으로 검증되지도 않았다. 그러나 정신 상태와 상호 관계에 있는 뇌의 물리적 상태에 순수한 무작위성(randomness)이 있다면, 이것은 도덕성에 영향을 주게 된다. 예를 들어, 중요한 도덕적 행위가 돌이킬 수 없는 무작위성을 지닌 하나의 양자 사건과 밀

---

[87] Harald Atmanspacher, "Quantum Approaches to Consciousness", *Stanford Encyclopedia of Philosophy* (Winter 2004 Edition), ed. Edward N. Zalta, http://plato.stanford.edu/archives/win2004/entries/qt-consciousness.

접한 상호 관계에 있는 경우를 생각해 보자. 그 긴밀한 상호 관계가 의미하는 것은 나의 중요한 도덕적 행위들이 돌이킬 수 없는 무작위성을 지닐 수도 있다는 것이다. 가령, 나는 진심으로 도덕적인 행동을 하려고 하지만, 나의 좋은 의도에도 불구하고 무작위적으로 악(惡)을 초래할 수 있다는 뜻이다. 그렇더라도 넓게 보면 도덕적 행위는 분명한 통계학적 평균치를 가질 것이다. 일상적인 경험에서 판단하면, 도덕적 행동을 하려 할 때 대부분은 긍정적인 행동들이 나타난다. 그러나 항상 그런 것은 아니다. 성 바울이 로마서 7장 19절에서 "내가 원하는 선(善)은 행하지 않고 오히려 원하지 않는 악(惡)을 행합니다"라고 한탄하듯이 성 바울을 비롯한 그 밖의 사람들이 "필연적으로 확률적인 Ⅱ형 진화가 나를 다시 파멸시켰네!"라고 주장한다고 해서 구제될 수 있을까? 불교에서는, 비록 개개의 행동들은 인과적으로 결정되지 않을지라도, 그룹으로서의 행동들은 분명한 통계학적 평균치에 얽매인다고 말하면 되는 것일까? 나는 이 물음에 답할 수 없다. 그러나 분명한 것은 그것들이 불교에 중요하다는 것이다.

이 하나의 예에서 Ⅱ형 진화가 불교의 정신 수행, 그리고 이론과 관련 가능성이 있음을 알 수 있다. 이 장에서 단일 광자 실험에 대한 논의가 몇몇 낯선 양자 현상들을 나타내 보여 주었지만, 그 현상들은 외딴 동굴 속에서 오랜 기간 명상수행을 하는 승려들과도 큰 관련이 있을 것이다.

그렇지만 나는 과학 단독으로 양자역학과 의식과의 관련성에 대한 물음에 답할 수 있다고 생각하지 않는다. 과학은 그 역사 전반을 통해서 주관에 대한 모든 언급을 체계적으로 배제함으로써 발전했다. 따라서 과학의 현재 모습으로는 환원 불가능한 주관적인 양상을 지닌 의식을 설명할 수 없다고 생각한다. 반면에 비록 불교가 주관을 연구하기 위한 비범한 기술을 발전시켰지만, 그 자체로는 뇌의 엄청난 복잡성과 그것이 우리의 행동에 미치는 영향을 과학적으로 연구할 능력이 없다. 그러나 실험실의 과학자와 수행하는 승려의 협력은 서로 협력하지 않는 것보다 더 깊이 있게 의식을 이해하는 길이 될 것이다. 그리고 괴로움을 해소하는 데 큰 공헌을 할 것이다.

불행하게도, 아무도 불교와 과학의 협력에 대한 나의 열의를 공유하지 않는다. 신경과학회 2005년 학술대회에서 달라이 라마에게 기조연설을 요청하고, 숙련된 명상수행자들의 뇌를 측정한 내용에 대하여 토론했다.[88] 그러나 이것이 구지앙궈(Gu Jianguo) 박사를 자극하였다. 그는 과학적인 모임에 종교지도자를 참여시키는 것은 바람직하지 못하다고 주장하면서 그 초청에 항의하는 탄원서를 제출했다. 쉽게 알 수 있듯이 탄원서에 서명한 사람들은 대부분 중국 과학자들이었다.[89] 정치가 과학을 오염시킨 것이리라.

② 다윈으로 돌아가서

우연적 돌연변이와 자연선택으로 구성된 두 단계의 진화 과정을 상기해 보자. 이 우연적 돌연변이는 Ⅱ형 진화의 지배를 받는다. 따라서 그들의 번식 성공이라는 의미에서, 이 진화가 긍정적일지 중립적일

88　D. Adam, "Plan for Dalai Lama lecture angers neuroscientists", *The Guardian*, UK, July 27, 2005.

89　탄원서 전문은 http://www.petitiononline.com/sfn2005/petition. html에서 볼 수 있다.

지 그렇지 않으면 부정적일지는 문자 그대로 완전히 우연적이다. 그래서 다윈 진화론에는 목적이나 종점이나 목적 원인론이 있을 수 없다. 만약 시계를 30억여 년 뒤로 되돌려서 모든 시스템이 다시 진화하도록 한다면 전혀 다른 생물체들이 생길 것이다. 진화의 과정은 헤아릴 수 없이 많은 갈래가 있어서 엄청나게 복잡하기 때문에 상상한 생물체와 현재의 생물체가 얼마나 비슷할 것인가라는 질문에 대답조차 할 수 없을 정도이다. 시계를 뒤로 되돌려서 진화의 과정을 다시 시작하도록 하는 이 조그만 상상 실험은 순전히 다윈 진화론이 얼마나 무의미하고 맹목적인지를 보여 준다.

분명한 것은 다윈 진화론이 불교나 그 문제, 즉 어떤 종교적인 관점에 심각한 영향을 끼친다는 것이다. 그런데도 나는 짧은 이야기로 다윈 진화론을 불교와 직접 연결해 보고자 한다. 어느 날 아내와 나는 개와 함께 숲속을 산책하고 있었다. 우리는 그 길 중앙 오른쪽에서 메추라기 둥지를 발견했다. 메추라기는 항상 숲속 바닥에 둥지를 만든다. 그러나 이 경우는 유달리 이해가 안 되는 장소로 생각되었다. 그 메추라기는 우리 개를 알아차리고는 곧장 땅바닥 위를 달려 숲속으로 달아났다. 날개를 심하게 다친 듯 흉하게 절뚝거리며 덤불을 뚫고 돌진했다. 우리는 개를 말렸지만 무시하고 즉시 뒤를 쫓기 시작했다. 그런데 개가 상처 입은 메추라기 가까이 접근한 바로 그 순간 메추라기는 우아하게 날아올라 나무 속으로 날아갔다. 날개는 멀쩡했던 것이다! 개는 메추라기를 쫓는 사이 둥지에 관해서는 까맣게 잊어버리고, 방금 놓쳐버린 맛있는 새에 미쳐서 날뛰었다. 그 둥지를 살펴보니, 예쁜 새알들이 들어 있었다.

그 메추라기는 의도적으로 부상을 가장하여 연약한 새알로부터 개를 유인해냈던 것이다. 이것은 메추라기의 흔한 속임수다. 땅바닥에 둥지를 만드는 새가 적응한 얼마나 멋진 본보기인가! 나는 모든 종(種)의 어미들이 어떻게 크고 작은 전략을 통해 새끼를 지키는지에 대하여 생각했다. 그리고 나의 어머니가 나를 어떻게 지켰는지에 대하여 애정 어린 감정으로 회상했다. 그러나 만약 우리가 다윈을 믿는다면, 어머니의 보호는 단지 생물학적 진화에 불과하며, 어떤 고상한 의미의 사랑을 가지고 한 것은 하나도 없다. 더 정확히 말하면, 목숨을 걸고 새끼를 지키지 않는 어미들은 단순히 자연선택의 경쟁에서 제대로 싸우지 못하고 밀려난다. 그렇다면, 불교도들이 어머니의 사랑을 감동적으로 찬탄하고, 보편적 자비[同體慈悲]를 계발하는 방편으로 사용하기를 권하는 것은**90** 무슨 의미란 말인가? 우리는 단지 무의미한 우연적 돌연변이와 자연선택의 산물에 지나지 않다는 것을 찬양하고 있는 것일까? 아직 위험한 포식자를 유인하는 방법을 익히지 못한 어린 메추라기의 그 모든 괴로움은 어떻겠는가?

괴로움은 사성제[四聖諦]의 중심임에도 불구하고, 철저한 다윈주의자에게는 괴로움이라고 해서 특별할 것이 없다. 생명이 지구에서 진화해 온 방식은 충분히 진화된 신경 시스템을 지닌 유기체만이 생존할 수 있다는 것이다. 이러한 신경 시스템 속에서 번식 성공의 대가에는 필연적으로 괴로움이 따른다. 우리가 살아남은 것은 고통으로부터 도피했기 때문인데, 사실 고통은 이 지구에 적응하기 위한 중요한 부분이다. 엄격한 다윈주의자에게는 불교도들처럼 괴로움, 그

---

90   Kelsang Gyatso, *Meaningful to Behold: A Commentary to Shantideva's Guide to the Boddhisattva's Way of Life* (London: Tharpa Publications, 1986), 29–30.

것의 원인과 소멸, 그리고 전환 가능성 등에 주목하는 것이 전혀 이해되지 않는다.

물론, 달라이 라마를 포함하여 많은 사람들은 이러한 관점이 적절치 않다는 것을 알고 있다. 사랑과 괴로움은 정신생활 깊은 곳에 있는 진실이며, 도덕적 행위로 전환하는 중심축이라고 확신한다. 게다가 우리는 직관적으로 삶이 단순히 자손의 번식에 성공하려는 목적을 초월한 또 다른 의미가 있다는 것을 안다. 어떤 기독교인들에게는 이 불만이 신이 진화를 지배한다는 생각을 불러일으키게 했다. 이러한 창조론, 또는 그것이 더 현대적으로 위장된 지적 창조는 초자연적인 작인(作因)을 불러내기 때문에 더는 과학이 아니다. 나는 달라이 라마에서 기독교 근본주의자에 이르기까지, 목적을 결여하고 있기 때문에 진화론을 골칫거리로 생각하는 모든 사람들의 안타까운 심정에 공감한다. 그러나 이것은 분명히 엄격한 다윈 진화론의 영향이다. 사실 이러한 무의미성 및 사랑과 괴로움의 평가절하는 나를 몹시 괴롭혔다. 나는 생명이 의미 있다고 믿는다. 하지만 양자물리학과 다윈 진화론에서 그것을 직접 표현한 유전자 단백질 합성 과정에 인과율이 결여되어 있음은 의심하지 않는다. 나는 이 긴장을 해소할 방법을 알지 못한다. 하지만 과학에 성서(聖書)의 개념을 부과하는 것은 해결책이 아니라는 것을 안다. 나는 단지 열성을 가지고 성실하게 이 긴장을 유지함으로써 어떤 종합적이고 만족스러운 관점이 나타나기를 바랄 뿐이다. 그러나 이러한 관점이 생긴다는 보장은 없다.

물론, 여러분이 업(業)이든 붕괴든 창조론이든, 비물리적인 원인들을 적용하면 이 상황은 급변한다. 그렇지만 물리적으로 측정 가능한 영역을 벗어나 과학을 버리게 되면, 불교와 과학의 그 어떤 대화와

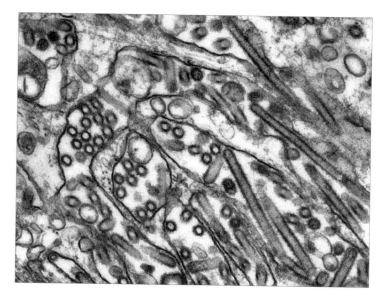

사진 5.2. 세포 속에 있는 조류독감 바이러스 (미국 질병통제예방센터 제공)

공동 작업도 포기하게 된다.

　화제를 우연적 돌연변이와 진화의 최근의 한 사례로 옮겨 보자. 조류독감이 세계적으로 유행하고 있다. 바이러스는 매우 취약한 구조이기 때문에 쉽게 변형된다. 이러한 변형 가능성 때문에 우리는 매년 새로운 독감 예방주사를 맞아야 한다. 사진 5.2는, 미국 질병통제예방센터에서 제공한 것으로,**91** 조류독감 바이러스 H5N1의 모습이다. 이 현미경 영상 속에서 바이러스는 어두운 막대처럼 보인다. 끝

91　사진은 C. Goldsmith, J. Katz, S. Zaki, U.S. Center for Diseas Control이 제공했다.

부분만 보면 작고 어두운 원형 구조물처럼도 보인다. 그 바이러스는 세포 속에서 자라고 있는데, 그 세포는 더 밝은색을 띠고 있으며, 비결정인 구조물처럼 보인다. 최근 유전자 염기서열분석[92]에 따르면 H5N1은 1918년 세계적으로 유행하여 약 5,000만 명의 인명을 앗아간 바이러스와 매우 유사하다고 한다. 그리고 그 바이러스가 약 25차례의 돌연변이를 일으켜 H5N1이 만들어졌다고 한다. 정확히 어떤 유전자들이 사람에게 쉽게 전염될 수 있는 치명적인 바이러스로 변화되는 것인지는 아직 연구과제이다. 중요한 것은 아주 조금만 변화해도 이처럼 된다는 것이다. 물론 이들 변화는 실로 우연적이기 때문에 이 결과의 가능성을 정확하게 예측할 수가 없다. 확신할 수 있는 것은 고작해야 그 바이러스를 더 쉽게 퍼지게 만드는 변화들이 자연선택에 의해 촉진되며, 우연적인 돌연변이들은 항상 그 자연선택의 과정에 필요한 새로운 후보들을 생산하고 있다는 것뿐이다. 많은 전문가들은 충분한 시간만 주어지면 분명히 H5N1이나, 아니면 어떤 다른 바이러스로부터 1918년 형태와 비슷한 세계적인 유행병이 발생할 것이라고 생각한다.

---

92 Jeffry K. Taubenberger, Ann H. Reid, Raina M. Lourens Ruixue Wang, Guozhong Jin, and S. Thomas G. Fanning, "Characterization of the 1918 Influenza Virus Polymerase Genes", *Nature* 437 (October 6, 2005): 889-93 (primary); *Nature* 437 (October 6, 2005): 794-95 (news). J. K. Taubenberger, D. M. Morens, "1918 Influenza: The Mother of All Pandemics", *Emerging Infectious Disease* [serial on the Internet] 12, no. 1 (January 2006). www.cdc.gov/ncidod/EID/vol12no01/05-0979.htm 의 자료를 이용할 수 있다.

돌연변이를 일으키는 II형 진화의 참으로 우연한 성질 때문에 우리는 이들 돌연변이 및 발생 가능성이 있는 세계적인 유행병에 어떤 의미나 목적이 있다고 생각할 수 없다. 중요한 점은 인과율과 인과율의 표현인 비물리적 업력(業力)을 최우선으로 하는 불교의 관점과는 달리, 현대 유전학의 관점은 발생할지도 모르는 세계적인 유행병에서 여러분이 살아남을 것인지 죽을 것인지는 완전히 우연의 작용이다. 지극히 개인적으로, 나에게 이것은 II형 진화와 (비물리적인 요소들을 포함하는) 인과율에 대한 불교의 이해 사이의 갈등을 납득하게 해 준다. 불교도들이 어떻게 단지 물리적 원인에 제한하는 일은 결코 진화에 대한 만족스러운 설명을 만들어낼 수 없다고 주장할지도 쉽게 예상할 수 있다. 동시에 현재의 과학 시스템 속에서 비물리적인 요소들을 체계적으로 연구하는 방법은 존재하지 않는다. 만약 불교와 과학 사이의 이러한 갈등이 해소되려면, 최소한 실험의 일반적인 의미보다 더 넓은 의미 확장이 필요하다. 앨런 월리스(Alan Wallace)와 그 밖의 사람들이 제안했듯이, 우리는 일인칭의 주관적인 기술(記述)을 과학의 실험 속에 편입하는 엄밀하고 정확한 방법을 발견할 필요가 있다.93

---

93   B. Alan Wallace, *The Taboo of Subjectivity: Toward a New Science of Consciousness* (New York: Oxford University Press, 2000).

6

상대성이론과
시간의 화살

시간, 나를 태워버리는 불

나는 지금 대륙 간 항공편의 비좁은 일반석 좌석에 앉아 있다. 불편하기는 하지만 비행기 타기를 좋아한다. 긴 시간 동안 나만의 생각을 할 수 있기 때문이다. 증가한 공항보안과 최근 민간항공의 역사는 인생의 무상함과 덧없음에 집중하게 한다. 나는 비행의 물리적 법칙을 잘 이해하고 있지만, 스칸디나비아의 보석 같은 산 상공의 공기 속에 떠 있다는 것이 아직도 신기하기만 하다. 무상(無常)의 정교한 네트워크에 의해 공중에 떠 있으니 불교의 위대한 진리에 대하여 심사숙고하기가 훨씬 더 쉽다. 최근에 인생의 무상함과 소중함이 유달리 내 마음속에 두드러진다. 올봄에 나는 65세가 되었다. 건강하지만, 내면의 소리는 끊임없이 인생이 끝나가고 있다는 사실을 깨닫도록 나를 재촉한다. 교수로서 가르치는 데 만족하고 있지만, 1년여 뒤에는 은퇴한다. 학생들의 졸업식을 수십 년 동안 보고 나서야, 나는 졸업하여 명상과 저술 및 강연에 더 집중하는 시간을 갖게 될 것이다. 고령이 되었음을 깨닫고 정신이 번쩍 듦과 동시에, 새로운 기회를 기대하고 있다. 작가 호르헤 루이스 보르헤스(Jorge Luis Borges)의 작품이 내 감정의 일부를 잘 대변해 주고 있다.

> 시간은 나를 이루고 있는 본질이다. 시간은 나를 휩쓸고
> 가는 강이다. 그런데 내가 바로 그 강이다. 그것은 나를 집
> 어삼키는 호랑이다. 그런데 내가 바로 그 호랑이다. 그것은
> 나를 태워버리는 불이다. 그런데 내가 바로 그 불이다.[94]

이 장에서 나는 두 방향에서 시간과 무상에 접근함으로써, 나의 저서 『머리와 가슴: 과학과 신성(神聖)에 대한 개인적인 탐구』의 한 장을 많은 부분 확장하고 개선했다.[95] 첫째, 양자역학에 대한 논의를 잠시 제쳐 두고, 현대물리학의 핵심을 이루는 또 하나의 위대한 이론인 상대성이론으로 화제를 돌릴 것이다. 각각의 이론은 우리의 세계관에 일대 혁신을 이루었으며, 아인슈타인의 특수상대성이론 속의 시간에 대한 나의 논의는 상대성이론이 중관사상과 직접 연관된다는 것을 보여 줄 것이다. 둘째, "시간의 화살"에 대하여 시간에는 방향성이 있으며, 과거는 미래와 질적으로 다르다는 점을 논의한다. 예를 들면,

---

94 Jorge Luis Borges, "A New Refutation of Time", in *Labyrinths: Selected Stories and Other Writings*, eds. D. A. Yates and J. E. Irby (New York: New Directions Books, 1964), 234.

95 Victor Mansfield, *Head and Heart: A Personal Exploration of Science and the Sacred* (Chicago: Quest Books, 2002).

비록 후회는 없지만, 과거에 몇 가지 바꾸고 싶었던 것들에 관한 이야기 등이다. 그러나 나는 분명히 바꿀 수가 없다. 그렇다. 과거에 대한 이해와 해석을 바꿀 수는 있지만, 변형과 변화가 가능한 유연성을 지닌 미래와는 달리 과거는 완전히 고정불변이다.

공간은 다르다. 내 앞(과거)의 사건은 내 뒤(미래)의 사건과 질적으로 다르지만, 내 뒤에 있는 공간은 내 앞에 있는 공간과 질적으로 같다. 시간과 공간의 서로 다른 성질은 시간이 방향성을 갖는다는 것, 즉 "시간의 화살"이 있다는 것을 시사한다. 이것은 현대물리학에서 매우 흥미로운 문제다. 그것은 현대의 열역학과 우주론의 결합에 관심을 두게 하며, 중관사상과의 몇몇 놀라운 관련성을 보여 준다. 마지막으로 시간이란 "나를 태워버리는 불이다. 그런데 내가 바로 그 불이다"라는 생각을 약간 확장하고자 한다.

물리학의 상대성이론과 중관사상

나는 신입생들에게 특수상대성이론을 가르치기를 좋아한다. 필요한 것은 대수학(代數學)뿐이며, 발상(發想)은 명쾌하게 간단하지만, 그 이론의 결론은 매우 비범하며 반직관적이다. 모든 것은 하나의 정의(定義; definition)에서 두 가지 간단한 공리(公理; axiom)로 유추된다.

우선 외부의 힘을 받지 않는 물체는 그 안에서 일정 속도(등속)를 유지한다는 관성계(慣性系)의 정의를 분명하게 설명해 보자. 어느 은하로부터도 멀리 떨어진, 은하 사이의 어둡고 광대무변한 우주 공간을 조용히 활공하고 있는 우주선을 상상해 보자. 당신의 동료 선원이 당신에게 소금을 던져 달라고 요청한다. 당신은 소금 통을 들어서 적당한 방향으로 던져서 동료에게 보낸다. 소금 통은 외부의 힘을 받지 않고 있고, 관성계, 즉 우주선 안에 있기 때문에 동료를 향해 일정한 속도로 활공한다.

만약에 우주선의 로켓이 갑자기 작동하여 속도를 높이면, 그 우주선은 더 이상 관성계가 아니게 된다. 소금 통의 속도와 다른 각도로 가속되면, 던져진 소금 통은 (소금 통의 속도는 그 우주선에 비례하여 변화할 것이기 때문) 곡선 경로를 따를 것이다. 그래서 동료 선원에게 도달하기 전에 선실 벽을 치게 될지도 모른다. 소금 통의 속도와 같은 방향으로 가속되면, 소금 통의 속도는 선실에 비례하여 변화할 것이다. 그래서 가속의 방향이 어느 각도이든, 우주선은 이제 관성계가 아니게 된다.

지구는 관성계가 아니다. 왜냐하면, 방해받지 않는 물체는 중력 때문에 땅에 떨어지기 때문이다. 그러나 케이블이 끊어진 엘리베이터를 상상해 보자. 중력으로 인한 엘리베이터의 가속도가 중력을 상쇄시키므로 자유낙하 하는 엘리베이터는 관성계가 되며, 그 안에서 소금 통은 일정한 속도로 활공하게 될 것이다.

지구 위에서 중력을 상쇄하고 관성계를 이룰 수 있는 쉬운 방법은 많다. 얼음 위에서 미끄러지고 있는 매끄러운 물체를 상상해 보자. 그 얼음이 물체를 위로 올리려는 힘이 중력을 상쇄시킨다. 그래서 만약에 우리가 작은 잔여 마찰을 무시할 수 있다면, 얼음의 표면은 관성계이다. 마찰 없는 아이스하키의 고무공은 일정한 속도로 미끄러질 것이다. 실제로 그 실험에 의하면, 우리는 얼마든지 지구의 표면이나 이 비행기의 몸체를 관성계로 간주할 수 있다. 예를 들어, 만약에 비행기의 매끄러운 바닥 위나 콜게이트대학 연구실의 책상 위에 마찰 없는 쇠구슬을 굴린다면, 비행기와 책상을 관성계로 간주할 수 있다.

관성계에 관해서 흥미로운 것은 일단 하나만 발견하면 무한히 많은 다른 관성계를 발견할 수 있다는 점이다. 기준이 되는 계(系; reference frame)를 처음의 계(系; frame)에 비해서 일정한 운동으로 고정하면, 또 하나의 다른 관성계를 갖게 된다. 요약하면, 관성계란 그 안에서 외부의 힘을 받지 않는 물체들이 일정한 속도로 운동하는 것이다. 이러한 관성계는 무한하게 많으며, 특수상대성이론은 바로 이러한 관성계에 제약된다. 이 제약을 벗어나기 위해서는 가속과 중력을 포함하는 일반상대성이론이 요청된다.

이제 모든 특수상대성이론의 토대가 되는 두 개의 공리(公理; axiom)에 대하여 살펴보자.

공리 1

빛의 속도 c는 어떤 관성계 안에서도 광원이나 관찰자의 운동에 구애받지 않고 일정하다.

이 공리는 너무나 간단하다. 그러나 그것은 일상적인 경험과는 근본적으로 다르다. 예를 들어, 이 비행기 앞쪽에서 밖으로 총구 속도 V_b로 총알을 발사했다고 하자. (총구 속도는 그 총의 총구에 상대적이다. 이 경우에는 비행기 기체에 상대적이다.) 지면과 상대적인 비행기의 속도를 V_a라고 하자. 그러면 지면에 상대적인 총알의 속도는 두 속도의 합, 즉 $V_a + V_b$가 된다.

또 다른 예가 있다. 지면에 상대적인 속도 V_c로 당신의 차를 타고 도로를 달리고 있다고 상상해 보자. 차가 달리는 방향으로 돌멩이 하나를 Vs의 속도로 던진다. 그러면 그 돌멩이의 지면에 상대적인 속도는 Vc + Vs가 된다.

그에 반해서, 만약 비행기의 앞쪽에서 밖으로 이 비행기 기체에 상대적인 빛의 속도 c로 빛을 비춘다면, 공리 1에 따라서, 빛의 지면에 상대적인 속도는 비행기 속도의 영향을 받지 않고 여전히 c이다. 다른 비행기가 내가 타고 있는 비행기에 접근하고 있고, 내가 이 비행기 앞쪽에서 정면으로 밖으로 내보낸 빛의 속도를 다른 비행기가 측정한다고 할지라도 여전히 속도 c를 측정한다고 공리 1은 말한다. 이러한 작용은 속도가 더해지는 법에 대한 우리의 일상적인 경험과는 거리가 멀다는 점을 여러분이 알기 바란다.

공리 1은 모든 현상, 즉 주관과 객관 모두 독립적인 존재가 아니라는 중관사상의 주장에 모순되는 것일까? 바꾸어 말하면, 빛의 속도 c는 독립적으로 존재하는 속도일까? 아니다. 총알에서 전자기 에너지나 빛에 이르기까지, 어떤 것의 속도는 어떤 관찰자와의 관계 속에서 규정된다. 그것은 최소한 기준이 되는 계(系; reference frame) 안에서 잠재적으로 측정 가능한 것이어야 한다. 따라서 속도는 독립적이거나 본래적인 존재가 아니다.

다른 식으로 말해 보기로 하자. 전적으로 아무것도 없는 우주에 단 하나의 광자나 입자가 있다고 상상해 보자. 그러면 이런 가상적인 입자의 속도나 위치에 대하여 이야기하는 것이 가능할까? 아니다. 속도를 논하기 위해서는 최소 하나 이상의 입자가 필요하다. 그래야만 우리는 입자 사이의 거리와 서로의 상대적인 속도에 관하여 이야기할 수 있다. 전적으로 독립적인 입자의 위치와 속도에 관하여 이야기할 방도는 전혀 없다. 따라서 중관사상과 공리 1은 완전히 일치한다.

공리 2

물리학 법칙은 어떤 관성계 안에서도 동일한 형식을 취한다.

고전적인 뉴턴역학이든 양자역학이든 전자기이론이든, 기타 모든 이론은 어떤 관성계 안에서도 동일한 수학적 형식을 취한다. 바꾸어 말하면, 물리학의 모든 근본 방정식은 모든 관성계 안에서 동일한 수학적 구조를 갖는다. (일반상대성이론은 물리학 법칙을 가능한 모든 기준이 되는 계系; reference frame에 동일한 형식으로 기술하는 일을 가능하게 한다. 그러나 이런 일반론 수준까지 신경 쓸 필요는 없다.)

우리는 실제로 수없이 많이 공리 2를 직접 경험한다. 지상에서 걷는 것과 비행기 안에서 걷는 것에 아무런 느낌의 차이가 없다. 지상과 비행기 안에서의 보행 역학이 동일한 까닭은 역학의 법칙이 어떤 관성계 안에서도 동일한 형식을 취하기 때문이다. 물론, 비행기가 난기류와 부딪치거나 이륙하면서 가속하고 있다면, 매우 다른 보행을 경험한다. 마찬가지로, 우리의 디지털 음악 재생 장치가 비행기 안에서와 동일하게 지상에서 작동하는 것은 전자기의 법칙과 양자역학이 어떤 관성계 안에서도 동일한 형식을 취하기 때문이다.

지금까지 살펴본 관성계와 두 공리에 대한 정의를 가지고, 단지 대수학만을 사용하여 상대성이론을 남김없이 유도할 수 있다. 다음의 약간의 문장으로 나는 그 유명한 '시간 팽창 공식(time dilation formula)'을 유도하고자 한다. 이 결과는 독립적으로 존재하는 시간의 간격에 대한 모든 생각을 파괴하고, 수 세기 동안 중관사상의 초석이 되어온 결론에 공감한다. 아래 어두운 배경 부분은 특수상대성이론의 특성을 밝히는 명쾌한 추론이다. 나는 여러분이 그것을 살펴보고 최소한 그 추론에 흥미라도 갖기를 권하지만, 결론에만 관심이 있다면 건너뛰어도 된다.

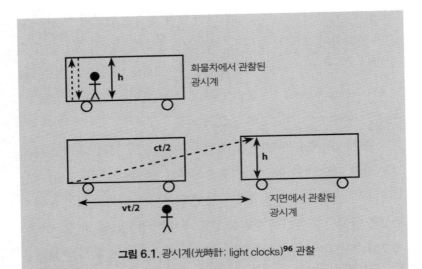

그림 6.1. 광시계(光時計; light clocks)[96] 관찰

다음의 유도(誘導)는 그 주제의 표준적 견해에 나타난 전형적인 특수상대성이론의 첫 번째 부분이다. 그것은 특수한 광시계를 정의하는 데서 출발한다. 그림 6.1의 화물차를 생각해 보자. 화물차에서 (위에 있는 선으로 그린 사람이) 보면, 바닥에서 위로 출발한 불빛 신호는 천정에 반사되어 출발점으로 되돌아온다. (나는

c	= 빛의 속도
v	= 선로에 상대적인 화물차의 속도
h	= 화물차 높이
t_0	= (화물차 안에 있는) 고정된 관찰자에게 주어진 시간
t	= 시계에 상대적인 속도 v를 가지고 있는 관찰자에게 주어진 시간

표 6.1. 기호 배정

항상 불빛의 궤적을 점선으로 보여 줄 것이다.) 이때 걸리는 시간을 그 시계의 한 눈금으로 정한다. 만약 그림이 보여 주듯이, 화물차의 높이가 h라면, 시간 간격, 즉 한 눈금은 $t_0=2h/c$가 되어야 한다. 그 불빛은 위로 거리 h를 이동하고, 아래로 같은 거리를 이동하기 때문에 2개의 계수가 필요하다. 시간(t) 아래에 적은 숫자 0은 그것이 화물차 안에 있는, 즉 광시계에 상대적으로 움직이지 않는 관찰자에 의해 측정된 것임을 의미한다.

그림 6.1의 아래 그림은 선로에 상대적으로 고정된 관찰자(아래에 있는 선으로 그린 사람)에게 주어진 상황을 보여 준다. 고정된 관찰자는 열차가 오른쪽으로 일정한 속도 v로 움직이는 것을 본다. 고정된 관찰자가 광시계를 더 쉽게 관찰할 수 있도록 화물차 옆면에 유리를 부착하자. 이 기준이 되는 계(系; reference

---

96 시간 팽창을 보여 주는 데 사용되는 가상의 시계. (역자 주)

frame) 속에서 불빛이 천정에 도달하는 시간 동안 화물차는 오른쪽으로 거리 vt/2를 이동한다. 이 시간 간격은 선로에 상대적으로 고정된 관찰자에 의해 측정된 것이기 때문에 시간(t) 아래에 적은 숫자 0을 생략했다는 점을 주목하기 바란다. 고정된 관찰자에게 광시계의 속도는 v다. 상대성이론에서는 항상 양이 측정되는 계를 지정해야 한다. 계를 지정하지 않으면, 측정은 무의미하다. 불빛 신호가 화물차의 천정에 가는 것은 왕복 여행을 마친 것이 아니기 때문에 t/2라고 적고 있다는 점을 주목하기 바란다.

빛의 속도는 어떤 관성계에서도 항상 c이기 때문에 그 불빛이 여행한 거리는 딱 ct/2이다. 그래서 우리는 피타고라스 정리를 사용하여 다음과 같이 적을 수 있다.

$$(ct/2)^2 = (vt/2)^2 + h^2$$

정의 $h = ct_0$와 약간의 대수학을 사용하여 그 유명한 시간 팽창 공식을 알 수 있다.

$$t = \frac{t_0}{\sqrt{1 - (\frac{v}{c})^2}}$$

　　　　　　　　　　　　　　　　　　불교와 양자역학

특수상대성이론의 가장 급진적인 결론인 이 관계는, 화물차 안에 있는 관찰자에 의해 측정된 시간은 광시계의 속도 v를 갖는 선로 옆의 관찰자가 측정한 시간과 간격이 같지 않다는 것을 이야기한다. 시간은 선로 옆에 있는 관찰자에게 더 천천히 흐른다. 속도 v가 빛의 속도 c에 가까워질수록 t와 t_0의 편차는 커진다. t와 t_0가 v와 얼마나 다른지를 느끼기 위해서 그림 6.2는 t/t_0 대 v/c를 그래프로 그린 것이다.

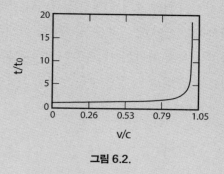

그림 6.2.

v/c가 0~0.1일 때, 그림 6.2는 t와 t_0의 차이가 거의 없음을 보여 준다. 그러나 v/c 〉 0.8일 때는 t/t_0 비율이 급격하게 변화하기 시작한다. 물론 화물차나 고속의 제트기도 빛의 속도 c의 유효거리를 이동할 수는 없다. 그렇지만 소립자들은 일상적으로 이 빠르기로 이동한다. 그래서 광범위하고 다양한 실험을 수없이 함으로써 아래와 같은 시간 팽창 공식이 확정된 것이다.

$$t = \frac{t_0}{\sqrt{1 - (\frac{v}{c})^2}}$$

그림 6.3.

나는 그림 6.3에서 시간 팽창 공식을 다시 이야기하고자 한다. 여기에서 t_0는 그 시계에 상대적으로 고정되어 있는 관찰자에 의해 측정된 시간 간격, 즉 시계 눈금이다. 시간 t는 속도 v로 움직이고 있는 시계를 보고 있는 관찰자에 의해 측정된 시간 간격이다. 즉 특수상대성이론의 가장 급진적인 결론인 이 관계는, 움직이는 시계는 고정된 시계보다 천천히 간다는 것을 이야기한다. 아래 어두운 배경의 문장은 내가 구체적인 예를 든 것이다. 그것을 즐길 것인지 건너뛸 것인지는 여러분의 선택에 맡기겠다.

구체적인 예가 하나 있다. 당신과 나는 같은 시계를 가지고 있다. 그런데 당신이 0.95c의 속도를 지닌 우주선을 타고 나를 지나간다. 우주선에 있는 당신의 시계를 SC(spaceship clock)라고 부르기로 하자. 그리고 내 시계에는 지면 시계 1(ground clock 1)이라는 의미에서 GC1이라고 하자. 당신이 나를 지나칠 때 시계 SC와 GC1은 둘 다 0을 나타내고 있다. 그림 6.4에서 볼 수 있

불교와 양자역학

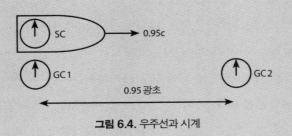

그림 6.4. 우주선과 시계

듯이, GC1과 같은 시각으로 맞춘 둘째 시계 GC2를 GC1의 오른쪽으로, 즉 우주선의 이동 방향으로 0.95광초(光秒) 떨어진 곳에 위치시킨다. (0.95광초 = 2.85 × 10^5km, 대략 지구 반경의 45배) 당신의 우주선이 그곳을 지나칠 때 내가 GC2에서 측정한 시간은 GC1과 GC2 사이의 거리를 우주선의 속도로 나눈 것이다. 그래서 0.95광초를 우주선의 속도 0.95c로 나누면 1초, 즉 2.85 × 10^5km/0.95c = 1초가 된다. 당신의 시계 SC의 시간을 알아보기 위하여 시간 팽창 공식을 사용해 보자. 시간 팽창 공식에서 나의 계에서의 1초는 t와 일치하며, 당신의 계에서 측정한 시간 t_0를 알아야 할 필요가 있다. v = 0.95c이기 때문에 t_0 = 0.31초라는 것을 알 수 있다. 내 시계는 1초를 나타내는데, 당신의 시계는 단지 0.31초를 나타낸다. 당신의 시계는 나의 시계보다 천천히 간 것이다! 내가 여기에서 애쓰려 하지 않아도 이러한 시계의 감속은 완전히 대칭을 이룬다. 당신이 우주선에서 지면에 있는 나의 시계를 보면, 그 시계는 당신의 시계보다 천천히 간다. 우선적인 계가 없을 때는 반드시 그런다.

우리가 사용하는 시계의 근거가 빛인지, 원자물리학인지, 핵물리학인지, 뉴턴역학인지, 생물학적 과정인지는 문제가 되지 않는다. 이동하는 시계는 정지한 시계보다 천천히 가는 것으로 측정된다. 이러한 결론을 직접 실험을 통해 확인하기까지는 아인슈타인이 1905년 논문을 발표한 이후 30여 년이 걸리기는 했지만, 특수상대성이론은 광범위하고 다양한 실험을 통해서 굉장히 정확하게 확인되었다. 실제로 위성위치확인시스템(GPS)은 위성 안에 있는 시계의 팽창된 (지체된) 시간을 수정해야만 한다. 그래서 끊임없이 그 이론을 확인해 준다. 따라서 여러분은 승용차 안이나 보트 안이나 캠핑 여행에서 유용하게 GPS를 사용할 때, 시간 팽창 공식을 확인하고 있는 셈이다.

자연스럽게 드는 의문이 있다. "보다 근본적인, 또는 보다 진실한 시간 간격은 어떤 것인가, t(속도 v로 이동하는 시계를 보는 관찰자에 의해 측정된 시간)인가, t_0(그 시계에 상대적으로 고정된 관찰자에 의해 측정된 시간)인가?" 또는, 달리 표현하여 "t_0가 t보다 더 진짜이거나 사실이지 않을까?" 상대성이론은 분명하고도 단호하게 말한다. 다른 시간보다 더 진짜이거나 사실인 시간 간격은 없다. 다른 시계보다 그 시계에 더 '본질적인' 시간 간격은 없다. 그것들은 모두 동등한 정당성과 진실성을 갖는다. 그래서 t_0, 즉 그 시계에 상대적으로 고정된 관찰자에 의해 측정된 시간에 특별한 것은 없다. 시간 간격은 단지 어떤 특정한 기준이 되는 계 안에서 개별적인 관찰자에 의해 측정될 때만 의미를 지니며, 따라서 시간 간격은 계에 따라 다르다. 우리는 시간이 어떤 특정한 시계의 고유한 것이라는 생각을 버려야 한다. 중관사상의 언어로 말하면, 시간 간격은 어떤 본래적인 값(수치)을 가지고 있지

불교와 양자역학

않다고, 즉 독립적으로 존재하지 않는다고 말할 수 있다. 시간 간격은 기준이 되는 계에 철저하게 의존한다. 시간 간격은 그 기준이 되는 계에서 관찰되며, 단지 그 계 안에서만 의미를 지닌다.

아인슈타인이 1905년에 발표한 특수상대성이론에 관한 논문은 매우 혁명적이었기 때문에 대부분 사람들은 충격을 받았으며 믿으려고 하지 않았다. 항상 절대적이고 본래적인 실재라고 생각되어 온 시간이 어떻게 오직 상대적으로만 규정될 수 있다는 것인가? 실제로 1930년대 초 나치에 동조한 몇몇 저명한 물리학자들(그들 가운데 두 사람은 노벨 물리학상 수상자)은 상대성이론(특수상대성과 일반상대성 모두)을 "유대인의 물리학"이라고 폄하하는 운동을 개시했다. 특수상대성이론 전체가 따르는 두 공리를 고려한다면, 그들은 결코 정당성을 증명할 수 없다. 위대한 사람들까지도 사악한 이데올로기가 지배할 때 그렇게 왜곡될 수 있다니!

일단 시간 팽창 공식이 있으면, 단지 두 단계를 거치는 것만으로 길이, 질량, 에너지가 측정 기준이 되는 계에 의존한다는 것을 보여 줄 수 있다. 우리는 보통 시간, 길이, 질량, 에너지를 사물의 가장 근본적인 속성이라고 생각한다. 사실 이 모든 속성들은 측정 기준이 되는 계에 크게 의존한다. 그것들은 고유한 측정값이 없으며, 독립적으로 존재하지 않는다. 어떤 고유한 값을 가지고 있는 것이 아니다. 따라서 각기 다른 관찰자들은 개별적인 관점에서 그 값을 본다. 우선적인 기준이 되는 계는 없기 때문에 다른 것보다 특권을 갖는 값은 하나도 없다. 중관사상의 언어로 말하면, 전적으로 독립적이거나 본래적인 존재가 아닌 것이다. 그것들은 그 자체로 존재하는 것이 아니라, 오직 각각의 기준이 되는 계와의 관계 속에서만 존재한다. 중관사상과 상대성이론은 이 점에서 이보다 더 일치할 수는 없다.

나는 특수상대성이론의 또 다른 중요한 특징인 동시 발생의 상대성을 간단히 논하면서 마무리하고자 한다. 동시성은 사건이 관찰되는 기준이 되는 계에 깊이 의존한다는 사실을 보여 주는 것은 어렵지 않다. 예를 들면, 멀리 떨어진 두 개의 교통신호등은 멈춰 있는 관찰자가 보면 동시에 붉은색으로 바뀐다. 그런데 교통신호등에 상대적으로 움직이는 관찰자에게는 신호등 하나가 다른 신호등보다 먼저 붉은색으로 바뀐다. 이것은 정지한 관찰자가 볼 때 짝을 이루는 동시 발생적인 사건은, 움직이는 다른 관찰자에게는 동시 발생적인 사건이 아니라는 것을 의미한다. 이것이 미치는 영향은 흥미롭고 다양하다. 간단하게 딱 하나만 보기로 하자.

현재라는 순간은 동시에 발생하고 있는 사건들의 총합으로 정의된다. 신호등이 붉은색으로 바뀌고, 유럽에 있는 친구가 비행기를 타고, 쥐가 우리 집 뜰에서 알곡을 먹는다. 이 모든 사건이 나에게 현재라는 순간을 구성한다. 만약에 당신이 나에 대하여 상대적으로 움직이고 있는 제2의 관찰자라면, 동시 발생은 상대적이기 때문에, 여러분은 현재라는 순간에 대하여 나와는 다른 모습의 사건들을 가질 것이다. 질량, 길이, 시간, 에너지 등과 같은 사건들의 속성만 계에 의존하는 것이 아니라, 현재라는 순간을 구성하는 사건들의 총합도 마찬가지다. 현재라는 순간은 개개의 사건들이건 그 사건들의 총합이건, 둘 다 마찬가지로 상대적이며, 따라서 독립적인 존재는 없다. 상대성이론과 중관사상의 결론은 양쪽 모두 근본적으로, 그리고 전적으로 일치한다.

『지금의 힘: 영적인 깨달음에 이르는 길』[97]은 유명한 책이다. 특수상대성이론이나 중관사상을 이해한다면, 여러분은 '지금'을 독립적이거나 본래적인 존재라고 생각하지 못할 것이다.

시간의 본성에 관한 수수께끼

나는 어렸을 때 요요(yo-yo) 장난감을 굉장히 좋아했다. 요요로 온갖 재주를 피울 수 있었으며, 새로운 재주를 익히면서 몇 시간을 보내기도 했다. 한번은 가게에서 멋진 신제품 황금색 요요를 훔쳤다. 나는 그 일을 매우 부끄럽게 생각한다. 그러나 그 사건을 돌이킬 수는 없다. 제아무리 배우고, 참회하고, 재해석해도, 내가 요요를 훔쳤다는 사실을 바꿀 수는 없다. 내가 그 요요를 여전히 생생하게 보면서 후회할 수는 있어도 돌이킬 수는 없다. 그 잘못을 기억하는 일이 개선될 여지가 있는 미래의 나에게 도움이 되길 바랄 뿐이다.

우리는 모두 이러한 과거와 미래의 질적인 차이를 이해한다. 나는 과거의 사건은 분명히 고정불변임을 상기하면서 이 장을 시작했다. 개개의 사건은 마치 먼 과거로 이어져 있는 리본에 붙어 있는 것처럼 생각된다. 그래서 마치 과거에서 현재를 통과하여 무한한 미래 속으로 들어가는 리본을 따라 날아가는 은유적인 "시간의 화살"이 있는 것처럼 생각된다. 모든 방향에서 동일한 속성을 지닌 것으로 생각

---

[97]   Eckhart Tolle, *The Power of Now: A Guide to Spiritual Enlightenment* (Novato, CA: New World Publishing, 1999).

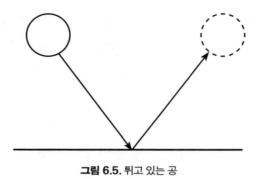

그림 6.5. 튀고 있는 공

되는 공간과 얼마나 다른가!

이 모든 것은 자연스럽고 분명한 것처럼 보인다. 수수께끼는 우리가 물리학에서 시간의 본성을 볼 때 나온다. 그림 6.5에 보이는 각도로 마루에 공을 튀기는 간단한 실험을 해 보자. 공을 왼쪽(실선 원)에서 던져서 어떤 각도로 마루에서 튀어 올라 오른쪽(점선 원)에 이르도록 하자. 실제로 충돌했을 때 에너지를 거의 상실하지 않는 활발한 공을 고른다. 이 작은 실험을 찍은 영상을 뒤로 돌리면, 그 공은 오른쪽에서 출발하여 왼쪽으로 튀어 오를 것이다. 이 시간반전(時間反轉) 운동은 물리학의 모든 법칙을 따르며, 그와 관련하여 이상하게 보이는 것은 아무것도 없다. 실제로 그 영상이 거꾸로 돌고 있는 것을 몰랐다면, 여러분은 그 공을 보면서 그것이 반전 운동이라는 것을 전혀 알 수 없을 것이다.

이제 좀 더 복잡한 예를 들어 보자. 태양은 은하계 중심을 축으로 거의 원에 가까운 궤도를 돈다. 그 궤도를 완전히 한 번 도는 데 약 2억5천만 년이 걸린다. 그와 동시에 저마다 중심축을 가지고 자전하는 행성들이 태양 주위를 돈다. 이 복잡한 운동이 뒤로 돌아가고 있는 영상을 상상해 보자. 모든 것이 뒤로 돌아갈 것이다. 행성들은 저마다 중심축을 가지고 자전하고, 그 행성들은 태양의 주위를 돌고, 태양은 은하계의 중심을 공전할 것이다. 그렇지만 이 모든 시간반전 운동은 뉴턴의 운동법칙을 충실히 따를 것이다. 그래서 뒤로 돌고 있는 영상 속에서 이상하게 느껴지는 것은 없을 것이다. 이 모든 것은 "운동법칙은 시간반전이 가능하다"라는 말로 요약할 수 있다. 이런 까닭에 공을 튀기든 태양계의 운동을 고려하든, 그 시스템의 시간 전개는 앞으로도 진행할 수 있고, 뒤로도 진행할 수 있으며, 그런데도 적절한 물리학의 법칙을 충실히 따른다.

양자역학적 시스템의 경우, 나는 이전 장에서 간섭계(干涉計)를 살펴보는 가운데 인과율을 논의했었다. 간섭계를 통과하는 모든 광자는 그 어떤 물리학 법칙도 위반하지 않고 되돌아갈 수 있을 것이다. 이 모든 것이 가능한 것은 양자역학의 법칙들도 물리학의 모든 법칙들과 마찬가지로 시간반전이 가능하기 때문이다.**98**

그러나 여기에는 역설(逆說)이 있다. 기울어진 책상 위에 놓여 있는 달걀을 생각해 보자. 그 달걀은 곧장 굴러서 책상 가장자리를 벗어나 바닥으로 떨어질 것이다. 달걀이 깨지는 모습을 촬영하여 뒤로 돌리면 매우 이상하게 보일 것이다. 실제로 바닥 위에 깨져서 널브러진 달걀이 갑자기 스스로 다시 모여서 책상 위로 뛰어오르는 것을 본 사

98　실제로 약한 핵력(核力)은 시간반전이 불가능하다. 그러나 우리는 이 시간 비대칭이 시간의 화살을 생성하는 데 아무런 역할을 하지 않는다는 것을 알고 있다.

람은 아무도 없다. 달걀을 깨는 일은 분명히 시간반전이 가능하지 않으며, '시간 대칭적(time-symmetric)'이 아니다. 썩은 과일이 점점 신선한 상태로 되돌아가는 일은 있을 수 없고, 썩은 이빨이 다시 온전해지는 일도 마찬가지다. 여기서 수수께끼는 물리학의 토대가 되는 근본 법칙들은 시간반전이 가능하지만, 우리가 명백하게 경험하는 것은, 달걀이 깨지는 일이건 도덕 규범이 파괴되는 일이건, 시간반전이 불가능한 사건들이라는 점이다.

대칭적 상호 작용에서 벗어난 시간 비대칭성

채소든 이빨이든 우리의 몸이든, 썩는다는 것은 되돌릴 수 없는 과정이다. 썩는다고 하는 화학적 변화를 지배하는 양자역학의 법칙들은 '시간 대칭적'이기 때문에, 이것은 수수께끼 같은 일이다. 오스트리아의 위대한 물리학자 루트비히 볼츠만(Ludwig Boltzmann)은 이 수수께끼를 이해하는 데 최초로 중요한 진전을 이루었다. 그는 반전 가능한 근본 법칙들로부터 반전 불가능성이 나오는 경우는 오직 그 시스템 속에 수많은 입자들이 있을 때뿐이라는 사실을 깨달았다.

볼츠만은 뉴턴 법칙의 지배를 받는 많은 가스 입자들이 들어 있는 간단한 상자에서 출발했다. 그는 이 시스템을 우주의 다른 것들로부터 완전히 고립된 것이라고 가정했다. 상자와 상자의 내용물들은 우주의 영향을 전혀 받지 않고, 우주도 그 상자의 영향을 받지 않는다. 바꾸어 말하면, 상자는 역학적으로 우주의 다른 것들로부터 고립되어 있다. 따라서 우주로부터 상자로 이동하는 에너지도 없고,

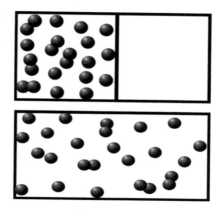

그림 6.6. 고립된 상자들

상자로부터 우주로 이동하는 에너지도 없다. 물체들은 그들이 맺고 있는 관계와 의존물들에 의해서 규정된다는 점을 항상 강조하는 중관사상 불교도들은 완전히 고립된 시스템이라는 생각이 불쾌할 수 있다는 것을 유념하자. 앞으로 보게 되겠지만, 이 고립은 물리학에서 인정될 수 없으며, 그것으로부터 극적인 결론이 나온다. 우선 볼츠만을 따라 상자 중앙에 칸막이가 있고, (그림 6.6 상단에 보이듯이) 상자 절반에 모든 입자가 들어 있다고 가정하자. 다른 절반은 완전히 비어 있다.

계속해서 엔트로피(entropy), 또는 무질서의 양이라는 개념을 이해할 필요가 있다. 무질서가 심할수록 시스템의 세부 사항에 대한 지식은 적어진다. 즉 엔트로피가 증가한다. 책상을 예로 들어 보자. 내가 열심히 작업하고 있을 때 종이, 책, 잡지, 필기도구, 컴퓨터 디스크 등이 쌓인다. 이는 내 책상의 종합적인 무질서, 즉 엔트로피가 증가한다고 말할 수 있다. 책상이 무질서해질수록 물건 찾기가 매우 어려워지는데, 더 이상 그 무질서, 즉 더 높은 엔트로피의 상태를 견딜 수가 없을 때 나는 시간과 힘을 들여서 책상을 정리하며, 그렇게 함으로써 책상의 엔트로피를 줄인다. 엔트로피를 줄이기 위해서는 이처럼 에너지를 소모해야 한다. 볼츠만의 상자 속에서 가스 입자를 분리하고 있는 칸막이를 제거하면, 가스는 그 즉시 압도적으로 개연성이 많은 새로운 평형상태로 배치되어 상자 전체에 고르게 분산된다. 이것은 더 높아진 엔트로피의 상태다. 왜냐하면, 그 입자들의 위치에 대한 정확한 정보를 더 적게 갖기 때문이다. 거의 가능성이 없지만, 이론상으로는 가스가 상자의 한쪽 구석으로만 모일 수도 있다. 그러나 압도적으로 개연성이 높은 것은 새로운 평형 배치를 취하여 (그림 6.6의 하단에 보이듯이) 그 상자 전체에 고르게 퍼지는 것이다. 이것은 불안정한 시스템이 어떻게 더 높은 엔트로피를 지닌 새로운 평형상태로 이동하는지를 보여 주는 하나의 예이다.

더 친숙한 예를 생각해 보자. 완전하게 순서대로 짝이 맞추어진 한 벌의 카드를 가정해 보자. 각각의 세트를 이루는 모든 카드는 2에서 시작하여 3, 4, …, 잭, 퀸, 킹, 에이스의 순서로 정리되어 있다. 이렇게 완전하게 짝이 맞추어진 한 벌의 카드는 매우 낮은 엔트로피의 상태에 있다. 이제 그 카드를 10분 동안 계속해서 섞는다고 가정해 보자. 그 결과 십중팔구 그 카드는 무질서, 즉 엔트로피가 더 커진 상태가 될 것이다. 보통 그것이 카드를 섞는 첫 번째 이유이다. 10분 동안 카드를 섞은 후에 그 카드들이 마지막에 완전하게 다시 짝이 맞추어질 수도 있겠지만, 그럴 개연성은 거의 없다. 여기에서 다시, 우리는 불안정한 시스템이 엔트로피 증가와 상응하는 높은 개연성의 상태로 자연스럽게 발전한다는 것을 알 수가 있다.

이런 방향으로 추리하여 볼츠만은, 고립된 시스템의 엔트로피는 반드시 같은 상태에 머물거나 증가한다고 하는, 그 유명한 열역학 제2법칙을 입증했다. 그래서 칸막이를 제거한 후에 그 가스는 더 큰 엔트로피의 상태가 될 개연성이 극도로 많아진다. 이러한 엔트로피의 증가가 '시간의 화살'의 방향을 규정한다. 시간은 엔트로피가 증가하는 방향과 같은 방향으로 나아간다. 우리는 그것을 미래라고 부른다. 이것은 어린이의 성장과 같은 국부적인 엔트로피의 증가가 있다는 것을 부정하는 것이 아니라, 전반적인 엔트로피는 시간과 함께 수그러들지 않고 증가한다는 것을 의미한다.

나는 수년 동안 콜게이트대학 3-4학년 과정의 통계물리학을 가르쳤다. 우리는 적당한 수준의 수학적 정교함을 갖춘 표준적인 교과서를 사용했으며, 볼츠만의 열역학 제2법칙을 따랐다. 최근에 나는 1877년까지 거슬러 올라가 볼츠만의 유도(誘導)에 심각한 문제가 있다며 논쟁이 벌어졌던 사실을 발견했다. 나는 다른 곳에서 비전문적인 언어로 이들 이슈 몇 가지를 검토하고 있다.[99] 여기에서는 다른 접근법을 가지고 P. C. W. 데이비스(Davies)[100]에 의한 세련되고 단순한 논거에 따를 것이다. 그것은 논리적인 연속성에 지나친 손실이 없

---

99   Victor Mansfield, "Time in Madhyamika Buddhism and Modern Physics", *The Pacific World Journal of the Institute of Buddhist Studies* 10-27 (1995-1996): 10.

100   P. C. W. Davies, "Stirring Up Trouble", in *Physical Origins of Time Asymmetry*, eds. J. J. Halliwell et al. (Cambridge: Cambridge University Press, 1994), 119-30.

다면 생략될 수 있다. 엔트로피는 증가한다. 그러나 볼츠만이 생각한 방식은 아니다. 어찌하여 여러 차례의 수정을 거친 이 유명한 통계물리학 교과서가 이 오류를 고집하고 있는지는 알 수 없다.

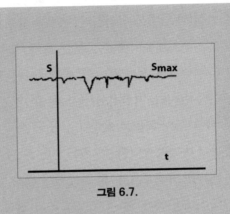

그림 6.7.

몇 가지 독립적인 방법에서 볼 수 있는 근본적인 어려움은, 그 가스 상자와 같은 완전히 고립된 시스템이 시스템을 지배하고 있는 시간 대칭적 법칙들 때문에 시간에 관해서 어떤 방향성도 발생시킬 수 없다는 점이다. 그림 6.7은 시간 t에 대비하여 구획된 평형 엔트로피 S를 보여 준다. 그것은 무작위의 가스 운동이 최대 엔트로피 Smax 이하의 편차를 보인다는 것을 보여 준다. 믿기 어렵지만, 무작위 운동은 자연스럽게 더 큰 질서, 혹은 더 낮은 엔트로피의 상태를 만들고, 그것은 동일한 무작위화에 의해서 최대의 무질서로 되돌아간다. 이는 계속해서 카드를 섞어

불교와 양자역학

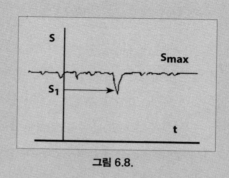

그림 6.8.

무질서의 상태로 되돌리다 보면, 매우 드문 경우이긴 하지만, 카드가 더 큰 질서의 상태로 되는 것과 비슷하다.

이제 그림 6.8에 나타난 다음의 실험을 가정해 보자. 우리는 인내심을 가지고 그 시스템이 엔트로피가 저절로 수치 S_1로 떨어질 때까지 모니터한다. 충분히 낮은 S_1을 선택했기 때문에 긴 시간이 걸릴 것이다. 작은 수치 S_1을 선택했을 때 장점은, 일단 그것이 발생하면 도중에 크게 하락하는 대신에 대체로 엔트로피 곡선의 최저점 가까이 하락한다는 것이다. 이것은 그저 훨씬 큰 하락은 그만큼 개연성이 적기 때문이다. t_1에서, 즉 낮은 엔트로피 S_1이 발생했을 때, 우리는 십중팔구 하락의 최저점에 있기 때문에, 엔트로피는 t_1 이전이나 이후보다 증가한다. 더 분명하게 말하면, 시간 $t_1+\varepsilon$에서 엔트로피가 증가하며, 여기에서 ε는 약간 작은 시간 간격이다. t_1의 관점에서 보면, 시간 $t_1+\varepsilon$는 미래 속에 있다. 왜냐하면, 그것은 엔트로피가 증가하는 시간이기 때문이다. 그러나 그 엔트로피도 t₁-ε보다는 컸다. 그래서 이 시간도 미래로 간주될 수 있다. 시간은 증가하는 엔트로피의 방향으로 진행하기 때문이다. 이제 시간의 화살에 무슨 일이 일어날까? 분명히 동시에 두 방향을 향할 수는 없다. 여기에서 우리는 물리학의 기본 법칙의 대칭성이 엔트로피의 증가나 시간에 방향성을 주지 않는다는 것을 알 수 있다. 이러한 이유로 우리는 볼츠만의 분석은 치명적으로 결함이 있다는 것을 알 수 있다. 우주의 다른 것들로부터 고립된 평형 시스템은 미래를 과거와 구별할 수 없다.

코넬대학교 대학원에서 나를 가르친 교수 가운데 한 분인 토마스 골드(Thomas Gold) 교수가 오래전에 보여 주었듯이, 볼츠만의 유도가 지닌 가장 큰 문제는 우주와의 상호 작용으로부터 독립적인 완전히 고립된 시스템을 가질 수 있다는 가정에 있다. 골드 교수는 우리가 항상 열역학 시스템과 우주 사이의 상호 작용을 문제 삼지 않으면 안 된다는 것을 보여 주었다. 예를 들면, 볼츠만의 상자는 어떻게 절반 속에 있는 모든 입자들(그림 6.6)이 낮은 엔트로피 상태가 되었을까? 이것은 모든 가스를 한쪽으로 내모는 무작위적인 동작을 오랜 시간 기다린 결과가 아니라 볼츠만이 절반을 비우고 다른 절반 속에 가스를 배치한 결과이다. 그 상자를 낮은 엔트로피 상태로 만들

불교와 양자역학

려면 에너지가 필요하고, 우주의 다른 곳에서는 더 많은 엔트로피가 생긴다. 예를 들면, 볼츠만은 점심을 먹고 칼로리를 소모하여 자신과 그의 장비로부터 결국은 먼 우주 공간으로 들어간 에너지를 발산한 것과 마찬가지다. 바꾸어 말하면, 그 상자는 그것의 엔트로피를 그 상자 외부의 작용에 의해서 낮은 상태로 만들었지만, 에너지를 소모할 때 우주의 다른 곳에서는 더 큰 엔트로피가 증가한다.

좀 더 친밀한 예를 정원에서 들어 보겠다. 나는 토끼들이 당근을 먹었는지 살펴보기 위해서 정원을 걸어간다. 나의 발자국은 부드러운 흙에 더 질서 있는 구조를 만들어 엔트로피를 낮춘다. 그러나 이 낮은 엔트로피는 에너지를 소모하여 결국은 우주로 방출되는 열로 분해되는 나의 신진대사 과정으로부터 훨씬 큰 엔트로피를 낳는다.

현재 과학자들은, 우리의 행동으로부터 심우주(深宇宙; deep space)[101]로 발산되는 에너지는 오직 팽창하고 있는 우주 속에서만 가능하다는 것을 알고 있다. 이것을 이해하기 위해서 평지에 있는 큰 숲속에 있다고 가정해 보자. 나무들 사이에 충분한 공간이 있어도, 숲속을 깊이 들여다볼 때 우리의 시선은 결국 나무의 몸통에 쏠린다. 눈높이에 있는 모든 방향에서 우리는 갈색의 나무 몸통을 본다. 이와는 반대로, 각각의 나무가 뿌리를 들어올려 다른 나무로부터 멀어져간다고 상상해 보자. 모든 나무들 사이의 거리가 시간이 지날수록 계속해서 증가하는 이런 숲속에서는 모든 시선이 나무 몸통에 쏠리지는 않을 것이다.

101　태양계 밖의 멀리 떨어진 우주. (역자 주)

이와 비슷하게 고정되어 있거나 팽창하지 않는 우주 속에서 지구를 떠난 시선은 어떤 것도, 충분히 연장되면, 별들의 표면에 다다를 것이다. 이 경우 모든 방향에서 나무 몸통을 보기보다는 모든 공간에 가득 찬 별들을 보게 될 것이다. 빛도 시선과 동일한 방식으로 지구를 향해 운동하기 때문에, 심우주의 유효온도는 별들의 표면의 유효온도가 될 것이다. 그런데 별들의 표면 유효온도는 6,000K[102]이고, 심우주의 유효온도는 3K이다. 우주는 팽창하고 있기 때문에 실제로 우리가 보는 하늘은 매우 차갑고 어두운 것이다.

에너지가 고온 영역에서 저온 영역으로 이동할 때 엔트로피는 증가할 수밖에 없기 때문에, 우리 몸의 에너지를 공간 속으로 방출하는 단순한 과정은 고정되어 있거나 팽창하지 않는 우주 속에서는 차단될 것이다. 바꾸어 말하면, 지구에서 보이는 하늘의 영역이 지구보다 높은 온도라면, 우리가 소모한 열을 방출하여 내보낼 길이 없는 것이다. 그러면 우주의 다른 곳에서는 더 많은 엔트로피를 생산하면서 상자 속에서 국부적으로 엔트로피를 감소시킬 수 있는 볼츠만도 없고, 능력도 없을 것이다. 성장하는 당근이든 눈송이든 어린이든, 스스로 조직하거나 그들의 엔트로피를 줄이는 모든 시스템은 한 장소에서 엔트로피를 줄이고 있음과 동시에 다른 곳에서 더 큰 엔트로피를 생산하고 있다. 이 모든 것이 고정된 우주 안에서는 차단될 것이다. 따라서 우주의 팽창이 엔트로피를 증가하게 하고, 시간을 화살처럼 한 방향으로 흐르게 하는 본질적인 것임을 이해하는 것이 가장 중요

---

102   K는 절대온도의 단위 kelvin의 약자. (역자 주)

하다.

우선, 태양이나 다른 별들을 낮은 엔트로피 상태에 있도록 하는 것은 무엇일까? 이런 일이 일어나는 이유는 빅뱅의 최초 3분 동안, 우주의 팽창 속도가 핵 생산 속도보다 빨랐기 때문이다. 그래서 거의 모든 헬륨(우주 총 질량의 약 25%)이 형성되었을 때, 우주는 매우 빨리 팽창해서 3분 후에는 너무 차가워져 핵반응이 일어날 수 없었다. 만약 팽창과 그와 관련된 냉각이 훨씬 느렸더라면, 우주 안의 모든 물질은 매우 안정된 철의 동위원소로서, 다른 요소로 변하지 않는 비활성의 높은 엔트로피 상태인 iron-56[103]으로 진행됐을 것이다. 그랬다면 별들은 빛나지 않았을 것이고, 우주 안에 큰 엔트로피의 증감도 없었을 것이고, 시간 비대칭도 없었을 것이고, 우리가 알고 있는 생명도 물론 없었을 것이다. 따라서 엔트로피가 정상적으로 증가하고, 시간이 화살처럼 흐르게 하는 데는 두 가지 조건이 필수적이다. 첫째, 우주는 가능한 최대 규모로 팽창하고 있어야 한다. 둘째, 낮은 엔트로피 별들이 존재하기 위해서는 우주의 팽창이 핵반응 속도보다 빠르게 일어나야 한다. 그러므로, 어떤 생물 시스템의 부패, 즉 당근이 우리의 몸으로 되는 것과 같은 국소적(局所的) 시간의 비대칭성은 그것을 우주의 전반적인 팽창과 초기의 전개에 연결시켜 설명할 수밖에 없는 것이다.

이 기상천외의 멋진 결과는 학술적으로 많은 왜곡과 변화를 겪었다. 그러나 중심 개념은 명쾌하다. 엔트로피의 증가와 시간 비대칭

---

[103]   26개의 양성자와 30개의 핵을 가지고 있음. (역자 주)

성이 존재하게 된 것은 우주의 가장 큰 규모로 진행된 가장 초기의 과정 때문이며, 우주가 지속적으로 팽창하고 있고, 초기에 빠른 속도로 팽창했기 때문이다. 이것은 볼츠만이 처음으로 가정했던 고립되고 상호 작용하지 않는 시스템이라는 개념과는 거리가 먼 것이다. 이러한 원리로 찬 우유를 뜨거운 커피 속에 집어넣으면 이 둘은 섞여서 같은 온도가 되며, 그 유동체들이 분리되어 있을 때보다 엔트로피가 높아진다. 우리는 계속 진행 중인 우주의 팽창과 우주가 가장 초기에 iron-56이 형성되기 전에 냉각한 이득을 보고 있는 것이다. 마찬가지로, 우리 모두 엄청난 엔트로피의 증가를 수반하는 되돌릴 수 없는 죽음의 과정과 어쩔 수 없이 직면하게 된 것은 우주의 가장 큰 규모의 팽창과 최초의 과정 때문이다. 바꾸어 말하면, 우리 주변에서 볼 수 있는 모든 무상(無常)과 쇠퇴는 우주의 가장 먼 최초의 과정에 기인하는 것이다. 이러한 과학적인 상호 연결과 의존의 수준을 총카빠와 중관사상의 초기 창시자들은 상상조차 할 수 없었을 것이다. 그렇지만 물리학 지식은 분명히 그들을 미소 짓게 할 것이다.

강조했듯이, 공(空), 즉 독립적 존재가 없다는 것은 그 본성상 지속적인 변화를 보장한다. 직접적으로 공을 표현하고 있는 무상은 우주의 법칙이다. 그러나 그 자체로 변화가 우리에게 시간의 화살이 존재하는 이유를 말해 주지는 않는다. 불교도들이 우리에게 자주 일깨우듯이, 왜 우리는 불가피하게 늙음과 질병과 죽음에 굴복해야 하는 것일까? 이론상으로는 공이기 때문에 우리는 더 젊어지고, 건강해질 수 있다. 왜냐하면, 젊어지고 건강해지는 것도 변화이기 때문이다. 그러나 빅뱅은 급속히 발생했고, 우주는 팽창하고 있고, 우리는 우주와 직접 연결되어 있기 때문에 시간의 화살이 있는 것이다. 물론, 위대한 불교의 스승들은 늙음과 질병과 죽음을 보여 주기 위하여 시간의 화살을 이해할 필요는 없었다. 그들은 주위를 한 번 둘러보았을 뿐이다. 그렇기는 해도 그것은 공의 이해를 강화하여 어쩔 수 없는 노화와 같은 개인적이고 친숙한 현상이 우주의 가장 큰 규모의 최초 과정과 연결되어 있다고 생각하는 데 도움을 준다. 4장에서 나는 "우리는 상호 의존의 오묘한 그물망으로 만들어졌다"라는 데스몬드 투투 대주교의 말을 인용했었다. 이제 우리는 이 "오묘한 그물망"이 우주의 가장 먼 곳까지 펼쳐져 있고, 뒤로는 빅뱅의 최초의 순간까지 펼쳐져 있다는 것을 이해해야만 한다.

중요한 것은 되돌릴 수 없는 과정들도 생명의 본질임을 이해하는 것이다. 만약에 신진대사의 과정들이 내가 먹은 점심을 되돌릴 수 없이 변형하지 않았다면, 나는 소화불량에 걸렸을 뿐만 아니라 살지도 못했을 것이다. 이 밖에도 세포의 성장과 복구에서 호르몬의 분비에 이르는, 되돌릴 수 없는 생물학적 과정들은 셀 수 없이 많다. 그래서 독립적인 존재는 바로 공이며, 현상 작용의 가장 근본적인 단계에서 현상들의 본성은 바로 상호 의존적이라고 이야기하는 중관사상의 중추적 사고방식에 공감한다. 모든 것의 핵심에 자리하고 있는 공은 나를 생물학적 실체로 지속시키고, 또한 나를 죽인다. 더 나아가 독자와 더불어 이 책을 만드는 사람들이 있을 수 있는 것은 시간을 화살처럼 일정한 방향으로 흐르게 하는 되돌릴 수 없는 과정들 때문이다. 실로 보르헤스(Borges)가 이야기한 시간은 "나를 태워 없애는 불이다. 그런데 내가 그 불"이다.

7

사랑과 지식의 합일을
지향하며

양자역학과 중관사상의 중심으로

매일 아침 나는 명상을 한 후 아침 식사를 준비하고 나서 인터넷으로 뉴욕 타임스를 읽는다. 비참하고 잔인한 뉴스에 몰입하기 때문에 명상의 노력이 없어지는 것일까? 때때로 일상에서 정신의 온전함을 의심하곤 한다. 그렇지만 나는 스스로 교수로서의 직업 부분은, 특히 콜게이트대학의 교양과정 프로그램에 깊이 관여하고 있는 한 사람으로서, 시사 지식이 요구된다. 또한, 달라이 라마 성하께서는 아침 식사를 하면서, 심지어 여행 중에도, 단파 라디오 뉴스로 소식들을 들으신다고 알고 있기에[104] 약간의 위안을 얻는다. 그렇지만 성하께서는 뉴스에 몰두하면서 비참함과 잔인한 내용에 압도되지 않을 수 있지만,

---

104 *Heart of Tibet: An Intimate Portrait of the 14th Dalai Lama*, directed by David Cherniack, 1992.

나는 그분처럼 할 수가 없다.

이 마지막 장에서 나는 현대물리학과 중관사상 사이의 관계에
대한 논의를 다시 검토하여 심화하고자 한다. 나는 현대물리학과 티
베트불교의 심장을 관통하는 양자역학, 상대성이론, 우주론에서 출
발하여 공, 소멸, 자비에 이르는 이 탐험이 고통스럽게 양극화된 오늘
날 어떻게 적용될 수 있을 것인지, 그리고 어떻게 사랑과 지식의 합일
을 지향해야 할 것인지를 논의하면서 끝을 맺고자 한다.

중관사상과 물리학의 연관성을 심화하기 위하여, 나는 존 A. 휠
러(John A. Wheeler)의 유명한 '지연된 선택 실험'에 의존하고자 한다.
그의 실험은 분명히 양자역학의 토대를 철저하게 조사한 가장 단순
하고 극적인 실험 가운데 하나이다.[105] 앞으로 보게 되겠지만, 이들
실험의 이해는 우리를 양자역학의 중심으로, 그리고 동시에 중관사
상의 품 안으로 데려다 준다.

지연된 선택 실험

어두운 배경의 내용으로 5장에서 논의했던 광선분할기에서 시작하
기로 하자. (광선분할기의 기능을 이해하고 있다면, 나는 위대한 이탈리아계 미
국인 물리학자인 엔리코 페르미Enrico Fermi가 말한 "사람들이 이미 알고 있는

---

105   John Wheeler, "Law without Law", in *Quantum Theory and Mea-surement*, eds. J. Wheeler and W. Zurek (Princeton, NJ: Princeton University Press, 1983).

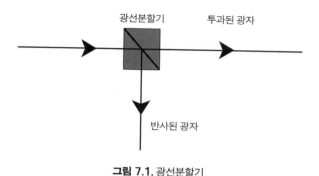

그림 7.1. 광선분할기

어떤 것을 들음으로써 얻는 기쁨을 결코 과소평가하지 말라"라는 말에서 위안을 받을 것 같다.) 이 장치는 들어오는 광선의 강도를 절반만 받아들이고, 그림 7.1에 보이듯이 나머지 절반은 반사한다. 바꾸어 말하면, 만약 광자들이 광선분할기로 들어오는 동안 초당 100광자가 왼쪽에서 오른쪽으로 이동한다면, 평균하여 초당 50은 오른쪽으로 전송되고, 초당 50은 아래로 반사된다. 물론, 양자역학의 핵심인 임의성 때문에 우리는 어떤 광자가 전송되고, 어떤 광자가 반사될지는 예측할 수 없다. 그럼에도 불구하고 평균하여 광자들은 반사되는 양과 동등하게 전송될 것으로 예상된다.

하나의 광선분할기와 두 개의 전반사(全反射) 거울을 가지고 우리는 그림 7.2에 보이는 간섭계를 만들 수 있다. 빛이 왼쪽에서 들어오면 첫 번째 광선분할기는 빛의 절반을 오른쪽으로 전송하고, 절반을 아래쪽으로 반사한다. 아래로 움직이는 반사된 빛을 따라가 보자. 이 광선은 들어오는 광선에 대하여 45도 각도로 고정 배치된 전반사

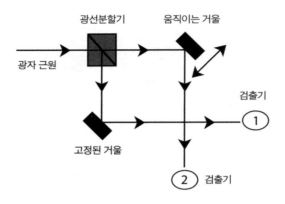

그림 7.2. 간섭계

거울을 때린다. 이 거울은 거울에 입사된 모든 빛을 반사하여 아래로 똑바로 진행하는 광선을 즉시 오른쪽으로 돌려 검출기 1 속으로 들여보낸다. 다음으로 광선분할기에서 오른쪽으로 이동하는 빛을 따라가 보자. 이 빛은 들어오는 광선에 대하여 45도 각도로 배치된 전반사 거울에 반사된다. 그런데 이 거울은 움직인다. 그렇지만, 이 거울은 그 광선을 즉시 아래쪽에 있는 검출기 2 속으로 반사한다.

　이 간섭계와 더불어, 입력된 광선이 초당 100광자라면, 평균적으로 절반(초당 50광자)은 검출기 1에, 절반은 검출기 2에 기록될 것이다. 목적에 꼭 필요한 것은 검출기 1에 포착된 광자들은 모두 왼쪽 경로를 거쳐서 올 수밖에 없었다는 것을 아는 일이다. 즉 그 빛은 광선분할기 아래로 반사되었고, 그다음에 고정된 전반사 거울 오른쪽으로 반사되었다. 같은 방식으로, 검출기 2에 기록된 광자는 모두가 오른쪽 경로를 따라갈 수밖에 없다. 즉 그 빛은 광선분할기에서 움직이

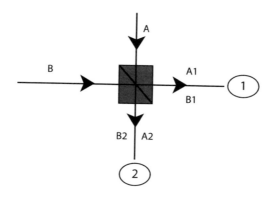

그림 7.3. 교차 광선분할기

는 전반사 거울로 전송된 다음에 아래쪽으로 전송된 것이다. 따라서 검출기 1과 2 속에 있는 신호를 추적 관찰하면, 빛이 어떤 경로로 검출기에 도달했는지에 대한 완벽한 정보를 얻게 된다. 그 빛은 왼쪽 경로나 오른쪽 경로를 지나가면서 입자의 성질을 나타내고 있다. 그러나 결코 두 통로를 다 지나갈 수는 없다.

다음으로, 다른 광선분할기를 두 광선이 검출기들 안으로 들어가기 직전의 교차점에 놓아보자. 그림 7.3은 두 번째 광선분할기 안에서 어떤 일이 일어나는지를 보여 준다. 아래에 있는 고정된 전반사 거울에서 나온 빛을 광선 B라고 부르자. 광선 B의 절반은 검출기 1 속으로 들어가는 B1 속으로 전송된다. 한편, 나머지 절반은 아래쪽으로 반사되어 검출기 2 속으로 들어가는 B2 속으로 반사된다. 움직이는 전반사 거울에서 아래로 내려가는 빛을 광선 A라고 부르자. 이 광선의 절반은 검출기 1 속으로 들어가는 A1 속으로 반사되는 반면에, 다른 절반은 검출기 2 속으로 들어가는 A2 속으로 전송된다.

　두 광선분할기를 장착했을 때, 검출기 1의 신호는 광자가 어떤 경로를 택했는지 말해 줄까? 아무것도 말해 주지 않는다. 왜냐하면, 두 경로 가운데 어느 경로도 검출기 1에 신호를 줄 수 있기 때문이다. 왼쪽 경로, 즉 광선 B는 B1을 검출기 1로 전송하고, 그동안 오른쪽 경로, 즉 광선 A는 검출기 1로 A1을 반사한다는 것을 이해하는 것이 중요하다. 물론 두 경로는 또한 검출기 2에 기록된 내용(광선 A1과 B2)의 원인이기도 하다. 따라서 아랫부분에 광선분할기를 장착한 간섭계는 어떠한 경로 정보도 주지 않는다.

　자, 이제 검출기 1에 대하여 생각해 보자. 만약 움직이는 전반사 거울을 왼쪽과 오른쪽 경로의 길이가 같도록 조정하면, 광선 A1과 B1은 동조하며, 그것들은 검출기 1에 최대치 강도를 지닌 신호를 준다. 신호의 '강도'는 초당 광자 수치를 의미한다. 파동들이 동조하면, 파동들의 골과 마루가 동시에 일정한 장소에 도착할 때, 그 결과 초래된 파동들은 건설적으로 간섭하여 최대치의 진폭을 나타낸다는 것을 상기하자. 반대로 오른쪽과 왼쪽 경로의 길이가 파동 길이의 절반 차이가 나면, A1과 B1은 동조하지 않고 파괴적으로 간섭하여 검출기 1에 어떤 신호도 나타내지 않는다. 오른쪽과 왼쪽 경로 사이의 중간에 있는 차이들은 최대치 강도와 0 사이의 신호들을 나타낸다. 오른쪽 경로와 왼쪽 경로 사이의 길이 차이에 대한 검출기 1의 신호 강도를 도표로 그리면 5장에서 나온 그림 5.6과 같은 아름다운 사인 곡선들을 나타낸다. 이것은 분명히 경로 정보를 모를 때 빛은 간섭 현상을 통해 파동적 성질을 나타낸다는 것을 보여 준다.

　자, 그러니까 간섭계는 두 번째 광선분할기를 배제하면 경로 정보를 제공하지만, 두 번째 광선분할기를 설치하면 간섭 현상을 나타낸다. 두 번째 광선분할기를 배제하거나 설치함으로써, 빛이 파동의 성질을 나타내거나 입자의 성질을 나타내도록 선택할 수 있다. 그러나 결코 동시에 둘 모두를 선택할 수는 없다. 여기에 실험 선택에 의존하는 양자적 물질의 상보적인 속성의 친숙한 본보기가 있다.

지금부터 '지연된 선택 실험' 부분이 나온다. 휠러는 우리가 맨 마지막 펨토초(펨토초는 10^{-15}초)에 두 번째 광선분할기를 간섭계에 설치할 것인가, 배제할 것인가를 결정할 때 어떤 일이 일어나는지를 알아보았다. 마지막 펨토초의 결심이 빛의 입자 성질을 볼 것인가, 아니면 빛의 파동 성질을 볼 것인가를 결정한다. 그 빛이 검출기에 도달하기 직전까지 기다림으로써 빛이 이미 전반사 거울로부터 반사되었다는 것을 확신할 수 있다. 잠깐! 그렇다면 마지막 순간의 결심이 과거의 빛의 성질에 영향을 미쳤단 말인가? 여기 두 번째 광선분할기를 설치하거나 배제하는 현재의 행동이 이전 빛의 성질에 영향을 미치는 어떤 역행적인 인과관계가 있는 것일까? 여기에 매우 재미있는 수수께끼가 있다는 것을 여러분이 꼭 알아주기 바란다. 이 도발적인 물음에 답하기 전에, 휠러를 따라 그 물음을 우주론적 맥락 속에 넣어서 상황을 극적으로 만들어보자.

우주론적으로 지연된 선택 실험

일반상대성이론에서, 아인슈타인은 거대한 몸체들은 빛을 굴절시킨다는 사실을 발견했다. 일반상대성이론의 첫 번째 실험 테스트는

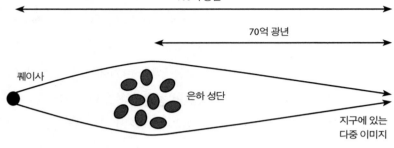

100억 광년

70억 광년

퀘이사

은하 성단

지구에 있는
다중 이미지

그림 7.4. 중력렌즈 역할을 하는 은하 성단

1919년에 이루어졌다. 그 해에 아서 에딩턴 경(Sir Arthur Eddington)은 개기일식 동안 태양 주위에서 별빛의 굴절을 측정했다. 태양의 빛이 배후에 있는 별들을 압도하지 않으려면 일식이 필요하다. 이 측정으로 일반상대성이론이 예언한 굴절을 발견함으로써, 아인슈타인은 일약 세계적인 명사가 되었다.

훨씬 더 극적인 빛의 굴절을 증명하는 예들이 우주 안에서 나타난다. 은하 성단은 매우 멀리 떨어진 준항성체 퀘이사(quasar)들로부터 나온 빛을 집중시키는 중력렌즈 역할을 한다. 퀘이사들은 중심부에 있는 거대한 블랙홀에 의해 작동되는, 극단적으로 밝고 조밀한 물체들이다. 그림 7.4는 중력렌즈의 기하학적 구조를 보여 준다. 이 예에서 퀘이사는 지구로부터 100억 광년 떨어져 있다. 한편, 은하 성단은 70억 광년 떨어져 있다. 더 큰 맥락에서 보면, 우리의 태양계는 약 45억 년 전 형성되었는데, 그때는 퀘이사에서 나온 빛이 우리를 향해 출발한 지 오랜 후이다. 그 사이에 있는 많은 무리(여기서는 은하 성단)

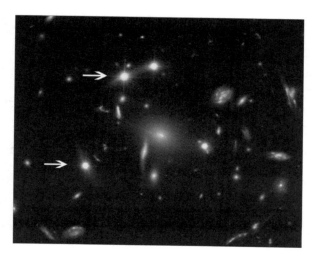

사진 7.1. 퀘이사의 다중 이미지

가 구면(球面) 대칭이 아닐 때와 광원(퀘이사)과 완벽하게 일직선이 아닐 때, 그 굴절은 멀리 떨어진 퀘이사의 다중 이미지를 나타낸다. 중력 굴절이 어떻게 퀘이사의 빛에 간섭계처럼 작동하는지에 주목하라. 은하 성단은 광선분할기와 거울보다 더 빛을 지구에 있는 다중 이미지 속으로 집중시킨다.

중력렌즈의 역할을 하는 예는 많지만 가장 좋은 예는 2006년 봄에 발표된 것이다. 그때 허블망원경은 은하 성단 SDSS J1004+4112가 중력렌즈 역할을 한 퀘이사의 다중 이미지를 발견했다.[106] 사진 7.1은 대략 달 지름의 60분의 1 정도 돌출되어 있으며, 허블망원경이

---

[106] http://hubblesite.org/newscenter/newsdesk/archive/releases/2006/23/image/a.

찾아낸 하나의 퀘이사의 이미지 다섯 개를 보여 준다. 네 개는 흰색으로, 밝고 둥근 이미지이고, 가운데 있는 한 개는 더 빨갛다. 커다란 흰 화살표로 퀘이사의 이미지 두 개를 표시해 놓았다. 이 시스템을 분석한 결과 그림 7.4가 보여 준 것과 똑같이, 이들 두 이미지는 은하 성단의 반대쪽을 빙 돌아서 굴절한 빛에서 생긴 것으로 밝혀졌다.

각각 자체의 검출기를 갖춘 두 개의 분리된 망원경을 흰색 화살표로 표시하고 있는 두 개의 퀘이사 이미지에 초점을 맞추는 실험을 상상해 보자. 이런 경우, 상황은 그림 7.2의 간섭계에 두 개의 검출기가 있는 것과 똑같다. 따라서 그 광자들이 은하 성단의 어떤 쪽으로 돌아서 갔는지 알 수 있다. 빛의 경로 정보나 입자 성질을 주의 깊게 관찰하는 것이다. 앞에서 이 예의 기하학적 구조에 관하여 이야기하면서 언급했듯이, 그 광자들은 은하 성단 부근을, 우리 태양계가 형성되기 훨씬 전인 대략 70억 년 전에 떠났다.

이제 다른 실험을 상상해 보자. 간섭 효과를 얻기 위해 광선분할기 속으로 두 퀘이사 이미지를 광학적으로 보낸다. 이 경우 두 경로에 상응하는 두 개의 뚜렷한 이미지는 볼 수 없지만, 신호 강도는 은하 성단의 어느 한쪽으로 돌아갈 때와 다른 쪽으로 돌아갈 때의 경로 길이의 차이에 의존한다. 바꾸어 말하면, 두 개의 검출기로 진행한 첫 번째 실험에서는 광자가 취한 경로(빛의 입자 속성)를 발견하게 되고, 두 번째 실험에서는 간섭 효과(빛의 파동 속성)를 얻게 된다.

만약 오늘은 두 개의 검출기를 사용하여 입자 정보를 얻기로 결정하고, 내일은 광선분할기를 사용하여 파동 정보를 얻기로 결정한다면, 이것은 내가 대략 70억 년 전에 중력렌즈 부근에 있었던 광자의 성질에 영향을 미치고 있다는 것을 의미하는 것일까? 바꾸어 말하

불교와 양자역학

면, 내가 오늘 하는 행동이 지구가 형성되기 20억 년 이상 이전에 존재했던 것에 영향을 미치는 것일까?

아무리 양자역학이라지만, 사실 이것은 너무나 기괴하다! 지금 무슨 일이 벌어지고 있는 것인가? 대답은 불합리하게 광자에 독립적인 존재를 투사해왔다는 것이다. 우리는 (입자나 파동과 같은) 본래적인 속성을 지닌 빛이 있어서, 그것이 우리의 실험 방식과 상관없이 은하 성단을 지나가고 있었던 것처럼 빛에 대한 거짓된 마음속의 그림을 그렸던 것이다. 나 역시 "광자가 대략 70억 년 전에 은하계의 성단 근처를 떠났다"라거나, 또 다른 유사한 진술을 통해 오해의 소지가 있는 언어를 사용했음을 고백한다. 일상적 언어는 대개 무의식적으로 독립적인 존재를 가정하는 진술로 이루어진다. 그러나 지연된 선택 실험은, 우주론의 맥락 안에서, 우리가 모든 관찰 상황과 관계없이 양자적 물체에 확정된 속성을 부여할 수 없다는 것을 천명한다. 양자적 물체들은 독립적이거나 본래적으로 존재하지 않는다. 즉 중관사상에서 이야기하듯이, "그 자체로 존재하지" 않는다. 그것들은 오직 실제의 측량이라는 맥락 안에서, 즉 구체적인 실험 방식과의 관계 속에서 규정될 뿐이다. 양자 비국소성을 검토했던 4장에서와 마찬가지로, 우리는 여기 지연된 선택 실험 속에서 자연(nature)은 우리가 거짓된 본래적 존재의 투사를 거부한다는 것을 보게 된다. 휠러는 이 상황을 요약하면서 보어의 말을 인용한다.

> 오늘날의 말로 보어의 요점은, 그리고 양자 이론의 요지는 단 하나의 단순한 문장으로 표현될 수 있다. "어떤 간단한 현상도 인지된(관찰된) 현상이 될 때까지는 현상이

아니다." 광선분할기를 이용한 실험에서 광자의 "경로"라고 이야기하는 것은 틀린 것이다. 진입점에서 비행의 가장 마지막 순간에 이르는 전 여정의 광자에 확실성을 부여하는 것은 잘못이다. 현상은 광자검출기의 작동이나, 소량의 취화은(臭化銀: silver bromide) 유화액을 검게 하는 것과 같은, 되돌릴 수 없는 확장 활동이 끝날 때까지는 아직 현상이 아니다. 개괄적으로 말해서, 양자 단계에서 자연은 변경할 수 없는 자신의 길을 가는 기계가 아니라는 것이다. 우리가 어떤 답을 얻는가는 우리가 부여하는 질문, 우리가 마련한 실험, 우리가 선택한 기록 도구에 달려 있다. 우리는 일어날 것 같은 일을 가져오는 데 불가피하게 개입되어 있다.[107]

휠러는 몇 페이지 뒤에 다시 이렇게 언급했다.

과거를 모든 점에서 "이미 존재하고 있는 것"으로 생각하는 것은 잘못이다. 과거는 현재에 기록된 것들 이외에는 존재하지 않는다. 양자 기록 장비로 현재 어떤 질문을 던질 것인가를 결정함으로써, 우리는 과거에 대해 말할 권리가 있는 부정할 수 없는 선택을 하게 된다.[108]

---

107   Wheeler, "Law without Law", 184-85.

108   Ibid., 194.

또 시작이다! 마음은 빛을 "모든 면에서 '이미 존재하고 있는 것'"으로 생각하는, 즉 빛을 본래부터 존재하고 있는 것으로 간주하는 뿌리 깊은 성향을 가지고 있다. 하지만 모든 과학의 가장 근본 이론인 양자역학은 그런 견해, 즉 거짓 투사를 포기하도록 강요한다. 그 대신 양자적 물체를 우리의 질문과 자연과의 상호 작용에 의해 결정되는, 서로 의존하는 것으로 이해하지 않으면 안 된다. 공은 아무것도 긍정하지 않는 부정이라는 것을 상기하라. 현상을 대체할 보다 높은 실재는 없다. 오직 모든 사물은 예외 없이 비어 있으며, 의존적으로 상호 연결되어 있다는 이해만이 있을 뿐이다. 마찬가지로 양자역학은 현상의 기초를 이루고 있는 것을 상세하게 묘사하지 않는다. 그런 방식은 단지 부적절한 실체화(實體化)나 대상화(對象化)일 뿐이며, 독립적으로 존재하는 요소로 기계론적 모델을 수립하려는 시도들일 뿐이다. 그 대신 우리는 모든 현상의 근본적인 상호 연결을 이해하는 데 만족하고, 독립적으로 존재하는 어떤 실재를 찾아서는 안 된다. 지연된 선택 실험이 보여 주듯이, 자연의 이러한 근본적인 상호 연결이라는 부분은 관찰자, 그리고 그 관찰자가 묻는 질문과의 연결이다.

　이 실험을 생각할 때, 우리는 의존적이고 관계적인 빛의 성질을 인정하면서, 다른 한편으로 은하 성단에 무의식적으로 질량과 형체 같은 고유한 특성을 부여하는 덫에 빠지지 않도록 주의해야 한다. 질량과 길이, 그리고 시간의 간격은 관찰자의 기준이 되는 계(系; reference frame)와 관계없이 본래적이거나 객관적인 수치를 갖지 않는다는 특수상대성이론으로 가는 우리의 짧은 여행을 상기하자. 우리가 실험 방법을 통해서 제기한 물음에 깊이 의존하고 있는 빛의 성질뿐만 아니라, 은하 성단의 속성도 단지 관찰자의 기준이 되는 계 안에서만 규정된다. 은하들은 개별적으로든 성단으로든, 기준이 되는 계와 무관한, 그 어떤 크기, 질량, 시간 간격의 수치를 가지고 있지 않다.

본래적 존재를 투사하거나 우리의 실험과 관계없이 분명한 속성이 있다고 믿는 우리의 뿌리 깊은 습성을 깨기는 매우 어렵다. 이러한 습관적 성향에도 불구하고, 현대물리학은 중관사상의 공이라는 교리에 이상하리만큼 가까운 세계관을 요청한다.

이 책의 몇몇 장에서 지금까지 보아온 것처럼, 본래적이거나 독립적인 존재의 투사는 과학적 오류다. 충분히 노력하면 자연은 우리를 교정하여 상호 연결된, 상호 의존적인, 또는 비어 있는 우주관으로 우리를 인도한다. 보다 일반적으로, 중관사상에서 오류는 항상 고통으로 이어진다. 3장 마지막 부분에서 논의했듯이, 독립적인 존재를 투사하는 오류와 이것이 어떻게 고통을 일으키는지에 대한 깨달음은 우리 자신과 타인들을 보편적 자비와 모든 지각 있는 존재들의 고통을 덜어주려는 견고한 서원으로 자연스럽게 인도한다. 여기서 우리는 자연에 대한 깊은 지식이 어떻게 보편적 자비를 일으키는지 알게 된다. 이렇게 하여, 우리는 사랑과 지식의 합일이라는 마지막 장의 주제로 옮아간다.

사랑과 지식의 합일을 지향하며

1990년이다. 나와 아내는 인도 칸치푸람(Kanchipuram)의 시장에서 채소를 샀다. 시장은 온통 색깔과 몸짓으로 가득했다. 사진에 보이듯이 원색의 사리를 입은 여자가 땅 위에 수확물을 진열하고 있다. 큰소

불교와 양자역학

사진 7.2. 비닐 지퍼 백을 받고 기뻐하는 여인

리로 값을 흥정하는 사람들, 악의 없는 외침들, 사방에 뛰어다니는 아이들. 내 아내는 새로 구입한 콩을 (사진 왼쪽 하단) 비닐 지퍼 백에 넣었다. 콩을 파는 여자는 지퍼로 입구를 잠그는 비닐봉지에 강한 인상을 받은 것이 분명했다. 우리는 그에게 사용법을 알려주었다. 그 여인은 지퍼 백을 하나 원하는 것이 분명했다. 우리가 큰 비닐 지퍼 백 하나를 주자 그는 아주 만족스러운 미소를 지으며 고마워했고, 나는 그모습을 사진으로 찍었다.

　개발도상국이든 현대 산업화된 국가이든, 모든 사람들은 과학기술과 그것이 약속하는 더 큰 행복을 갈망한다. 최신형 디지털 음악 플레이어를 갈망하는 젊은이든 비닐 지퍼 백을 갈망하는 가난한 인도의 여인이든 최신 치료제를 갈망하는 에이즈로 고통받는 사람들이든 간에 과학기술의 매력은 저항할 수 없다. 우리가 항상 가장 현명한 선택을 하는 것은 아니라 할지라도 과학기술이 약속하는 더 나은 삶을 갈망한다는 것은 의심의 여지가 없다.

이뿐만 아니라, 어떤 국가가 번영과 명성을 추구할 때, 그 국가는 예외 없이 기술의 기초가 되는 과학과 응용에 바탕이 되는 이론을 원한다. 예를 들면, 전형적인 첫 번째 단계는 일반적으로 음악 플레이어나 컴퓨터와 같은 현대 전자공학에 대한 욕망이다. 다음 단계는 전자공학적 적용의 기초가 되는 과학인 양자역학의 숙달이다. 가장 전통적인 사회에서조차, 남반구든 북반구든, 동양이든 서양이든, 숙련된 과학자 조직과 그들을 지원하는 기관들을 원한다. 1장에서 지적했듯이 과학은 국경과 종교, 그리고 개인적인 선호를 초월한 법칙과 실험을 기반으로 이루어진다. 따라서 과학의 중심에는 휴대성(portability)이 있다. (이것은 과학이 나름의 전제가 없다는 말이 아니다.) 따라서 욕망과 휴대성은 과학과 기술이 빠르게 그리고 끊임없이 세계 곳곳에 퍼지게 한다.

불행히도 과학 지식은 흔히 고통의 완화라고 하는 가장 인도적인 적용과 단절되어 있다. 지구에는 2장에서 약간 묘사한 빈곤의 폐해를 대부분 해결할 수 있는 지식과 자원이 있다. 그런데도 거대한 불평등이 존재하도록 허용하고, 쉽게 낮출 수 있는 고통을 널리 퍼지도록 방임한다. 피터 싱어(Peter Singer)의 은유를 빌리면, 인류는 물에 빠진 소녀의 생명을 구하는 데 필요한 작은 희생을 하기보다는 물에 빠진 그 소녀를 못 본 척하는 사람과 비슷하다. 간단히 말해서, 우리의

불교와 양자역학

지식은 사랑, 타인에 대한 진실한 배려, 소박한 친절과 단절되어 있다.

내가 읽는 뉴욕 타임스는 날마다 불우한 사람들을 향한 인류의 냉대와 무관심이 도를 넘었음을 폭로한다. 머리기사들은 지구에 대한 가장 악랄한 흉포성과 파괴의 사례들을 끊임없이 전한다. 기록되지 않은 크고 작은 친절한 행동들이 많지만, 오늘날 세계에 만연한 잔인성에 대하여 냉철할 수 있어야 한다. 4장에서 인용한 세계적으로 유명한 물리학자인 고 데이비드 봄의 말을 빌리면 "지금 인류 앞에는 공동의 이익과 생존을 위해 힘을 합치는 데 큰 걸림돌이 가로막혀 있다. 바로 차별이다. … 차별의 근저에는 사물들을 본래부터 나누고, 분리하고, 작은 구성 부분들로 '쪼개지는' 것으로 취급하는 사고방식이 자리잡고 있다. 그리고 각각의 부분은 본질적으로 독립적이고, 스스로 존재하는 것으로 여긴다."**109** 중관사상의 언어로 표현하면, 독립적이거나 본래적인 존재에 대한 신념이 우리의 생존마저 위태롭게 하고 있다고 그는 주장하고 있다. 봄(Bohm)은, 광자에서 우리의 인격에 이르기까지, 모든 것에 본래적 존재를 투사하는 고유한 성향을 강화시키는 고전적 세계관, 또는 뉴턴 물리학의 세계관을 언급하고 있는 것이다.

그와는 반대로 양자역학과 상대성이론은 "본질적으로 독립적이거나 스스로 존재하는" 각각의 요소를 이야기하기보다는, 모든 현상은 상호 의존적이며, 무엇보다도 먼저 세계의 다른 요소들과의 관계에 의해서, 그리고 우리가 관찰하는 관계에 의해서 규정된다는 것

---

109 David Bohm, *Wholeness and the Implicate Order* (London: Routledge & Kegan Paul, 1983), xi.

을 이야기한다. 여러분이 생각하고 있는 것이 광자든 여러분의 팔 길이든 간에 사물들은 그 어떤 독립적인 존재도 아니고, 본래적인 존재도 아니다. 중관철학의 언어로 표현하면, 사물들은 본래적인 존재가 없이 비어 있으며, 그것들의 관계와 우리의 마음이 부여하는 명칭에 의해 규정된다. 1장에서 논의된 불교와 과학의 중요한 차이와 5장에서 논의된 인과율에 관한 중관사상과 양자역학의 견해 차이에도 불구하고, 양자역학과 상대성이론은 중관사상의 공(空)이라는 지점에서, 단지 대체적인 윤곽에서가 아니라 가장 근본적인 원리라는 측면에서 완전하게 일치한다. 독립적인 존재에 대한 신념이 고통으로 귀결되듯이, 불가피하게 전 세계로 퍼져나가는 이 새로운 과학적 세계관 역시 결과를 초래하지 않을 수 없다. 중관사상에서 공의 지혜와 표현은 보편적 자비 속에 뗄 수 없이 깊이 묶여 있다. 그런 가르침을 실천하는 사람들은 모든 철학적 원리들은 반드시 윤리적으로 귀결되어야 하며, 따라서 공의 진리는 자비로운 행동으로 표현될 수밖에 없다고 확신한다.

불행하게도 저잣거리의 보통 사람들은 양자물리학과 상대성이론이 지닌 의미를 거의 이해하지 못한다. 더욱이 세계관의 변혁이 모든 사람들에게 미치기까지는 많은 시간이 걸린다. 약 2년 전, 친하게 지냈던 작은아버지와 서부 플로리다 해안에서 멕시코만 쪽으로 지는 해를 바라보는데, 갑자기 이 두 가지 사실이 강하게 나의 뇌리를 스쳤다. 작은아버지는 제2차 세계대전에서 용감히 싸웠고, 1급 기술자가 되어 가정을 꾸렸으며, 최근에 세상을 떠났다. 그때 작은아버지가 약간 쑥스러워하며 나에게 일몰을 설명해 달라고 부탁했다. 그는 지구가 축을 중심으로 어떻게 자전하는지, 태양을 중심으로 어떻게 공전하는지 이해하지 못했다. 분명히 그날 저녁 해변에 있던 다른 식구들도 같은 의문을 가지고 있었지만 묻기를 머뭇거렸다. 몇 분 동안 나는 일몰을 설명했다. 그러나 그들은 잘 이해하지 못했다. 가족 중 몇 사람이 400년 된 코페르니쿠스적 전환을 체험적으로 알지 못한다면, 어떻게 훨씬 이해하기 어렵고 중요한 현대의 양자 혁명이 널리 이해되기를 기대할 수 있겠는가? 현대물리학 속에 생생하게 나타나는 심오한 상호 연결을 설명하려면 아마 더 많은 시간이 걸릴 것이고, 성공할 확률도 훨씬 낮을 것이다.

그렇지만 과학혁명의 중요성은 폭넓게 이해되었다든가, 얼마나 설명하기 어려운가에 의해 결정될 수 없다. 나는 과학혁명의 중요성과 그와 관련된 세계관에 대해 불교에서 영감을 받은 기준을 제안하고자 한다. 과학혁명의 중요성은 우리의 일상생활 속에 있는 고통을 낮출 수 있는 잠재력이다. 교수나 과학자 같은 부류의 사람들은 코페르니쿠스적 전환이 어떻게 우주에서 우리의 위치를 상대화시켰는지에 대해 의미를 크게 강조하지만, 그것이 보통 사람들에게는 실제적인 영향을 거의 주지 못했다. 그렇다. 우주 속에서 우리는 누구이고, 어디에 있는가에 대한 이해라는 측면에서, 코페르니쿠스적 전환은 매우 중요한 변화지만 그 사실이 삶의 고통을 크게 줄여 주지는 않는다. 작은아버지는 85년 이상을 코페르니쿠스적 전환이 무엇인지 알지 못하고도 잘 지냈다. 코페르니쿠스적 전환에 대한 나의 설명으로 인해서 그의 인생에 달라진 것은 거의 없다.

이와는 반대로, 그보다 훨씬 후에 생긴 질병에 대한 세균병원설(細菌病源說)을 생각해 보자. 이 분야가 생긴 것은 채 한 세기에 지나지 않는다. 이 이론은 우리에게 미생물들이 대부분 병의 근원이며, 질병은 자연적으로 발생한 것이거나 신의 노여움이 아님을 알려 주었다. 미생물학이 현대 보건과 고통의 완화에 기여한 가장 중요한 공헌은 미생물학에 대해 아무것도 모르는 사람에게까지 끼친 많은 실제적인 영향력이다. 작은아버지는 미생물에 대해서는 아무것도 알 필요가 없었지만, 남태평양 전투에서, 또는 집으로 돌아온 후 그의 기계 공장에서 상처를 깨끗하게 유지하는 법은 알 필요가 있었다. 마찬가지로, 그는 양자 비국소성이나 지연된 선택 실험의 복잡한 특징들을 이해할 필요는 없지만, 상호의존성, 또는 모든 현상들의 비어 있음이 함축하는 친절한 행위의 요구를 이해할 수는 있다. 질병에 대한 세균 병원설은 고통을 크게 덜어주었으며, 내 기준으로는 코페르니쿠스의 혁명보다 더 위대한 과학혁명이다. 하지만 고통을 덜어주는 데 공(空)의 결실인 닝 제 첸모(nying je chenmo), 즉 동체대비(同體大悲)보다 더 큰 잠재력을 지닌 것이 무엇이겠는가?

나는 최근 현대물리학의 '하드웨어적 적용'을 도외시하고 있는 것이 아니다. 우리는 하드웨어적 적용의 매력과 커다란 도움이 될 수도 있고 해가 될 수도 있는 잠재력에 대해, 이 모두를 분명히 알아야 한다. 그보다도 내가 강조하고 있는 것은 '소프트웨어적 적용'이다. 나는 자연을 심층적으로 상호 연결된 것으로 보고, 데이비드 봄이 묘사한 세계와는 크게 다른 세계, 즉 자비가 더 완전하게 꽃피우는 세계를 촉진시킬 수 있으리라는 점을 강조하는 것이다. 물론, 과학적 세계관이 그 자체로 이상세계를 가져다주지는 않지만, 친절이 더 큰 역할을 하는 문화로 옮겨가도록 격려할 수는 있다. 따라서 고통을 덜어줄 수 있는 잠재력이라는 기준을 적용할 때, 공을 확립하는 과학혁명은 (양자역학과 상대성이론과 같은) 어떤 것이라도 중요한 혁명이다.

불교와 양자역학

작은아버지는 화염방사기와 수류탄으로 벙커 속 일본군들을 죽이는 무시무시한 일을 했지만, 그는 내가 아는 가장 친절한 사람 가운데 한 사람이었다. 그에게 모든 중생들의 행복을 추구하는 것이 우리의 가장 고귀한 염원임을 설명하기 위해 필요한 것은 아무것도 없을 것이다. 특히 그의 삶이 끝날 무렵 많은 고통을 겪고 난 후, 실제로 그는 자연스럽게 그것을 이해했고 모두에게 친절을 실천했다. 따라서 대부분은 과학혁명의 이론적인 보강보다 현실적인 적용을 강조하는 것이 더 중요하다. 상처를 깨끗하게 하는 것이 미생물학을 이해하는 것보다 중요한 것처럼, 자비를 실천하는 것이 양자 비국소성을 이해하는 것보다 더 중요한 것이다.

공에 대하여, 그리고 공이 물리학이나 보편적 자비와 맺고 있는 관계에 대하여 상세하게 이해하는 것은 우리 중 극소수의 책임이다. 물론, 중관사상이 강조하듯이, 공에 대한 이해가 깊어질수록 우리는 더 완전하게 친절을 실천하게 된다. 역으로, 우리가 공을 더 깊이 이해하기 위해서는 완전하게 자비를 실천할 필요가 있다. 따라서 나는 공과 자비의 동반 상승효과를 전적으로 인정한다. 그러나 공을 지적으로 고상하게 설명하는 것보다는 실천적으로 친절을 표현하는 것이 더 중요하다는 점을 이야기하고자 한다.

그런데 친절을 실천하는 방법은 수없이 많다. 적절한 하나의 방법은 중관사상과 현대물리학의 공동 작업이나 동반자 관계를 심화하는 것이다. 만약 그 연결을 충분히 견고하고 명확하게 만들 수 있다면, 과학이 거침없이 세계 구석구석으로 퍼져 나갈 때, 상호 연결과 철저한 공이라는 과학의 메시지도 모든 곳으로 퍼져나갈 것이다. 만약 중관사상과 현대물리학의 연결이 충분히 강하다면, 우리는 이 상호의존성이 보편적 자비 속에서 자신을 드러낼 수밖에 없다는 것을 깨닫게 될 것이다. 왜냐하면, 중관사상이 밝혔듯이, 독립적인 존재에 대한 신념과 같은 철학적 오류는 고통을 불러오고, 진리는 고통으로부터 해탈을 가져오기 때문이다.

전적으로 독립적인 존재가 없다는 것이 얼마나 자연스러운 것인지를 폭넓게 인식하는 일과 무자비한 세상에서 더 많은 자비를 행하도록 격려하는 것은 비현실적인 환상처럼 생각되고, 어쩌면 순진하게 생각될지도 모른다. 하지만 바로 그 사람들의 공[無我]**110**이 개인적으로, 그리고 집단적으로 변할 수 있고 향상될 수 있다는 것을 보장한다. 우주론적인 관점에서 볼 때 우리가 얼마나 젊은 생물종인가를 깨달으면서 나 역시 약간의 안도감을 느낀다. 우리 종의 정확한 나이에 대해서는 논란이 있지만, 전문가들은 대부분 약 20만 년이라고 주장한다.**111** 다른 학자들은 그 기간의 절반 정도라고 말한다. 아무튼, 지구 나이 45억 년이라는 상대적인 기간에 비하면, 우주론적인 관점에서 이것은 눈 한번 깜빡하는 사이이다. 우리가 얼마나 젊은 생물종인지를 보다 잘 알아보기 위해, 이들 숫자를 길이로 바꿔보자. 45억 년이라는 크기를 사람의 키(180센티라고 하자)로 바꾸기로 하자. 이럴경우, 20만 년은 대략 머리카락 한 올의 지름에 해당하는 크기가 될 것이다. 문자언어의 나이 6000년은 머리카락 지름의 30분의 1에 해당하는 크기이다. 그렇기 때문에 나는 우리 인류가 아직도 앞으로 많은 진화를 하고, 현대의 과학과 기술이 그 속도를 높이는 데 도움을

---

110 '無我'는 역자가 기입했다.

111 http://www.archaeologyinfo.com/homosapiens.htm.

주기를 희망한다. 생물종으로서 진화의 속도와 방향에 대해서는 논란의 여지가 있지만, 인간의 호전적인 성향과 환경 파괴 때문에 위태로운 시점에 있다는 것은 분명해 보인다. 만약 우리가 사랑과 지식을 다시 연결하지 않고, 자비와 공이 현실의 두 가지 보석이라는 것을 인식하지 못한다면, 인류는 생물종으로서 운명이 다할 것이다.

과학이 우리에게 전해 준 기술의 힘 때문에, 우리는 지금 지구와 인류를 파괴할 능력을 갖추게 됐다. 몇 가지 동향들은 우리가 그러한 방향으로 빠르게 진행하고 있다는 것을 보여 준다. 그것이 지구 온난화든 핵무기의 확산이든 전 지구적인 테러든, 또는 "우리 모두 오염된 세상에서 살고 있다"는 현실이든, 생물종으로서 우리의 생존 자체가 깊이 상호 연결되어 있다는 사실을 인식하기 바란다. 이러한 깊은 상호연관성은 기초적인 양자적 물체의 단계에서든 지구 온난화의 현실에서든, 우리를 협력과 다른 이들에 대한 관심으로 거침없이 밀어붙인다. 예를 들면, 스웨덴은 2020년까지 모든 화석 연료의 사용에서 벗어나겠다고 약속했다.[112] 스웨덴은 훌륭한 예이지만, 다른 나라들이 여전히 협력하지 않고 유사한 약속을 하지 않는다면, 지구와 지구에 서식하는 것들의 안녕을 위해 할 수 있는 일이 거의 없을 것이다. 악화하는 지구의 생태적 위기는 우리에게 상호 연결의 실천적인 단계와 다음 세대를 위한 상호 간의 관심이 필요하다는 인식을 일깨운다. 그러므로, 단순한 진화론의 관점에서 사랑과 지식, 친절과 이해를 재결합시킬 수 없다면, 인류는 역사의 종말에 직면하게 될 것이다.

---

[112]   http://www.sweden.gov.se/sb/d/3212/a/51058.

과학은 분명히 크게 도움이 되는 힘이 될 수도 있고, 커다란 파괴와 악을 위한 힘이 될 수도 있다. 이 점은 종교의 진리도 마찬가지다. 과학과 종교의 협력은 생물종으로서 우리의 진화에서 다음 단계로 나아가기 위한 가장 큰 가치일 수 있고, 중요한 기회일 수 있다. 첫 번째 장에서 나는 『하나의 원자 속에 있는 우주』의 마지막 구절을 인용하였다. 이 책에서 자비로운 보살의 화신인 달라이 라마께서는 우리에게 인류가 직면한 많은 위협들에 대처하기 위하여 지대한 영향을 가져올 과학과 불교의 협력 가능성에 대하여 말씀하신다. 그분은 다음과 같은 말씀으로 끝을 맺는다. "우리는 모두 이 안에 함께 있습니다. 우리 각자는 인류 가족의 일원으로서 이 협력을 가능하게 해야 할 도덕적 의무에 응해야 합니다. 이것이 나의 간절한 소망입니다."[113]

달라이 라마께서는 허풍을 떨거나 과장된 표현을 하지 않는다. 그렇다면 왜 그분은 "도덕적 의무"에 대하여 말씀하시고, 그와 같이 직설적으로 간절한 청원을 하는 것일까? 그분은 과학이 우리 지구 구석구석에 거침없이 침투하게 될 것을 잘 알고 있을 것이다. 만약 공동 작업이 충분하게 발전된다면, 보편적 자비라는 메시지는 과학의 전파를 타고 함께 전해질 것이다. 그리고 대승불교 최고의 도덕적 의무인 보살의 서원을 성취함으로써 위대한 진보가 이루어질 것이다. 성하께서는 불교의 교화력이 과학과 밀접하게 결합한다면, 자비가 만개하는 것을 보게 될 것이고, 이 지식이 그분의 간절한 소망을

---

113 The Dalai Lama, *The Universe in a Single Atom* (New York: Morgan Road Books, 2005), 209.

부채질하고 있음을 느낄 수 있다. 달라이 라마께서는 다음과 같이 말씀하신다. "가장 중요한 점은 아마도 과학이 동료들과 공감하는 기본적인 인간 감정으로부터 결코 분리될 수 없음을 확인하는 일일 것입니다."[114]

　　중관사상은 우리 주변의 고통에 공감하여 적극적으로 참여하는 것이 자비로 가는 넓은 문이라고 가르친다. 2장에서 논의했듯이, 우리는 샨띠데바를 따라 역지사지(易地思之)함으로써 공감력을 함양할 수 있다. 바르셀로나 공항에서 내가 겪었던 것처럼 부지불식간에 그러하든 세상과 '동료'에 대한 관심을 키워나감으로써 의식적으로 그러하든, 우리는 주변의 고통에 마음을 열 수 있다. 작가이자 편집자이며, 팔레스타인계 미국인인 나오미 시합 나이(Naomi Shihab Nye)는 불교와 뚜렷한 인연이 없지만, 다음에 인용한 그의 시 '친절'은 고통과 자비, 또는 그가 적고 있듯이, 슬픔과 친절 사이의 이러한 깊은 관련성을 명료하게 표현하고 있다. 불교와 과학의 협력을 통해서이든, 아니면 타인들과 우리가 사는 세상에 대한 관심 어린 순수한 행동으로든, 각자는 우리 주변의 고통으로 들어가 그 속에서 자비로 가는 길을 찾아야 하지 않겠는가. 그렇게 한다면, 우리의 자비로운 행동은 틀림없이 현대물리학에 의해 밝혀진 상호 연결된 우주를 드러낼 것이다. 그리하여 우리는 사랑과 지식의 합일을 이루게 될 것이다.

114　　Ibid., 11.

친절

친절이 무엇인지 진정으로 알기 전에
그대는 모든 것을 잃어 봐야 한다.
묽은 죽에 소금이 녹아버리듯
한순간에 녹아버리는 미래를 느껴 봐야 한다.
그대가 손안에 쥐고 있는 것,
숫자를 세며 애써 모았던 것,
이 모든 것이 사라져 봐야 한다.
친절의 영역 사이에서
그때의 광경은 얼마나 황량할까.
어찌하여 그대는 달리고 또 달리는가.
버스는 결코 멈추지 않으리라 생각하면서,
승객들은 옥수수와 닭고기를 먹으며
영원히 창밖을 응시한다.
그대가 친절이라는 상냥한 중력을 배우기 전에
흰색 판초를 입은 인디언이
길가에 죽어 있는 곳을 여행해 봐야 한다.
그대는 알아야만 한다.
어찌하여 그가 당신일 수도 있는지,
어찌하여 그 또한 목숨을 부지하는 숨과
계획을 갖고 밤새워 여행했던 사람이었는지를.
친절이 내면의 가장 깊은 곳에 있음을 알기 전에
그대는 또 다른 가장 깊은 것이 슬픔임을 알아야 한다.

불교와 양자역학

슬픔에 잠겨 깨어나 봐야 한다.
그대의 목소리가 모든 슬픔의 실 가닥을 잡고
그 옷감의 크기를 알 때까지
슬픔과 이야기해 봐야 한다.
그렇다면 이제 이해되는 것은 오직 친절뿐.
오직 친절만이 그대의 구두끈을 묶어 주고,
일상 속으로 내보내 편지를 부치고 빵을 사게 한다.
오직 친절만이 머리를 들고
세상 사람들 가운데서
그대가 찾고 있던 것은 나라고 말한다.
그리고 어디든 그대와 함께 간다.
그림자나 친구처럼.[115]

---

[115] Naomi Shihab Nye, "Kindness", in *Words under the Words* (Portland, OR: Eighth Mountain Press, 1995), 42-43.

불교와 양자역학

불교와 양자역학

양자역학 지식은 어떻게 지혜로 완성되는가

2021년 1월 22일 초판 1쇄 발행
2024년 8월 1일 초판 6쇄 발행

지은이 빅 맨스필드 • 옮긴이 이중표
발행인 박상근(至弘) • 편집인 류지호 • 편집이사 양동민
편집 김재호, 양민호, 김소영, 최호승, 하다해, 정유리 • 디자인 쿠담디자인
제작 김명환 • 마케팅 김대현, 이선호 • 관리 윤정안
콘텐츠국 유권준, 정승채, 김희준
펴낸 곳 불광출판사 (03169) 서울시 종로구 사직로10길 17 인왕빌딩 301호
 대표전화 02) 420-3200 편집부 02) 420-3300 팩시밀리 02) 420-3400
 출판등록 제300-2009-130호(1979. 10. 10.)

ISBN 978-89-7479-885-7 (03220)

값 20,000원